李敏 口述　李江　刘颖 整理

QINLI DONGBEI
KANGZHAN

亲历东北抗战

黑龙江人民出版社

图书在版编目（CIP）数据

亲历东北抗战 /李敏口述；李江，刘颖整理. —哈尔滨：
黑龙江人民出版社,2017.9
ISBN 978 - 7 - 207 - 11158 - 6

Ⅰ.①亲… Ⅱ.①李… ②李… ③刘… Ⅲ.①抗日
战争—史料—东北地区 Ⅳ.①K265.06

中国版本图书馆 CIP 数据核字(2017)第 241502 号

责任编辑：李智新
装帧设计：周　磊

亲历东北抗战

李敏　口述　李江　刘颖　整理

出版发行	黑龙江人民出版社	
地　　址	哈尔滨市南岗区宣庆小区 1 号楼	
邮　　编	150008	
电子邮箱	hljrmcbs@ yeah. net	
网　　址	www. longpress. com	
印　　刷	北京万博诚印刷有限公司	
开　　本	787×1092　1/16	
印　　张	20	
字　　数	266 千字	
版　　次	2017 年 9 月第 1 版　2021 年 1 月第 2 次印刷	
书　　号	ISBN 978 - 7 - 207 - 11158 - 6	
定　　价	40.00 元	

女兵今年93　周利友　绘

序言　把历史告诉年青一代

二〇一四年九月三日，在纪念中国人民抗日战争暨世界反法西斯战争胜利六十九周年之际，我有幸站在北京卢沟桥中国人民抗日战争纪念馆的广场上。那一天，习近平、李克强、张德江、俞正声、刘云山、王岐山、张高丽等党和国家领导人也来到这里，与首都各界代表一起，共同纪念这个伟大的日子。

当中华人民共和国的国歌奏响，当十四响礼炮响起，当三千五百羽和平鸽飞上蓝天，我再也无法抑制眼中激动的泪水。

习近平总书记在纪念大会上的讲话中说道："中国人民抗日战争的伟大胜利，重新确立了中国在世界上的大国地位。中国人民抗日战争，从一开始就具有拯救人类文明、保卫世界和平的重大意义，是世界反法西斯战争的重要组成部分。"

二〇一七年春天，又一个振奋人心的消息传来。教育部基础教育二司下发了二〇一七年一号函件《关于在中小学地方课程教材中全面落实"十四年抗战"概念的函》。这一消息我们期盼了多年，我终于可以告慰牺牲的战友们，走向伟大复兴的中华民族将永远铭记你们的功勋和贡献，传承你们的革命精神和优良传统。

我今年已经九十三岁。回想中国苦难的过去和为和平而抗争的历史，再看到今天强大自信的中国，内心总是无比激动。中国的抗日战争整整进行了十四年，在这十四年里，我从一个无知的孩子，在中国共产党的领导和部队大家庭的培养下,走向了抗日战场,成为一名东北抗日联军战士。自己虽然没有什么辉煌的事迹,但我经历和见证了中国人民抗日战争的艰苦和巨大牺牲。

　　岁月流逝,血与火的苦难逐渐远去,那场战争的亲历者已经越来越少。而过去的苦难经历和牺牲的战友们还时时出现在我的梦里。我自感时间紧迫,活着的我,渴望把自己经历的那一段历史详细地记录下来,用来告诉年青一代,我们的党、我们的军队、我们的革命曾经是那样的艰难和不易,希望他们不要忘记十四年艰苦抗战的历史,希望他们能更加珍惜现在的幸福生活,并为之努力奋斗!

东北抗日联军战士　李敏

二〇一七年三月十九日

目录

抗日

赴苏

整训

反攻

胜利

后记

逃亡

从朝鲜到中国

我出生于一九二四年,今年九十三岁,眼前的事情转身就忘了,可唯独童年的时光和走过的抗战岁月到现在想起来还历历在目。好多事情经过时间的冲刷,反而更加清晰。要说我的抗战经历,还得先从我的童年说起。

每个人都有自己的童年,而我的童年是在漂泊与逃难中度过的。

朝鲜平壤南边的黄海北道凤山郡(现银波郡)养洞里初卧面(音译)是我的祖籍。

我的父亲李石远(原名李命进),出生于一八九三年,是一位念过几年私塾的朝鲜族农民。我的母亲崔仙曼,朝鲜族,出生于一八九〇年,是一位没落的贵族后代。

父母亲大约是一九二〇年左右从朝鲜来到东北的,那时候有大批的朝鲜族人流亡中国,究其原因,是与日本侵占朝鲜分不开的。当时我们家有四口人,父亲、母亲、哥哥李允凤(李云峰)和姐姐李凤女。如果没有日本人入侵朝鲜所造成的朝鲜沦陷,父母亲在老家,是个有着一儿一女的幸福家庭。

说起朝鲜的沦陷,要追溯到一九〇四年至一九〇五年间。当时,日本与沙皇俄国为了侵占中国东北和朝鲜半岛,在中国东北的土地上进行了一场战争,战争以俄国的失败而告终。俄国战败后,朝鲜政权彻底被日本控制。

1905 年,《日韩保护协约》签订,朝鲜成为被日本"保护"的国家。一九〇六年,日本在朝鲜设立"统监府"。一九〇七年,日本强迫高宗退位,由皇太子继位。

一九一〇年八月二十二日,日本强迫大韩帝国签订《日韩合并条约》,正式吞并了朝鲜半岛,并设立朝鲜总督府以进行殖民统治。殖民当局用"武断统治"的方式,剥夺了朝鲜人民的一切政治权利和自由,实施赤裸裸的经济掠夺,并鼓吹"内鲜一体"(内,指日本本土),强制实行同化政策。日本首任朝鲜总督寺内正毅一上任就公开宣称:"朝鲜人顺我者昌,逆我者亡!"日本在朝鲜常驻两个师的兵力,而警察和宪兵在朝鲜更是具有生杀予夺的权力,成为维持殖民统治的重要力量。日本当局残暴的殖民统治陷朝鲜人民于苦海,沦为亡国奴的朝鲜人民对日本统治者的不满和仇恨与日俱增。

由于日本入侵朝鲜后用武力没收了农民的土地,交给日本的移民耕种,就致使大批的朝鲜人无家可归,无地可种,父亲一家也在其中。哪里有压迫哪里就有反抗,父亲和村子里的乡亲们不甘心国土沦亡,不甘心当亡国奴,他们联合组建了抗日军"独立团"。可悲的是,这支"独立团"随即遭到日军的残酷镇压,死伤惨重,父亲虽然侥幸得以逃脱,但是老家却是没有活路了,无奈之下,他和另几户同乡,携妻带子从朝鲜逃难来到了中国。

这几户逃难的人从中国的丹东入境先来到了长春。到长春后,父亲给人家扛大个(做搬运工),母亲到一家制米厂里做小工,主要是挑拣大米里的石头和杂物。在颠沛流离的生活中,姐姐李凤女不幸患病夭折,姐姐的离世,让母亲很是伤心。

许是长春的日子不好过吧,我的父亲和母亲带着哥哥又到了哈尔滨。到哈尔滨后他们住在道外的破工棚子里,哈尔滨的日子更是艰难,由于语言障碍,求职艰难等诸多因素,他们只得继续向北迁徙,去寻找能解决温饱的一方土地。

几经周折,一家人最后来到了萝北县梧桐河畔的河东村。

河东村位于松花江下游的梧桐河和松花江的汇合口，东侧是都鲁河，两河一江冲刷交汇形成了一片广袤的平原。这里土地肥沃，水源充足，大大小小的湖泊、沼泽分布在这片平原上，青青的芦苇漫无边际直接蓝天。这里有一片一片的疙瘩林，林中长满了榆树、柞树、桦树。这里是各种鸟儿的故乡，最多的是野鸭子和大雁，它们在这儿嬉戏、产卵、繁衍，当时的人们把这片土地称为北大荒。

流浪漂泊中的父母亲看到这里充足的水源和肥得能流油的黑土地，惊喜万分。他们终于停下了脚步，和一同来的乡亲们互相帮衬着盖了一座小土屋，终于有了一个家，一个可以遮风挡雨的窝。

爸爸和同来的几个朝鲜族乡亲因为都有种水稻的手艺，经招募为福丰稻田公司种水稻。

说起水稻，就要说说当时在东北属于稀缺之物的大米。因东北属于高寒地带，历来不产大米，当时只有达官贵族才能享用。当时军阀张作霖手下有个财政部长名吴俊升（外号吴大舌头），他看准时机，选择了梧桐河畔一处水土肥美之地，开始跑马占荒。他马蹄所到之处，马鞭所指之地，尽归他所有。他创建了东北第一个农场——福丰稻田公司。说是农场，不如说是奴隶主庄园。庄园修成一个城堡式的大院套，有一丈多高的大围墙。城上四个炮台，城下挖有护城河。城中驻有三十多名自卫团员，还养有几十条大狼狗。福丰稻田公司招募了一批无家可归的朝鲜族移民，让他们开荒地，修地埂，引梧桐河水，欲把这里建成稻谷飘香的良田。

公司把地租给招募来的农民种水稻。第一年，一次性下发每户每垧一石谷子，三四斤豆油和几斤食盐，清汤寡水的，勉强填饱肚子。

除种植水田外，农民们还要无偿负担兴修水利的义务工作。尽管如此，农民们还是满怀希望，因为有地种就有饭吃了嘛。尤其是像我父母这样国土沦丧、无家可归的逃难人。

在清贫劳苦的生活中，一九二四年十一月五日，在寒冬到来之时，我降生在梧桐河畔河东村那座已显破旧的小土屋里，父母亲给我起名叫李小凤。

又是四口之家了，为了生活，父母亲早出晚归，辛勤劳作。

但想不到，有一年看到农业收成好一些了，福丰稻田公司就趁机抬高了地租，而且向农民征收各种不合理的苛捐杂税。此外，农民们还要向二房东把头（工头）缴纳增租粮。对此种种，农民们忍无可忍，强烈要求降租降税，公司则以没收熟地（已种植三年的地）加以威胁。

辛苦劳累了一年的农民到了秋天，都落得个一无所获，汗水和泪水流过他们无奈的脸庞。爸爸李石远和许多农民实在忍受不了军阀野蛮的奴役和残酷的剥削，又携儿带女逃到萝北县的都鲁河村。

都鲁河村离梧桐河畔的河东村一百四十多里，是一个汉族和朝鲜族各有十来户的小村庄。小小的村庄两面是山，一面是水，山前逶迤流淌的都鲁河，在村中就可听到"嘟噜噜，嘟噜噜"的流水声。多少年过去了，那欢快的声音至今想起来还很清晰。

在乡亲们的帮助下，几户一起逃到这里的人们互助性地盖起了几间马架子房。穷人的家本来就简单，能熬饭、能睡觉就可以了，我们一家人靠捡地（捡别人收割时落下的庄稼）和借粮维持了半年。到了秋天，爸爸李石远开的几垧地收成还不错，总算是勉强解决了温饱。

我们不敢企望什么，作为一户流亡的人家，能够平平安安地吃饱饭就很知足，可老天会如此眷顾我们吗？

担心害怕的事情还是来了。

粮食被抢光了

秋天的风吹过了原野，稻子黄了，又是一个丰收年。当农户们紧张地收割完稻谷后，季节已进入初冬。

在初冬的艳阳下，村民们都兴高采烈地忙着打场。场院里一堆堆的是各家颗粒饱满的稻谷，打老远都能闻到稻米的芳香。

不料，有一天从鸭蛋河方向(今萝北凤翔)来了十几辆大轱辘车，车上那些荷枪持刀的士兵在地主管家的指挥下冲入场院，疯狂地把扬净的稻谷装入一口口大麻袋里，然后装车运走。留下一部分人继续抢运场院里的稻谷，待到抢完场院，接着就挨家挨户搜查强抢，一连抢了三天。就这样还是不甘心，他们把农民一个个吊在房梁上逼迫其交出藏粮。

这帮人蛮横地说此处归他们管，此地应该他们开，"你们不主动交粮，这就是你们的下场。"

爸爸李石远被这伙人抓到村南头老王家门前，吊在挂马掌用的木架横梁上一顿毒打。父亲说没有藏粮并破口大骂他们的野蛮行为，因此更被他们打得遍体鳞伤，口吐鲜血。

哥哥李允凤见此惨景，上气不接下气地跑回家里告诉妈妈崔仙曼。那时妈妈已有七八个月的身孕了，她拖着沉重的身子，踉踉跄跄地跑到村南头的老王家。她跪地向这些强盗求情，说只要把人放了她就告诉他们家中藏粮的地方，妈妈哭着说，家里藏了一点粮食是为她坐月子用的。

那帮家伙听了妈妈的话，骂骂咧咧地放下了爸爸，押着他和妈妈回家起粮。不管妈妈怎么哀求给留点粮食，他们还是把一麻袋的粮食全部拿走了。

我跟在妈妈的身后，紧紧攥着她的裙角，惊恐地看着这一切，心怦怦地直跳。我害怕极了，哭都不敢哭。

家中情景更是凄惨，伤痕累累的父亲躺在炕上呻吟，妈妈为父亲小心翼翼地用盐水擦拭血迹，一边流着眼泪，一边不住地念叨着什么。

唉，这是啥世道啊，仅仅三两天之内，一年的辛劳被一抢而光，只剩下稻草和稻糠，让我们一家可怎么活啊。

这天，忽听外边传来吵吵嚷嚷的声音，妈妈以为是抢粮的兵又来了，慌忙起身去门外，我也紧紧拉着妈妈的裙角跟了出去。出门一看，原来是本村乡亲们押着一个姓朴的人来到我家门前，乡亲们都说他是个走狗，因为他是鸭蛋河的人，以前常来都鲁河村。我家对面屋老金家的两兄弟更是死死揪住这个姓朴的，乡亲们扬言要用铁锹、铁镐砸死他。大家你一句、我一句地逼问是不是他向地主告的密？那个姓朴的死不承认，就这样揪斗了好一阵子后还是放走了。

爸爸的伤还没好，也强起身跟着那些乡亲们走了，可能是商量往后的日子怎么过，妈妈把我领回了家。

爸爸和乡亲们一连商量了多日，爸爸回到家里就跟妈妈和哥哥说乡亲们的议论。当时，有人主张去苏联，理由之一是离这里近，还不到一百里呢；二是苏联远东地多土肥；三是十月革命打倒了地主，工人农民说了算；之四是那里已有了我们的共产主义党，有独立运动领导人，还有自己的军队独立团，将来从那儿能打回朝鲜去，这个主张，多数人赞同。可是有人还说"毛子"（指俄国人）那边，特别是远东地区土匪猖獗，多是飞骑强盗，谁都治不了他们，比大国（指中国）的土匪更为凶残。这么一说，不少人就又泄了气。于是，有人主张往南到松花江附近，到那里种水田另谋出路。

就是这些议论也不知道是谁又向鸭蛋河的地主告了密，地主派人驻守在村子里，扬言如有外逃者，要抓回来满门抄斩。这么一来，乡亲们的日子就更加惶恐不安了。

哪里才有穷苦老百姓的活路呢？

苦难的一夜

寒风吹、雪花飘，在艰难困苦中我们一家人迎来了过大年。

除夕之夜，妈妈在屋里东南西北加中间，点起了五盏灯，说是五盏灯代表还没出世的孩子在内的一家五口人。然后又采了一些松树枝，沾上盆中的清水掸向各处。在置办这一切的过程中，妈妈的嘴中一直在祷告着什么，谁也听不懂，她说神灵能听懂，神灵一定会保佑一家人安康的。

在妈妈的祷告声中，我进入了梦乡，不知过了多久，感到浑身像做噩梦般的难受，嗓子眼被什么东西呛得直冒火，一阵剧烈的咳嗽声将我惊醒，睁开眼睛发现屋外一片通红，耳边恍惚听到爸爸在喊救火，妈妈带着哭声呼喊着我和哥哥的名字。

"小凤啊，允凤啊，快点跑出来啊——！"

我呼啦坐起来环顾四周，外边已是火光冲天，火开始从窗户往屋里窜，很快屋里屋外火连着火，通红一片。我吓呆了，急呼着妈妈和哥哥，这才发现哥哥还在蒙头睡觉，就急忙连摇晃带喊叫唤醒了哥哥。哥哥当时十岁了，我才五岁，还是哥哥有办法，他急中生智，拽过一床棉被护住我们两个人的身子拉着我向屋外冲去。刚冲到外面，一股强劲的气浪就将我俩推倒，棉被让大火苗点着了，我的腿一阵阵的发烫。我们俩拼命地爬起来向前移动，这时只听轰的一声巨响，家里的屋顶塌下来了，我俩又连被子带人倒了下来。棉被已经变成了一团火，妈妈看到火球，赶紧把冒火的被子扯过来扔到一边，她把两个孩子紧紧地搂在了怀里放声大哭，我也哭了，只有哥哥没哭。乡亲们都来帮忙，他们把冒火的棉被塞进雪堆里灭火，房子已经烧落了架，没办法救了。这时有人把我接回了家，他们在我右膝盖的伤口上糊上了大酱（黄豆酱，农家治疗烧伤以酱代药）。

原来，半夜时分，爸爸和妈妈听到外边有响动和看到火光，就急忙穿衣服跑了出去想看看究竟是咋地了。当发现屋外堆满了柴草，火苗已经窜起一人多高时，爸爸就到处喊人救火，妈妈想冲进屋内去救我们，可那大火先把草编的门给封住了，妈妈一边向火里冲，一边喊着我和哥哥的名字，也多亏我醒得及时，才幸免于难。

真是火烧当日穷啊！我们家除了一床我和哥哥带出来的被烧得千疮百孔的棉被外，其他的东西全被烧光了。这真是一场莫名的大火，烧得非常蹊跷。

第二天早晨，爸爸去看只剩下四面土墙的废墟，从那里捡到一口朝鲜小铁锅，是锅底很深礼帽样式的锅。这口锅还是当年从朝鲜逃难时带过来的，另外还捡了四把已经变了形的铜勺子。其余的锅碗瓢盆全被砸坏或烧坏。

多亏了村里的穷乡亲，你家一块布，他家一团棉花，先把那床破被补丁摞补丁地补好，夜里好用来御寒；又你一把我一勺地从各家可怜的口粮中分出点给我们，村南头的光棍老王还送来了他下套子打到的兔子皮及狍子皮各一张……

就在这个节骨眼上，偏偏赶上妈妈要临产了，爸爸急忙收拾村西头一间无人住的空房子。这间空房子，秋天没修炕，一冬无人住，加上老鼠挖洞堵了烟道，根本无法烧炕。爸爸只好苫房草、扒炕洞重新修炕。等不及爸爸修好房子，妈妈就在一户姓边的人家客居生产了。过了一周才把妈妈接回到那个临时修缮的破草房。

虽说是打了春，那天还是嘎嘎冷，也弄不到窗户纸，只好先用茅草将就着堵上窗户。寒风阵阵从草缝里钻进破草房，一家四口人拽着一床破被御寒，小草房四面的泥墙挂满了寒霜，爸爸只好不停地出去搂草，哥哥不停地往灶坑里添草，我则不停地把草递给哥哥。而碰到风不顺，烟囱往屋里倒烟，呛得一家人眼泪鼻涕地咳嗽不止，可怜我的妈妈还在坐月子。

对于所发生的一切，我产生了疑问：妈妈祷告了那么久，神灵为什么不保佑我们一家呢？

妈妈又生了个男孩，起名叫李学凤。尽管我家遭了难，但是小弟弟的降生还是给全家带来了喜悦，我们企盼着小弟弟的到来，能让一家人时来运转。忽然之间我觉得自己长大了，已经是小姐姐了。我开始在妈妈的指点下帮着干活。

关于这场火灾,过了一阵子就知道是有人故意放的火。那个放火的坏蛋就是上次大家揪斗的那个姓朴的,他是鸭蛋河地主的狗腿子。揪斗他时,他对我们家怀恨在心,于是趁除夕夜人们睡熟时放了一把火。

这起火灾过后,乡亲们心里更加不安,大家再也不想继续留下来种水稻了。鸭蛋河那边的地主仍是不让农民离村出走,因为当时的北大荒,原本就人烟稀少,会种水田的农民更是百里挑一,好不容易圈住这些朝鲜族人,他们能不视为摇钱树吗?地主强令农民至少耕种三年后才准离村。他们把农民当成了会说话的牛马,不吃食的猪狗。农民也看透了他们的黑心,受够了他们野蛮的剥削,于是,下决心要离去了。

连日来,爸爸闷着头给家里人编草鞋,每人有两三双了。

有一天,他把哥哥李允凤拜托给了徐光海。

"请你在开学回校时,把允凤带走,送他上学。他可以住在李振植家,他们会照顾他的,拜托了。"爸爸还同时给李振植家捎去了一封信。

第二天醒来,我不见了哥哥,可能是为了保密,哥哥趁夜走的吧。

又一个冬天的夜晚,我好像正在做梦,梦中有人在不停地轻声喊我。

迷迷糊糊中爸爸把我拉起来给我穿衣服,然后把我放到他身后的背架上坐下。背架上有火灾中剩下的那个小铁锅和那床破棉被,我不愿意上背架,一心还想睡觉,想从那背架上爬下来,爸爸不让,我就使性子哭了起来。

"小凤听话,我们一家人要赶紧逃离这个村子,要是那些大兵再来就把你也抓走了……"

听妈妈这么一说,我彻底醒了,也不敢再哭,乖乖地坐在背架上,紧紧搂住爸爸的脖子,随着爸爸和妈妈离开了烟气熏人、四壁挂霜的破草屋。

一出屋,我就激灵灵地直打冷战。看不到月亮,满天的星斗,好冷的天啊!这一夜可能是正月末或者二月初。

离开村子后,我们踏着冰雪渡过了西南侧的都鲁河,因为秋天涨水,河面很宽,冰面也很滑,多亏穿的是能防滑的草鞋。在空旷寂静的深夜,爸爸和妈妈都不出声,他们的脚步声嚓嚓的显得格外响,听得见从河岸树林中折过来的回响声,如果爸爸妈妈穿的不是草鞋那声音该有多大啊。过了河我们进入了漆黑的树林。爸爸和妈妈在林中艰难地往山上爬,我的脸叫冻树枝划破了好几道。爸爸走得很快,妈妈背着小弟弟吃力地跟在后面。她还带着一只簸箕,也多亏把簸箕放在了屋外才幸免于那场火灾,现在它成了我们全家唯一的生产工具了。而今,妈妈把簸箕扣在后背上,用它来给小弟弟挡点风,可是行走时那簸箕动不动就被树枝掀掉,妈妈只好一次又一次地捡回来重新扣上。

天放亮时,我们走出了树林。在林子边的避风处休息了一会儿。小弟弟一直在哭闹,满头冒虚汗的妈妈在雪地里给弟弟喂奶,可能是奶水不多,弟弟还是哭叫不停。我看到妈妈脸色苍白,满脸浮肿得都快睁不开眼睛了。喂了一阵奶,妈妈给弟弟换尿布子,因为天冷,弟弟哭得更加厉害,我的眼里也充满了泪水,我觉得小弟弟好可怜,妈妈也特别辛苦。

妈妈打点完小弟弟,一家人就又上了路。穿过一片小树林,我们看到朝阳的斜坡上积雪开始融化了,可背阴坡上的积雪还是很厚。妈妈还是背着小弟弟跟在后面,扣在后背上的簸箕还是总被刮落。后来,妈妈干脆把簸箕交给了爸爸,把弟弟抱到了前怀,用奶头塞住了弟弟哭叫不止的嘴。抱在怀里的弟弟可能比在后背暖和多了,他不再哭叫,可是妈妈一定更冷了。

爸爸的背架上多了口簸箕,我只好下来走路了。走出小树林后,感到风又大又硬,就强鼓着劲紧跟着爸爸,走雪路时高一脚矮一脚十分吃力,就这样我还是走出了十来里的路。可是再往后就不行了,刺骨的寒风中,我的手和脸蛋就像被用小刀剜肉一样的生疼。脚上穿着的草鞋被冰雪刮破露出了脚丫,鞋中浸满了雪水,两只小脚被冰水泡着冻着,先是疼痛后是麻木,最后失去了知觉。那时五六岁的孩子穿的都是开裆裤,我穿的开裆裤还是姓边的邻居给的,穿着又瘦又短,盖不住脚脖子。春寒料峭的天气里,穿着那种开裆裤行走在旷野里,五六岁的孩子咋能扛得住?每迈一步,风都往我小小的身体里灌。这刺骨的寒风从下往上,直灌到后背和肚脐眼上,我实在熬不住了,就开始抽抽搭搭地哭了起来,我不明白爸爸为什么领着我们走这荒原雪路,后来索性不走了,是实在走不动了啊!看到我不走,爸爸返回身来啪啪地打了我的屁股,我终于"哇"的一声大哭起来,心里感到莫大的委屈,边哭边喊:"妈呀,我走不动了……"

爸爸妈妈不理我了,他们很生气,自顾着走了。我坐在雪地上打滚,破着嗓子叫喊着妈妈,还是妈妈心软,她又返回身来拉我。

"小凤啊,你不走,想在这冻死吗?再说,不快点走,那帮大兵来抓我们咋办?好孩子,快起来跟妈走吧。"

我没办法了,只好站起来,扯住妈妈的裙角上了路。我们走得越来越慢,再说冬天的白昼像兔子的尾巴那么短,天快黑了,一家人已经走了一天一夜,一路上也没有见到人和村庄,我们只好在树林边的背风处点一堆篝火露宿了。

在篝火边,妈妈给弟弟换尿布,弟弟又哭个不停,我的脚又湿又冻,这一停下来取暖疼痛钻心,就又哭了起来。妈妈哄了弟弟又来哄我,看到我的手脚都被冻肿,被尿水浸湿的裤裆把大腿根的细肉蹭得满是红疙瘩,妈妈的眼圈也湿了。她使劲搂着我,泪水滴落在我的腿上,腿像撒了辣椒面一样煞得要命,但那是妈妈心疼抚爱的泪水啊,我顾不得自己的疼痛了,反而泣不成声地安慰起了妈妈,我用冻肿的小手为妈妈擦着眼泪。

"妈妈,你别哭了,我不疼,真的不怎么疼了,我再也不哭了……"

"好孩子,你真懂事,你配当学凤(弟弟)的小姐姐了……"

妈妈更使劲地搂住了我,母女俩的泪水流到了一起。

我爱妈妈,知道妈妈疼自己。可是想到爸爸就撅起了嘴,爸爸太不疼我了,他还打屁股。强忍着疼痛,挣脱开妈妈的怀抱:"妈妈,我不要紧,你还是照顾小弟弟吧……"我有意把脸背对着爸爸,故意不理他。没承想,背后竟传来了爸爸的话:

"咱们小凤,今天很了不起,跟着大人走了四十多里路,将来长大了,一定是个要强的好姑娘。"

爸爸一边说着一边往篝火堆里加树枝,然后把我抱在怀里,把破草鞋扔掉,换上了新的布袜子和新草鞋。尽管脚仍然在疼,但换了新鞋袜,感觉还是好多了。我听到妈妈的表扬和爸爸的鼓励,所有的委屈都没了,自己也觉得在这艰难的一天一夜之间忽然长大了,坚强了,能当姐姐了。

天大黑,星星又一闪一闪地出来了。爸爸砍来树枝添火,用土块和塔头墩子搭灶,架上铁锅熬起了小米粥,空旷的原野里闻到小米粥味,我觉得特别的香甜,就乖乖地静静地等着。粥熬好了,妈妈先用小米汤喂小弟弟。因为妈妈的奶水不够,小弟弟一直哭个不停,等喂了米汤后他就不哭了。喂完小弟弟,大家也都喝了热乎乎的小米粥,有米粒下了肚,身上也觉得暖和了许多。

喝完粥不大一会儿,我就开始打盹,上眼皮怎么也支不起来。妈妈抱着小弟弟,把大腿伸直,让我趴在她的腿上睡觉,开始还能听到篝火燃烧的噼啪声,后来就什么都听不见了,着实累瘫了。

妈妈在叫我,揉着眼睛一看,天已经亮了。没等起身就发现夜里尿了裤子,不仅尿湿了自己的棉裤,还弄湿了妈妈的裤腿。我既害羞又担心,在村子里,小孩子尿炕,是要挨说受罚的。给你扣上簸箕,让你到邻居家讨盐,然后人人数落你,让你抬不起头来。这下可好,不仅自己尿裤子,还累及妈妈,爸爸和妈妈会怎么处置呢?我既不敢起身也不敢抬头,妈妈却笑了:

"快把裤子脱了,我给你烤干它。"

妈妈没生气,我却羞愧地红着脸抬头笑了笑,把湿棉裤脱下来交给了妈妈。在一旁的爸爸把棉裤接了过去,用双手摊在篝火上烘烤。一会儿,从裤子上往外冒气了,一股股尿臊味我自己闻着都呛嗓子,爸爸和妈妈好像并不在意。

简单吃了几口家里带来的苞米饼子,一家人就又上路了。在两片大树林之间有一两里宽的小树丛,山里的人把这叫作疙瘩林。这天走的就是疙瘩林路,我觉得特别难走。我人小,上面的树枝总是刮脸,地下的树枝总是绊脚,真是步步艰难。

这路怎么那么远啊,干走也走不到头。最难熬的是脚上的疼痛,旧伤未愈又添了许多新的伤口。我没有忘记昨天夜里爸爸妈妈给自己的鼓励和表扬,就咬紧牙关,使劲抿嘴,心里不住地叮嘱自己不能哭,可是在不知不觉间,脸还是被泪水和鼻涕弄得一塌糊涂。见此情景,妈妈也无声地流泪了。

"好孩子,妈知道你的脚很疼,不要憋坏了身子,你想哭,就痛痛快快地哭吧,爸爸妈妈不说你。"

我用妈妈的裙子使劲捂嘴,不想哭出声来,可是,没能憋住,终于哇的一声哭了。一哭就收不回来,索性就大哭了一场,哭了个够,闷气消了许多,但脚疼却未见减轻。

下午,太阳还没落山,我们一家人终于看到了不远处似乎突然降临的河东村!我又回到了自己的出生地了,早已不记得那个村庄是什么样子,我眼前的村庄,修有围墙和炮楼,好威风啊。

一家人穿过村子后,来到村南大湖边的一座小马架子房,那就是送哥哥寄宿的李振植家。他家也是全州李氏,和我家一样,是两班的后代。

啊!终于到"家"了。进了屋,有位老太太起身相迎:"啊依古,高生海什姆尼达"(朝鲜语:"哎呀,受苦了。")。

除了她的热情接待外,还有一位年轻妇女忙接下了妈妈背上的小弟弟,我感到自己一家四口人活像是要饭的叫花子。

到了这一家后,妈妈崔仙曼就病倒了。她满脸浮肿,发着高烧,一连数日卧床不起,小弟弟学凤也病了。头天晚上,吃罢饭我倒头就睡,什么都不知道。第二天,好心的房东为妈妈请来一位朝鲜族中医,给妈妈和小弟弟分别开了方子,还给我的脚伤上了药。那位医生是免费行医送药的,这让我们一家人想都没想到,世上还有这样的好心人,其实当时逃荒的朝鲜族穷苦人是非常的团结互助的。

那位可敬的朝鲜族医生姓金,由于他一连几天行医送药,妈妈和小弟弟都康复了。一家人特别感激金医生和李家人给了我们第二次生命!

有一天,爸爸回来说在村西头找到了一间房子,我们要搬出去住了,临走时我们对好心的房东满怀感激之情。

我们一家人住进了村西边小溪旁的一座小草房,屋内只有一铺能躺三个人的小火炕和一个锅台,五口人躺下去,真是够挤的,可是妈妈还是十分欣慰地说:"蛮好,蛮好,总算有了自己的家,晾尿布子也方便了。"

这一年,我们家又租种了一垧水田,春播后爸爸到悦来镇码头去当搬运夫,挣点钱供哥哥上学,补贴家用,后来又到船上给人家当船工,朝鲜族人都称他"白沙君尼"(朝鲜语船夫)。爸爸常年不在家,家中里里外外的家务和农活全由妈妈一个人承担下来了。每当妈妈背着小弟弟带着午饭下地干活时,我就随妈妈到地头看弟弟。中午,我们娘仨在地头吃野餐,每天日出而去,日落而归。

暴动取得胜利

村子里人们都在说:卧虎力山下来了一支红军,红军是来解放贫苦农民的。

红军是啥样啊?有人说:"他们头戴红帽子,臂缠红袖标,腰佩红穗枪……"说得很神,人人都想能亲眼见到他们。

一天,我们家里来了几个陌生的青年,他们二十多岁的年纪,其中还有女学生。女学生穿着黑布衣裤,头发剪成男式的分头,看上去特别利落。其中一位叫张英华,还有一个男的自我介绍叫张世振(原名李云健)。这些人来到我们家,问家庭人口,问家中财产,还问孩子有几个在上学,没上学的还有几个？他们问得详细又亲切。在我们家问完，他们又到别家，挨家挨户地了解情况。

过了几天，爸爸去参加学校的一个会议，回来后说："在会上有位叫金治刚（崔庸健同志当时的名字）的人讲了话，说他们是共产主义者。他们要在村里成立什么贫农协会苏维埃工农政权。另外，动员每家的适龄儿童上学，说是免费教育。"

当时村子里到处喜气洋洋，说共产党好，共产党是要把穷人从苦难中解救出来，连免费教育都想到了，真是穷人的大救星啊。特别是孩子们，听说能上学，都高兴得活蹦乱跳。

没过几天，妈妈交给我两个小本子。小本子是用旧窗户纸裁成的，长短不齐地用饭粒粘贴起来，最后用白线缝订而成。妈妈还把一支有二寸来长的铅笔头，拴上白线给我挂在脖子上。

第二天，我起得很早，把哥哥李允凤也叫了起来，囫囵吞枣地吃了早饭就和哥哥上学了。

出了家门，我紧紧跟在哥哥后面向北顺着小河堤一直走，在小河堤北侧一个山岗上有个大广场，广场上有两座土房校舍。哥哥说，一个是高年级的，一个是小学年级的。哥哥先将我送到小学年级的教室里报到后，才去高年级的班级里报到学习。

我呢，每天高高兴兴地去上学，从一个不懂事的孩子，开始接受共产主义思想的初级教育并参加了各种有意义的活动。

早在一九二七年夏，中共党组织派蔡平、李春满、韩友、金利万、崔英日等朝鲜族党员干部来到梧桐河村，进行革命宣传工作，组织了妇女、青年、儿童等群众性革命组织。同时，动员群众出工出料，自己动手建起了学校，起名罗兴学校，让朝鲜族农民子女都能上学念书。

一九二八年金治刚（崔石泉、崔庸健）、张世振（李云健）等同志从黄埔军校毕业，受党组织的委派，先到通河后到梧桐河。他们是负责组织开展三江地区朝鲜族村革命活动的。他们在这里首先着手开办军政干部训练班——松东模范学校、农民讲习所、农民夜校等。军政干部训练班连续办了两三期,每期两三个月,培训出了一百七十余名革命干部。金治刚同志在这些学员中选一批优秀的、较成熟的同志,派往通河、萝北县鸭蛋河、汤原县格节河、富锦县安邦河、哈达密河和桦川县湖南营(今桦南县)、勃利县等地开展工作。此后,他经常去上述地区视察和指导工作。

后来,学校实际上是革命活动的中心。这里经常召开各种会议,爸爸和妈妈也经常到学校参加会议和学习。学校用讲政治课和教文化课等形式传播着共产主义思想,特别是讲起苏联的十月革命和工人、农民当家做主的课来,农民们特别爱听。他们看到了前途和希望,非常向往共产主义和社会主义社会早日到来。学校还利用朝鲜族的风俗习惯,在过年过节和生辰集会等场合,积极举办各种文艺演出,公开地传播马列主义。

一九三○年秋,根据中共中央和中共满洲总行动委员会关于"坚持组织地方暴动,反对军阀的统治,迎接即将到来的全国暴动胜利,是实现目前党的总路线的指导思想"的指示精神,梧桐河村也和全国各地一样,掀起了农民暴动的高潮。

首先,组织了农民武装,叫农民赤卫队。凡是年满十八岁以上的青壮年,都参加了赤卫队,他们拿起了打猎用的土枪土炮,以任春植为首的全村木匠,夜以继日地赶制了木枪,补充了不足的武器。还做了一些子弹袋,没有子弹就用子弹大小的小木棍塞满,看上去还很像。那时农民手头没钱,农会干部动员每户拿出一斗稻子,到佳木斯市换回白布,然后交给妇女会,让妇女们用锅底灰做染料,把白布染成灰色,为每个赤卫队员做了三件军用品:子弹袋、背包和绑腿。

我爸爸李石远,这个穷苦的农民也参加了赤卫队,并做了分队长。他手持土枪,背上子弹袋,和大家轮流出去站岗放哨。

我的哥哥李允凤参加了儿童团。儿童团员的任务是在老师的指导下,假借到福丰稻田公司护城河外玩的名义,侦察公司动向,调查公司走狗出入的情况。当时重点监视的是一个叫朴致浩(朝鲜人)的公司管事人的行动。

那时,群众的革命热情很高,从儿童到老年人都动员起来,准备同"福丰稻田公司"进行斗争,建立农村苏维埃政权。

一九三〇年冬,梧桐河的农民暴动终于爆发了。这年由于受灾而水稻大幅减产,可是福丰稻田公司照旧强行征租,外加各种水利税、朝鲜族居住税等名目繁多的税。公司还硬性规定不准农民到北大林子砍伐树木。梧桐河北侧有一片片的树林,农民建房和造农具的木料都靠这些树林。农民们早已给二房东朴致浩等人交过几年的额外征租,这年是受灾,情况特殊,但他们还是派兵来威胁农民,还把农民领导人崔石泉(崔庸健)、裴治云等人逮捕起来殴打一顿后,关进了公司大院的炮楼里。

连续多年受尽公司残酷剥削和压榨的朝鲜族农民,在忍无可忍的情况下,男女老少齐动员,手拿镐头、镰刀、斧子、二齿钩等武器举行了暴动。

那天,农民暴动队伍打着横幅标语,举着红旗,浩浩荡荡来到福丰稻田公司门前示威,然后围起了公司大院。学校的学生也都跟去了,在大人队伍的后面助威。这时公司炮楼上的自卫队开始向暴动的群众射击了,院门紧关。农民们群情激奋,毫不畏惧地冲向院门。我爸爸李石远和青壮年队员扛来两根电线杆子,两股合力高喊着"一、二、三"共同撞击大门。不多时,大门被撞开了,游行队伍像潮水般涌进了第一道院内。公司的头目和被抓的农民领导人都在第二道院里。冲入院内的农民齐声高唱着从关内传入的《农民暴动歌》,歌声震天动地。

事情到了这般地步,福丰稻田公司里的地主们吓破了胆。于是,急忙派出一名代表,宣布答应提出的要求。可是农民都高喊听不懂。当时朝鲜族二房东朴致浩,连面都不敢露一下。这时,农民中的青年代表裴敬天同志挺身而出,要求公司代表重新宣布一次,并拿出书面材料。公司代表只好慌忙回去写来书面材料,双方分别在上面盖了章,被扣押的农民领导人也都获释而出,站到了农民队伍中。

我们胜利了。浩浩荡荡的队伍走出了福丰稻田公司的大院,回到松东模范学校操场。操场的秋千竿上升起了红旗,农民们在这里举行隆重的庆功大会。裴治云同志主持大会,领导游行队伍的崔圭福维持会场,崔石泉同志十分激动地讲了话。农民们摇动着红旗,时而齐声高呼:"共产党万岁!""暴动万岁!"等口号,时而又高唱《咱们的红军来到了》。口号声和歌声此起彼伏,震耳欲聋,整个会场充满了胜利的喜悦!

散会后,大家都兴奋不已,无法平静。群众用自己的斗争第一次感受到了团结的力量,也明白了只有跟着共产党走才有活路。

梧桐河农民暴动胜利后的很长一段时间里,我爸爸李石远和农友们常常议论和评价那次斗争。他们共同认为那次暴动真正显示了农民团结的力量,切实使农民尝到了胜利的果实。他们说,那个滋味儿比喝酒还痛快。

一九三一年秋,日本帝国主义在中国制造了九一八事变。春节前夕,党组织在松东模范学校召开了群众团体和干部会议,传达了中央的决议精神,号召各群团组织要团结各族人民抗日救国。会上,特别强调朝鲜族人民要在中国共产党领导下,和其他民族人民团结起来,打倒日本侵略者,才能实现民族解放的道理。为了发动和组织各族人民开展抗日游击战争,会议决定组织一个抗日救国宣传队,到各县进行宣传活动。口号是:"中韩民族团结起来反日救国!"

抗日的怒火燃烧在梧桐河,宣传队很快就组建起来。全村共组建了五支队伍,青壮年宣传队分两路进行远征;老年和少年儿童宣传队只在本地附近进行宣传。演出服装一部分是靠集资到佳木斯市买些布料制作,其余大部分则是由妇女们捐献的,她们不仅捐献了自己的节日装,有的还献出了自己新婚时的婚礼服。

宣传队的集体表演以扭秧歌和跳朝鲜舞为主。穿的有汉族服装、朝鲜族衣裙和男女学生装。扭秧歌时有跑旱船、踩高跷;跳朝鲜舞时有农乐舞和长鼓舞,显得十分热闹。一九三二年农历正月初在学校操场举行了一次会演,各队的热情都很高。

每支宣传队内部都有具体的分工,有专门演讲的,有负责写传单(用汉文写的)和撒传单的,有唱歌的(用朝汉两种语言唱革命歌曲)。

许多领导同志也都化装参加了演出。裴治云同志表演了朝鲜族的象帽舞,那时叫甩头舞;裴敬天同志用假发梳成长长的辫子男扮女装扭秧歌;张兴德同志一脸的络腮胡子,腰间别个大烟袋,扭来扭去,乐得大家前仰后合;李在德、石光信等同志扮成女学生;徐光海、金相国、马德山等同志是专门演讲的,他们几位口才好,知道的事情多,每当演出达到高潮,观众情绪高昂的时候,他们就发表演说,揭露日本帝国主义先侵占朝鲜,又来侵略中国的狼子野心和滔天罪行,号召人们团结一致共同抗日救国,动员群众参加"反日大同盟会"。他们的演讲得到了热烈的欢迎和呼应。

爸爸李石远和哥哥李允凤也都参加了宣传队,并做了很多的工作。

逃难安邦河

日本侵占东北快一年了,因为梧桐河偏远,日本人当时鞭长莫及,暂时还没有来到这里。虽然人祸没到,但天灾却毫不留情地降临到了我出生的这个小村庄。

1932 年秋,梧桐河两岸的庄稼长势喜人,丰收在望,农民们家家都在忙着筹划秋收。可偏偏在这个节骨眼上,老天爷和穷人过不去了,一连几十天的瓢泼大雨下个不停。很快,梧桐河、都鲁河、蒲鸭河的河水猛涨,特别是松花江开始洪水泛滥,眼看一年的辛劳就要被洪水吞没了。心急如焚的农民日夜不停地守在稻田边,尽力加固堤坝,但还是没能抵挡住猛兽般凶猛无情的洪水。

我们一家住在村南头的湖边，爸爸带着妈妈和哥哥都在田里抗洪，家中只剩下我和三岁的弟弟李学凤。

那天湖水还在猛涨，早晨已经往院里进水了。开始我并没有害怕，往年也遇到过这种情形，漫进院里的水，不久就会退回去的。可是这次没想到，到了中午，狂风大作，雷雨交加，从南边的松花江席卷而来的洪水，在我家的院子里翻卷着浪头冲进了屋里，我带着弟弟在水中挣扎，吓得号啕大哭。幸亏爸爸、妈妈和哥哥他们及时赶了回来，大家七手八脚把我和弟弟先抱上房顶，又把仅有的"家产"小铁锅、破棉被和簸箕抢了出来。爸爸在齐腰深的水中东一根、西一根地捞来了好几根木头，手忙脚乱地打了个木排。就这样一家五口人上了木排在暴雨中漂行。爸爸控制着木排往学校方向漂，在途中遇到了刚从防汛第一线回到家里协同父母和妻子正与洪水搏斗的李振植，爸爸把他们一家四口也拉上了木排。人太多，爸爸和哥哥开始下到水里推着木排走。

当木排推到学校时，操场上的水也已经没到大腿了。学校是全村最高的地方，是全村人唯一的避难所。当我们一家到来时，这里已经变成了抗洪的战场。围着校舍，青壮年们正在分秒必争地抢修防洪堤坝，母婴和老少们正拼命地往校舍里挤，晚来的只好在操场的岗子上相挨搭铺、安置家什。

裴治云、李云健、蔡平、崔贵福等党员同志挺身而出，指挥大家抗洪。他们提出的口号是："团结奋战，修堤防洪，确保民众生命安全！"并且写成标语挂在操场的秋千架上。青壮年挖土方、扛草袋、打夯；儿童们在老师的指导下给大人送水，替大人照看孩子。全村人形成了一个团结奋战的大集体。

洪水在一刻不停地上涨，浑浊的河水打着漩涡冲击着堤坝，堤坝不时出现决口，农民们呼喊着拼命地去封堵。就在这万分紧张的当口，人们发现村南远处水面上驶来一艘白色的轮船。

"啊！救命船！是来救我们的！"

人们兴奋得不能自已,雀跃着欢呼起来。

裴治云等领导同志看来也确信不疑,他们几位商量片刻后宣布:"大家不要急,不要乱,要按一二三村的顺序分别排好队,让老年人和母婴在排头,有组织地准备上船!"于是,农民们把活停了下来,忙着打点自家从洪水中抢出来的一些家用;母亲们则东奔西走地呼喊自己的孩子,整个学校大院吵成了一片。

白色轮船越来越近了,眼看就要靠近学校,人们巴不得马上跳上船去。可是轮船却拐了个弯,向东北方向驶去,到福丰稻田大院门前停下了。农民们都傻了,好像挨了一记闷棍,心中的苦涩无以言表。人们只能望着福丰稻田公司的地主们和几十名兵卒蜂拥而上,七手八脚搬上大大小小的箱子柜子,最后,连他们的狼狗也都上了船。那艘白色的轮船,船尾排放着翻滚的白沫子就这样绝情地开走了……

看到这不顾农民死活的行径,大家对地主军阀的仇恨达到了撕心裂肺的程度!许多农民咬牙切齿地高喊:"打倒地主!打倒军阀!"为了鼓励大家继续奋斗,李春满、裴治云二位同志先后讲了话。他们用眼前活生生的事实,进一步揭穿剥削阶级的本性,号召大家团结起来战胜眼下的洪水,将来要推翻这万恶的旧社会……农民们切实感到了在生死关头站在农民一边的只有共产党!

村里的房子都被大水淹没了,极目望去,四周都是一片汪洋。农民手中仅有几条小渔船和木排,靠这些是无法冲破洪峰横渡松花江的。乡亲们只好继续在原地抗洪保命,待洪峰过去后再另谋生路。

我听大人们说,在那次洪水中死了近百人,死亡的牲畜更是不计其数。

被洪水困了二十多天后,水位开始下降,洪水终于渐渐退了下去。

李春满、裴治云等领导同志召集各群众团体组织的负责人和骨干分子开会研究下一步的对策,然后召开群众大会,由李春满同志宣布了决定。他说,当前的大事,就是要保住全村人的生命安全和使今后的生活有着落。眼下，全村庄稼颗粒不收，要想生存只有逃荒奔走他乡。村里决定有组织地分批逃荒，大家要自报去向，有亲投亲有友靠友。不论逃往何地，希望大家都能积极参加当地的抗日救国组织，继续为抗日救国事业做出应有的贡献。

会后，家家都自报了去向。分别有安邦河、汤原新村、萝北鸭蛋河、汤原格节河和太平川等地。

我们一家是无亲可投、无友可靠的困难户之一。这类户编入了富锦县第五区安邦河的难民队。这支难民队有三十多户百十来口人，是个比较大的队。难民们乘木船分批来到松花江南岸的悦来镇，先在码头和大街上露宿了几天。有些久病的难民死在了街头，有些难民走不动留下来不想走了，剩下的难民携妻带子又走上了逃难的路。

一路上，生病的难民越来越多，行进速度十分缓慢。等到了苏家甸村的玉米地时很多人不想再走了，也实在是走不动了。由于饥饿难忍，大家七手八脚地掰苞米和烧黄豆吃。因为人多目标大，很快就被地主管家发现了。不多时，地主派来了全村的武装大兵包围了难民，威胁难民赔偿地主的损失。有几位农民上前解释，但语言不大通，情没求成反而惹来一顿拳脚。这还了得，本来难民对地主怀恨在心，现在在逃难路上还遭此打骂，新仇旧恨涌上心头，难民们怒火中烧，一个难民挨打，全体难民一哄而上，大家豁出去了，不就是个死吗？这时，地主武装枪支压弹准备开枪，事态发展极为严重。就在这紧要关头，带队的张在钟同志和李石远同志挺身而出，他们先拦住了怒发冲冠的农民。张在钟同志会讲一口流利的汉语，他和李石远向地主管家说明了这些人都是逃难的难民，要不是饥饿难忍也绝不会吃庄稼，他俩劝地主管家，这些难民现在死都不怕了，不就是掰点苞米吗，日后等我们落下脚，一定回来还钱。

听了张在钟和李石远的解释，地主的管家终于发了善心，让大家离去了。

一路忍饥挨饿，逃难的人群终于来到了安邦河区的草甸子屯（今双鸭山市集贤县）。这是一个汉族和朝鲜族两族群众杂居屯,有个叫梅雪堂的地主兼中医在经营着这里的土地,他雇佣自己的内弟张镇奉和另外两个人分管土地、房产和商铺。

到了草甸子屯,各家都投奔亲戚朋友去了。我们一家无依无靠,正在没有着落的时候,却在这里意外地遇见曾在都鲁河的火灾中帮助过我们的边氏一家。在都鲁河村时,我家的房子被地主的二房东烧成灰烬,是边家收留了我们,妈妈还在他家生下了小弟弟。那年夜逃时我穿的开裆裤也是他家送的。这家人心眼好,我们一家人一直把边氏一家当作救命恩人。现在,在走投无路的情况下,总算遇到一个熟人,爸爸和妈妈都高兴得流出了眼泪。

边氏一家也是在我们家失火那年逃离都鲁河来到这里安家的。这天听说村里来了逃荒的难民就出来看看,没想到竟然遇到了我们一家人。看到我们一家人衣衫褴褛、面黄肌瘦的样子,边氏夫人不由分说地就把我们家仅有的那点行李搬回家中。我们跟在后面连感谢的话也不知道怎么说好了,多灾多难的一家人总算有个落脚的地方,又有了一个可避风雪的窝子。

边氏一家的住房是一座小马架子,进了屋,南面是灶坑,北面是一条长炕。爸爸用秫秸在长炕上做了个间壁,边家和我们家在这条长炕上一东一西地住下了。然后在南面另起了一个炉灶,两家人各用各的。

边氏夫妻三十岁左右,养育一男二女三个孩子,最大的七岁,最小的不满一岁。夫妻俩个子不高,但身体结实,都勤奋能干,家里家外收拾得十分整洁,他们能说一口流利的汉语。他们说自己的父母是很早从朝鲜庆尚道来到中国的。

那天,可能是农历八月中旬。晚上月亮很圆很亮,再加下了霜,外面显得格外白亮。边氏人家给我们做的晚饭是二米饭和炖西葫芦,好久没有吃过这样又热又香的饭菜了,香得小弟弟连连说"好吃,好吃",我也吃得很香很饱,大家都很高兴。在野外奔波一个多月后,第一次在家中吃到这样的饭菜,吃得这样饱,香甜之余,我一下子感到浑身瘫软,倦意难忍,不知不觉中躺倒睡着了。

第二天，吃完早饭爸爸出去揽活去了，适逢大秋，可以去帮人家割稻子挣点钱。爸爸走后，我妈妈就问边妈妈能不能到地里捡点萝卜叶子什么的做菜粥糊口，边妈妈劝我妈妈先好好歇两天再说，可是妈妈决意要领着我和弟弟出去。看妈妈执意要去，边妈妈就告诉她，不远处有汉族人梅经理的地，那里有不少西葫芦可捡。妈妈高兴了，马上就要去。边妈妈无可奈何地背起孩子，领着另外两个孩子和我们一起出发了。

走不多久，我们就来到了梅雪堂家院外，隔着栅栏看到了院内的砖房，这在当时人们的眼里是高档住房了。他家的院子是用柳条篱笆围起来的，想到院子里去，必须从大门口通过。这时，院内的两条大黄狗听到声音向我们汪汪直叫，吓得我们几个孩子直往妈妈们身后躲，幸亏这时从院里出来一位中年人吆喝住了狗，并笑着告诉大家不要怕。

边妈妈点头鞠躬地和这个中年人说，李家人是逃难来到这里，实在没有可以吃的了，请行个方便，院里的西葫芦如果不要了，就送给我们吧。那个中年人爽快地答应了。我和妈妈们来到园子里一看，那里满地都是大个的西葫芦，虽然已经被霜打了，但满可以食用。妈妈不解地问边妈妈，这么好的西葫芦，他家怎么不要了？边妈妈告诉妈妈说，梅家人都住在城里，这儿只留两个老头看家，他们那些人都不稀罕这些玩意儿。妈妈听了特别高兴，这些好端端的西葫芦在灾民眼里，是要比啃不动的金子还要珍贵得多。

从那天起，我们连续几天往家搬西葫芦，每天晚上切成西葫芦片或者西葫芦条，在屋里屋外到处晾晒。就是这些西葫芦救了我们一家人的命。入冬后，妈妈又和哥哥允凤去稻田里挖老鼠洞，掏出洞里的稻穗，拿回家捣成碎大米，以西葫芦条为主掺点碎米做菜团子和菜粥吃。另外还到菜地里捡来白菜帮子或萝卜叶，腌些咸菜就饭。那一冬我们就这样熬了过来，比预想的情况还要好些。

想想逃难的过程，也许真就应了那句"天无绝人之路"的老话吧。

小弟弟和妈妈病故

一九三二年的这个冬天，作为一户逃荒的难民，我们总算没有流浪街头，至少天天都有西葫芦菜粥吃，吃饱了还有热炕睡，住房虽然小，但比起都鲁河的那间四壁挂霜、满屋烟气的小屋不知要好上多少倍。能吃饱、能睡暖，对孩子们来说是莫大的福气。我和弟弟吃胖长高了，爸爸和妈妈都很高兴。

到了春节，由于农民协会的关照，难民户也能做些大米面发糕。村子里还组织聚会和文艺演出，气氛热烈，玩得开心。

节后不几天，小弟弟李学凤突然发高烧，昏迷不醒了。大家都不知道是什么缘故，急得要命。后来看到他的脸上隐隐约约有些小红斑点，妈妈说这是要出麻疹，急忙找人弄了一些偏方。弟弟吃过药后，斑点出得多了些，这是好兆头，大家也就放松了警惕。妈妈为了照顾弟弟，连日操劳，那晚也睡过去了。谁都没想到，小弟弟那晚半夜自己起来感到干渴难忍，他爬到水缸边把凉水喝了个够，等妈妈发现时，弟弟已经喝完凉水了。这是要坏事的，急得她手足无措，等到天亮时，发现弟弟脸上的红斑开始退回去了，到了下午，红斑变成灰斑。妈妈天天流着泪护理弟弟，并用了许多可用的偏方，但是到了第五天小弟弟还是停止了呼吸！

可怜的小弟弟，在他短暂的一生中，多灾多难。他降生在火灾中，尚在襁褓中就随父母夜逃，洪水后又随父母颠沛流离。他没吃过一顿好饭，没穿过一件新衣，没有一个玩具……

我和弟弟的感情很深。弟弟的降生为全家带来了欢乐，我和弟弟朝夕相伴，互相照顾，小弟弟聪明又机灵，非常讨人喜欢。在水灾后的逃荒路上，他走不动了，我还背了他好几次。我背他时，他把我比作马，逗得我笑个不停,背着他走路,像是做游戏,那开心的日子再也没有了……

病魔把小弟弟夺走了,我哭肿了眼睛,喊哑了嗓子。

当爸爸沉着脸,用草袋子拖着弟弟出门时,我死死扯住袋子不松手,哭喊着叫弟弟。但是抵不过爸爸的力气,爸爸把弟弟抢走了,那时我觉得爸爸太狠心了。后来据哥哥说,爸爸把弟弟送到了安邦河的柳条沟里,因是冬天没能掩埋。从那以后,我天天侥幸地盼着弟弟能死而复生回家来。

1933年上半年,汤原县委根据中共驻共产国际代表团以中共中央名义发出的关于广泛建立反日民族统一战线的《一·二六指示信》精神,派金相国、全华等共产党员到富锦县五区"安区"(集贤镇)开展工作,为的是解决枪支问题。县委动员党员、干部和群众捐粮买枪,当时该区委在汤原县委直接领导下已建立了党的组织和反日武装。

这一年春天,日军武装侵入佳木斯以东的小城镇和农村,强行没收农民的土地和枪支,从而引起了一场农民暴动。

愤怒的农民纷纷起来,自发组织了带有宗教色彩的红枪会、黄枪会、大刀会等反日武装。对于这一批反日武装,党组织决定支持他们,并动员当地的党员和共青团员及革命青年积极参加红枪会,要求他们到红枪会里抓住各种机会宣传党的抗日主张和政策。党组织还发动地方群众,有力出力、有粮出粮、有枪出枪,积极支援红枪会。妇救会用大米面和玉米面加点盐或糖做成炒面,分别装入一个个小布口袋,送到红枪会驻地康家村、沙岗等地。那时的主要进攻目标是驻有日军的集贤镇,那里修有城墙和炮楼。

当时,朝鲜族较集中或同汉族杂居的村子有安邦河草甸子村、马架屯、河西村,往南有杨树林村、哈达密河和双鸭山的安邦村等。这一带的朝鲜族多是从梧桐河那里迁来的,这里的抗日救国群团组织比较活跃。我的父亲李石远、哥哥李允凤都是抗日组织里的人,积极参加各项抗日救国的活动。

朝鲜族的爱国者对红枪会带有宗教迷信色彩的一些规矩不大理解,但经党组织的劝说,同样履行了喝鸡血、烧香磕头等宣誓仪式。当时,除少数负责人持有长短枪外,其余红枪会队员们所持的全是红缨枪和大刀等原始武器。

一九三三年农历三月,红枪会开始进攻了。每一个红枪会员,都像是出征的勇士,大刀片寒光闪烁,血一样的红布条在刀把上跳跃,在漫天的尘雾中,勇士们被用马车和牛车送到离城墙几里路的地方。

那一天,我哥哥李允凤也义无反顾地加入了队伍。妈妈送走哥哥后,在家里坐立不安,她不停地流着泪,一会儿向天、一会儿向儿子走去的方向左一遍、右一遍地祈祷着什么。

据说,队伍开始进攻时,城内没有什么反应。红枪会的队员们误以为日军被他们吓跑了,于是纷纷议论说"这小日本真他妈的不扛打"。可就在队伍得意扬扬地推进到离城墙百十来米远的地方时,敌人居高临下,突然用机枪扫射。顷刻间,城墙下尸横满地,血流成河!见此惨状,队员们怒火中烧,许多人高喊着"狗日的小鬼子,爷爷和你们拼了",咬牙切齿地冲向了城门。但是,一批批冲上来的人群都被敌人无情的机枪扫倒在地!全华同志也牺牲在这次战斗中。因为敌人的火力太猛,队伍乱了,余下的幸存者,只能在烟尘血雾中跑了回来……

这是一场惨烈的战斗,也是一场愚昧的战斗,可以看出那时的抗日地下组织很不成熟,也没有经验。

金相国率领的人马,只剩下尹锡昌、李允凤、李钟玉、李贵学和汉族青年郎占海,他们几个人从死尸堆里爬出来,浑身血淋淋地跑回了草甸子屯。

全村到处是哭声,不少人家的门框上挂起了白幡。

看到哥哥李允凤死里逃生返回家,妈妈又喜又悲,她久久地抱着儿子,泪水湿透了衣襟……

哥哥李允凤离开了红枪会,妈妈心头的一块石头总算落地了。哥哥回来后,妈妈的情绪很高。她起早贪黑地拼命干活,每天清晨两三点钟就起身做饭,吃罢早饭就带着午饭出去帮人家铲地,晚上很晚才能回家,为的是挣点钱,好能再供哥哥上学。

有一天,中午下了大暴雨,妈妈在地里没处躲,没处藏,浑身都淋透了。她冒雨赶回了家,就一头倒在了炕上,发起了高烧。

妈妈卧床不起了。过了三天,她的胸部皮下出现了红斑,和弟弟得病时候差不多,爸爸托人弄了些偏方,也不见起色。又过了一天,那些红斑变灰,妈妈脸色苍白。到了第六天,开始上气不接下气,脉搏无力,一家人守在她跟前,毫无办法。最后,只听她说了声:"小凤,我……"话没说完就咽了气。

好像是天塌了一半,妈妈的死给全家人带来了无比的悲痛。那么能干,那么贤淑的妈妈怎么能说走就走了呢?我和哥哥都哭成了泪人,爸爸也哭了,这是我长到八岁第一次见到的。

妈妈去世的那一天,是一九三三年农历五月二十一日。对于她的死全村人都感到意外,在这次患病前,妈妈是很健康的,全村人都夸她是里里外外无所不能的理家能手,而且她心地善良,很受人尊敬。她的后事是全村人帮助操办的。爸爸和任木匠用东筹西借的木板,打了一口不大的棺材,把她安葬在南山上康家屯墓地。那年,妈妈才四十三岁,她比爸爸大三岁。

村子里流行的传染病,使得每周都有人死去。妈妈死后不久,李贵学的母亲和父亲也相继病故了。贫病交加,在这生与死的夹缝中挣扎着生存下来,是极为艰难的。

那一天,送葬后回到家里,屋内显得空空荡荡,一股说不出的凄凉涌上了我的心头。再看看炕头那床被火烧过的棉被,想想妈妈走时连件新衣服都没穿不说,就连这床破被都没能带了去,我又忍不住失声痛哭了,爸爸和哥哥也一动不动地站在炕前,默默地流着泪。

妈妈走了,我成了没有妈的孩子,那一年我八岁。

哥哥从军

一九三三年冬天，县委派李春满、金正国、张太华等人组成一个工作组来到富锦县安邦河组建游击队。他们变卖了筹集的粮食，先买了一支德制八发匣子枪，准备去集贤县缴地主汉奸李海自卫团的武器。

工作组事先做了不少工作，先是派金正国、张太华等人给李海送去一车大米，并同他拜了把兄弟。过了春节后，爸爸领着人天天在家开会，后来又来了李春满、金正国等领导同志。他们开会时，我就在柴火垛上放哨。

一九三四年春节以后，我不知道爸爸他们都去做什么，我问爸爸，爸爸也只说："小凤听话，好好看家，办完事爸爸和哥哥就回来了。"

正月十六，军事负责人金正国和区委书记李春满等七位同志，计划以拜把子兄弟的身份，带着一些烟酒糖果之类礼品进入自卫团。在外面待命接应的有张显庭（原名张在荣）率领的二十多名少先队员和青年团员。只要里面的七位同志制服李海后向外面报暗号，外面的同志就闯进去，用自卫团的武器武装自己，然后骑上自卫团的马直奔完达山，在七星碰子建立后方密营，并以完达山一带为根据地进行抗日活动。计划倒是蛮好的，想得也很远。但是同志们低估了这个汉奸地主，他对这几个同志并不相信，早就有防备。顺利打入的七位同志正跟李海谈话时，因缺乏经验露了马脚，致使敌人先动了手，李春满、陈永春、张太华、李春达、金奉书、李春成当场被敌人杀害了。

当时，金正国同志以尸体为掩护，趁敌人追赶外围队伍时从敌人手中夺来一支枪，打死那个敌人后越墙脱逃而幸存下来。逃脱后他同李允凤、尹锡昌等会合往北撤，直奔原定地点汪海屯我们家。

出事的那天夜里，我觉得格外害怕，不敢进屋，就爬到柴火垛上向河套方向眺望，因为那是爸爸和哥哥离去的方向。望着、望着，月光下我看见远处出现了黑点子。我想或许是哥哥李允凤回来了吧，就迎着那个黑点子跑了过去。

跑着跑着，我看到那个黑点子变成了长长的一溜。我忘记了害怕，等跑到了黑点子跟前一看，原来是安区的抗日少年先锋队在张显庭指导员的率领下回来了。从他们急促不平的呼吸声中，我觉察到出了什么事，就站在一旁急切地问哥哥在哪，可他们只是无声地继续往前走。我着急了，大声叫喊着哥哥的名字，声音里带着哭腔："李允凤！哥哥！你在哪儿？"这时我听到了尹锡昌的声音，他小声告诉我说哥哥在后边。我离开他们继续往后跑去，果然又遇到了几个人，就又喊叫着哥哥的名字，这一回终于听到了哥哥的回答，哥哥不让大声叫喊，并让我赶快回家。我看到是金正国领着哥哥和另外几个人走在一起，就小声地问哥哥出了什么事？哥哥说没啥事，让我快回家做饭，说吃完饭他们还要赶路。

来到我们家里后，这一队人马上聚到屋内开会，哥哥出来问家中还有多少小米，我把小米袋子拿给他看。哥哥还问有没有咸菜，然后，他把小米袋子里仅剩的三十多斤小米全部倒进大盆里，让我全都下锅做上，并说他们吃完还要带走一些。哥哥又到菜窖里取来了大萝卜，让我多做些汤。我急急忙忙淘米下锅，切萝卜丝熬汤，因为没有肉又没有油，汤里只能放点咸盐。

我不停地往灶里加柴，火势很旺，两口锅都开了，心也像开了的锅一样翻腾，我不住地揣摩着哥哥们到底出了什么事？还要上哪儿去？

后来才知道当天在李海那里事情败露，只有金正国一个人逃脱，在外面等信号的少先队突然遭到敌人的追击，毫无战斗经验、手无寸铁的二十多名青少年，只好后撤。幸好金正国赶到，他和张在荣（张显庭）指挥少先队分两路甩掉敌人的追击，这才来到了我们家。

在撤退时，李允凤和尹锡昌跑得太热，把棉袄都不知道扔哪儿了，到家时他俩都没有棉袄，只穿着单衣。虽然是刚刚打了春，可是还在五九、六九的天气里，那天还是嘎嘎冷，没有棉袄是要冻死的。看到哥哥丢了棉袄，我急得哭了起来。哥哥安慰我,说自己有办法,他说可以穿父亲的旧棉袄。

哥哥的问题总算解决了,可是尹锡昌的问题怎么办呢? 我们家里再也没有什么可御寒的衣物了。尹锡昌也有办法,他求我到马架子屯的家里取来一件棉袄,可夜里我怎么敢一个人去呢? 后来,李贵学说他可以把我送到村头,等我进村把衣服取出来后再陪我回来。

我们两个人一路小跑到了马架子屯,李贵学在外面隐蔽处等我,我去尹锡昌家取衣服。好不容易敲开了他家的门,五经半夜的各家都睡熟了。她家老太太听说我要替尹锡昌取棉袄,嘟嘟囔囔地说,前两天刚换的新棉袄怎么又要棉袄? 我灵机一动,便说尹锡昌在给人家干活,不舍得穿新棉袄,要旧的,那件新的以后送回来。

我们拿到旧棉袄回家时,队伍正在屋里吃饭,我把衣服交给尹锡昌后就去找哥哥:

"哥哥,我也跟你们一起走,别把我扔家了。"

"不行,你跟不上。这次我们行动,敌人骑马追我们,连我都跑不动,没看见棉袄都扔了吗? 你行吗?"

"我行,我一定行! 爸爸老也不在家,你也走了,只留下我一个人,我咋办?"

我忍不住心头的凄凉,竟"哇"的一声哭了起来。

"唉——!"哥哥捶胸叹了一声,他的眼眶里充满了泪花。

看到这情景大家都很着急,张显庭过来安慰哥哥别着急,尹锡昌和李贵学过来哄我。

"小凤,我们是上前线要打仗的,过两年等你再长大一点,我们牵着大马来接你,你说好不好?"

经他们俩这么一哄,大家也都七嘴八舌地附和着说到时候一定赶着大车来接我,我不哭了。

听了哥哥们的亲切话语,我的心里暖和了不少,但还是半信半疑。

"到时候,你们不来咋办?"

我这么一问,哥哥们都伸出了小手指头说:"那,我们是这个!"

我忍不住扑哧笑了一声,虽然脸上笑了,但心里却感到说不出的苦涩。

把我稳住以后,他们继续开会了。我站在过道上以无限羡慕的目光看着他们开会。过了一会儿,他们举起了拳头,开始宣誓了:

"我们抗日救国少先队,我们抗日救国青年团宣誓:不怕流血!不怕牺牲!我们要为抗日救国而斗争到底!"

宣誓之后,他们压低了声音唱起了《少年先锋队歌》:

走向前去啊,曙光在前,同志们奋斗,用我们的刺刀和枪炮开自己的路。勇敢上前,坚定脚步。我们是工人和农民的少年先锋队。我们是工人和农民的少年先锋队……

他们的歌声越唱越高昂,这歌声回荡在安邦河畔的夜空。

唱完歌,队伍到门口雪地上集合了。在月光下他们排好了队,压低声音报数,总共是二十多人。他们之中,只有几个是二十出头的,其余全是十六岁左右的青少年。他们是金正国、张在荣(张显庭)、尹锡昌、李贵学、李钟玉、陈炳祚、李钟学、张在满、李文浩、李贵燮、余德铉、朴京都、尹忠根等人。哥哥李允凤是一九一八年出生的,属马,年仅十六岁。就在这一夜,他宣布自己改名叫李云峰,他说自己要像耸入云霄的山峰一样坚定。

农历正月十六日,月光皎洁,这支队伍在共产党员金正国、张在荣(张显庭)等人的领导下,扛着抗日救国的大旗出发了。他们披星戴月,冲破重重艰难险阻,一路向西,走过了万里河,越过了卧虎力山,踏冰过了松花江,从小兴安岭东角格节河登山,在山里终于与夏云杰任队长、李云健(张世振)任参谋长的汤原游击队会师了。

模范学校校歌

1 = F 4/4

崔石泉 词

```
5· 1  1 1 1  7 6  5 5 |   5· 2  2 2  3 2  1 |   5· 1  1 1  7 6  5 5 |
```

模范 学校的 少年 们哪，　学习　　要 努力 啊，　人人 都做 模范 少年，
模范 学校的 少年 啊，　　要学 列宁 主义 啊，　要当 列宁 好少 年，
过渡 时期　　不会 长，　　共产 主义 不遥 远，　那个 时候 新社 会，

```
5· 5·  6 7  1 1 1  1 |   5 5  5 6 5  4 |   4 5  6 6  5 4 5  5 |
```

天天　都要　向上 啊。　你也 当，我也 当，　都把 模范 少年 当，
要学 列宁 好思 想。　你也 学，我也 学，　都学 列宁 好思 想，
定是 人间 好乐 园。　要建 设，要建 设，　社会 主义 靠我 们，

```
2 5  5  4 3  2 |   5 4  3 2 1 1  1 ‖
```

你也　　当，我也 当，　都把 列宁 少年 当。
你也　　学，我也 学，　都学 列宁 好思 想。
建设　　吧，建设 吧，　社会 主义 靠我 们。

参军

撒传单的儿童团

一九三五年秋，为了推动抗日宣传活动，安邦河区的抗日救国儿童团接到了散发抗日传单的任务。任木匠制作了宣传板，老杨同志编写宣传提纲和标语口号，我和任木匠的儿子任德俊在萝卜窖里点上獾子油灯夜以继日地赶印传单，油印机是地下党托人从佳木斯买来的。

印好传单以后，由儿童团员张贴或散发到集贤镇、沙岗、福利屯、苏家甸等地。这些地方，儿童团员们是随农民送粮送菜的机会借光搭车去的。

农历十一月的一天下午，我和儿童团员们搭上我父亲李石远赶的牛车进了集贤镇。到了镇里后，我们从西到东走了一个来回仔细地观察了动静，天寒地冻，小西北风嗖嗖地刮着，路上行人稀少，时机不错。大家下车分头贴传单了。当时同去的有任荣植、张云峰、任德俊等人，他们身穿大棉袄，怀里揣满了传单。下车后，两个人一组，一人刷糨糊，一人贴传单，我和张云峰搭手。

就在我和张云峰俩贴到十字路口北侧时，突然见到两个当兵的顺胡同拐了出来。我俩马上装成闲逛的样子东瞅西望，那两个大兵看是俩小孩也没在意就走了过去。等两个大兵走后，我们就地又贴了几张。贴着贴着来到了照相馆，趁天晚无人来照相的机会，我俩赶紧往墙上贴。张云峰刷完糨糊就挪了地方，他走后我贴传单，不知是我贴的不是刷糨糊的地方还是因为糨糊冻了，传单没贴住，没等回身就从墙上掉下来了。刚想捡起来，一转头看到从北大营那头过来好几个当兵的，我立刻蹲了下去，用宽大的棉袄盖住了地上的传单。我一动不动地蹲了半天，等他们走过去很远，才站了起来，找到刷糨糊的地方,重新开始贴。可那糨糊都冻上了,我没办法,往墙上吐了好几口吐沫,用小手按着传单,总算是粘上了。我刚贴完,从南头又来了几个兵,我以为是刚才那伙兵又折回来了,赶紧离开那里,跑到了东边的粮栈。这么又耽搁又躲身,我和张云峰走散了。

没有了伙伴,没有了糨糊,没法再贴了。咋办啊?还有好些传单呢,干脆撒传单吧,我沿路撒开了。遇到有的店铺和住家大门有缝,就把传单从门缝塞进去,就这样,从粮栈到买卖街撒了一路。传单撒没了,我跑到了事先安排好的西门里的崔树林(汉族)家。崔树林同志是党组织派进镇内宪兵队的地下工作者,崔夫人对我特别热情,给我做了热乎乎的玉米粥。喝完粥后,崔夫人让我上炕睡觉了。

那天晚上,张云峰、任荣植和任德俊是在张道锦家过夜的。张道锦是在集贤镇以朝鲜民会会长的名义从事我党地下工作的老同志,也是汤原县第一批上山的游击队员之一。

第二天,集贤镇全城轰动了。

"昨天夜里抗日军进城了,城里到处贴满了传单……"

"抗日军兴许已经攻占了全城……"

到处都有三三五五人群的议论,他们个个神采飞扬,说得有声有色。

他们哪里知道这一切都是小小的抗日救国儿童团干的呀!听到议论,我们感到特别开心,没想到自己竟做下了如此惊天动地的大事啊。

趁着天亮,我们离开崔叔叔家往回返了,凛冽的西北风吹在脸上像刀割一样,到家时,一个个小脸冻得连话都说不出来了。但是,我们的心里却说不出的兴奋。

第二天,天气晴朗但很冷。我到屯子西头去挑水,因为是浅井冬季水少,挑不上几桶就得等半天才能再挑上水来。在等水的功夫,我呆呆地望了望挂满西天的晚霞,在霞光下,我看到有两个骑马人从柞树林子中跑了出来,直奔屯子。我顾不得挑水,急忙跑回家告诉大家说,可能是哥哥李云峰回来了。大家都迎出来一看，那两个人已经到院里下了马。

来的人不是我的哥哥，是身穿深蓝色布棉袍、头戴皮帽子的两个年轻人。只有王永昌同志认识他俩，并且事先知道他们要来，其中一位是第三军独立师的周庶范主任。

据说他们是从江北佳木斯西边来的，他们是来研究部署部队驻防问题的，听说部队要在屯子里休整一天。

天大黑了，部队进了屯，是约三十人的步兵，我一个都不认识，但心里还是很高兴。在他们吃晚饭时，我和抗日救国儿童团的小伙伴们组织了慰问演出，唱了好多的抗日歌曲，战士们都很高兴。

第二天，部队准备在屯里休整，等待天黑再出发。

儿童团员担起了站岗放哨的任务。一大早，我和几个伙伴就发现了两个陌生的打草人，他俩探头探脑地好像看到了驻防的部队。我急忙跑回家，把这一消息告诉了周庶范主任。周主任带人把两个打草人扣留在屯里，进行了突击审讯，那两个人说得还挺圆全，看不出什么太大的破绽，为了不影响军民关系，中午还给他俩吃了午饭。可是，就在下午，其中一个人钻空跑掉了，这是不祥之兆。于是，部队又重新审讯了留下的那一个，果然，他俩是敌人的密探！情况万分紧急，部队只好提前出发了。就在部队紧急集合、准备开拔时，已经从西边的苏家甸方向窜出了敌人的骑兵！部队就地组织反击，一直打到太阳落山才得以分成两路撤退，一路沿河套方向撤出，另一路以河南柳条沟为掩护撤退，最后上了双鸭山。

我和爸爸、任木匠、王永昌几个人也趁着夜色转移了出去，我们躲进了河南面的马架子屯。

敌人进村后，放火烧了我们家和任木匠家的房子，两家人都回不去家了，只能暂住在马架子屯。过了几天，我们又回村借住在了王海屯的一间土房里。

春天来了，任木匠带人把被烧的房子又重新修建了一番，我和任妈妈又搬回了原住房。我们不能离开这所房子,因为这里是和江北地下党联络的地下交通站。

少年宣传队

安区的宣传队,正式成员只有十来个,加上临时借用的总共十五六个人。这些人,年纪最大的十五岁,最小的六七岁;文化水平最高的是小学四年级,多数是小学二三年级,还有几个根本没有上过学的孩子。

这个宣传队是以一九三二年正月在梧桐河成立的抗日救国宣传队为基础的,队里的骨干都是当时的队员,他们的素质是比较高的。

老杨(宋乃振)同志来到安区工作后,在区委的领导下,组织和充实了宣传队。他把父母同意、本人愿意、政审没问题的孩子挑选出来,组织一些临时性宣传活动,经过几次活动考验后,分批接收为宣传队员。

为了提高宣传队员的素质,不定期地安排了学习和训练。学习和训练的内容有政治课学习、文化课学习和舞蹈课学习等。

政治课和识字课的老师是老杨同志,唱歌和舞蹈课的老师是原梧桐河模范学校的音乐老师张英华(女)。

没上过学的文盲孩子们,认字很慢很吃力。朝鲜族孩子学汉字,可用朝文字母注上音来记;汉族孩子则用动物和一些物件的图案标上音来学习。一般一天教二十多个字,最多教百十来个字。很多字,唱歌时顺着曲子能唱出字音,但是把它们单个儿提了出来就让人发蒙。有些孩子是无论你怎么教,就是干学学不会,非常着急。

队内有一个八岁的孩子叫张学文,别看他起名叫学文,学起字来可真叫要命,怎么教他也学不进去。后来他急了,不干了,要回家。张老师劝他,他也不听，张老师就让我去说服他。

我找到了张学文，说等咱们上完了课，还要到各地去演出多好啊。张学文气呼呼地说："不好，不好，就不好！"说完还拾起了棍子要打我。大家对他实在是没有办法，就把他送回家了。他家在火力屯（又叫火犁屯），王永昌同志送他回家时，张学文的母亲金太雨（当时任区妇联干部）很着急，要求宣传队不要开除他，容家里给他做做思想工作。后来，老杨和张老师商量，把张学文找来，让他担任收集募捐物资的工作了。

由于食宿管理等许多困难，集训只搞了半个月。后来，采取各村派一名骨干来学习两三首歌，然后由他们再回去普及的办法。

经过集训后，宣传队的素质有了明显提高。大家开始到各村屯进行演出活动了，每场演出得到群众的一致赞扬。

一九三六年秋后，刘忠民同志任富锦县委书记，王永昌同志任绥滨县委书记，作为特派员来富锦县工作的还有赵明久同志。

刘忠民书记很重视儿童团宣传队，他指示要积极开展宣传募捐活动。他说，我们的大部队现在完达山活动，急需大量的物资支援。区委为儿童团选定了第一个募捐点，刘忠民同志亲自用寄存在我们家的那头老牛套车，把宣传队送到了那里，那里就是火力屯。

这个屯子近两年一直丰收，各户农民吃穿较比别的屯子都要强些。这样的屯子在当时是少有的富裕屯，刘书记选定这个屯作为第一个募捐点是有道理的。

宣传队来到火力屯的大场院，屯子里的男女老少纷纷前来看热闹，带队的负责人说明了来意。

"乡亲们，我们是少年抗日宣传队，我们是为抗日救国之目的来此演出的！"

场院里的观众越集越多了，我用提前背好的开场白开始演讲了：

"各位爷爷、奶奶、大叔、大婶儿，抗日军在前方，不怕流血牺牲，英勇抗战打日寇;我们同为中国人,手联手,心连心,同心支援抗日军,军民合力同战斗,打败日本侵略军!"

我演讲结束后,开始了歌舞表演。第一支歌我们唱了《国民党成了什么样》。接下来,我和张英华老师的表演唱《妈妈您不要哭》上场了,张英华老师扮演妈妈,我扮演她的女儿。

…… ……

妈妈,妈妈,我的爸爸为啥不回家?

自从那年你的爸爸出征上前线,
南征北战冰天雪地,枪林弹雨中,
我同胞都在一起流血牺牲了啊。

…… ……

这首歌十分悲伤,老乡们听了我和张英华老师的演唱,不少人都流下了眼泪。我们又先后唱了《抗日少年先锋队歌》《战争开始了》等歌曲。孩子们表演得很认真,大人们听得热血沸腾,他们纷纷地跑回家,端来了一盆一盆的粮食和干菜。

当时,在这一带活动的有第六军第一师、第三军独立师和新编的一些抗日部队。这些抗日部队需要大量的物资支援,人员也要积极扩充。

根据刘忠民同志关于采取多种形式积极募集支前物资和发动群众自愿报名参军的指示,宣传队又开展了新一轮的活动。为此我们去了双鸭山的煤窑、安邦河和哈达密河进行募捐活动。所到之处,农民们都积极响应,他们纷纷拿出物资支援。百姓们说:"这么点小孩们都为抗日救国东奔西跑,咱们大伙可不能袖手旁观!"

后来,刘忠民书记亲自带领宣传队又去了刘世发屯(河西村)去进行募捐演出。看到来了宣传队，打场的农民都放下手中的活，自动围上来。那是农历十一月十六，天气虽然晴朗，但还是干巴冷。经过宣传队的演讲和演出，农民们送来了各种支前物资。他们送来大楂子、小米和高粱米，拿不出粮食的就送来黄烟、豆角干、茄子干等干菜。有的还送来了布鞋和靰鞡鞋，百姓们都想尽力地支援抗战。

看到农民们高涨的热情，宣传队的演出劲头也更高昂了。我们歌声嘹亮，又说又唱，尽管是寒冷的露天演出，可大家的身上都冒出了热汗。

宣传队的演出还在热气腾腾的时候，张云峰从东头岗哨跑来报告说，东边有一队骑兵过来了。听到报告，刘忠民书记当即决定分散撤离，除本村的小孩张玉春除外。刘忠民书记带领任春植、张云峰等人往北撤；张在满、尹顺喜、张玉春、孙凤锦等人往东；我由赵明久带领，往西南笔架山退去。一起撤离的还有李文浩和张英华，他俩是宣传队的老师和编导。

起风了，铺天盖地的大雪从天而降，大家在风雪中拼命地奔跑，钻进了一片老林子。老林子阴森森的，四周是参天大树，到处有倒木拦路。我们想，如果能够跑到西南的笔架山，再从笔架山的南侧就可以上七星砬子山峰的抗联后方基地了。但是，我们怎么也转不出来。天越来越黑，风雪也越来越大，赵明久说"不能往前走了，天黑找不到密营"，没有办法，我们又跟头把式地往回转。当一行人到达笔架山时，天色已晚，远远地能望见山下村庄里的星星点点微弱的灯亮。这时大家都冻得不行了，肚子饿得咕咕地叫，风大雪深，一步都走不动了。看到这种情景，赵明久带着我们连滚带爬朝山下的灯光奔去。

一行人悄悄地走到了村子东头的一户人家，敲开了门。看着房东惊恐的眼睛，赵明久赶紧向房东说："别害怕，我们是太平沟的，路过这里，想麻烦一下在家中暖和暖和。"这户人家有夫妻二人，挺实在的，听说是过路的，热情地把大家让进屋里，让我们自己从锅里舀苞米楂子粥吃，还给我们拿来了咸菜。

吃过饭后，大家在灶坑边上用掏灰耙把火掏出来，脱下了湿透的鞋子和包脚布在火上烤,一边烤着,一边听房东和赵明久俩人的对话。房东说:"最近,抗联活动的信儿传来后,日伪军逼着村里人搞了个棒子队,专门搜寻暗通抗联的人……"

正说着时,院里响起了杂乱的脚步声和喊叫声:"现在有一帮搞宣传的跑了,你们这里有没有?"听到喊声房东坐在炕上摆手让我们躲出去,我们赶紧退到后门外的仓房里躲了起来。房东忙说:"俺们刚刚吃过饭,没有出去,不知道外边有什么人来过。"正说着,这伙人进了屋。不一会儿,又听到有一个人在屋里厉声责问:"这么多的鞋和袜子是谁的?"房东有些结巴地"啊,啊"地说不出话来。

显然,这伙人发现了大家没来得及收起的鞋子,看起来情况有些不妙。这时赵明久同志挺身出去了。他质问那几个家伙:"咋啦?那鞋是我的,烤烤鞋也犯法?"沉默片刻又听赵明久说:"咋啦?那帮孩子宣传抗日犯法了?你们拍拍自个儿的胸口想一想,你们算不算中国人?"

"我就是抗联的",赵明久说话的同时掏出了我们演剧的道具手枪。接着,就听赵明久严厉斥责他们说:"你们谁敢破坏抗日救国,谁的脑袋就保不住!现在,完达山、兴安岭到处都有抗日军,我们就是从山上刚下来的。"

"不敢,不敢,我们也是中国人,也就是为混口饭吃,绝不敢昧着良心做事。"赵明久缓了口气说:"好了,你们就在这等着,抗联部队马上下山,你们赶快去准备。"

还没等他们明白真相,赵明久带着我们迅速离开了这个村子。

风雪转移路

夜,黑漆漆的,看不到月亮,看不到星星。后半夜时我们来到了一个只有四五户人家的小屯子。赵明久叫开了其中一家的门，主人看到我们有些惊恐。赵明久解释说，这一行人是去萝北的，天黑雪大，只想借宿一夜。听了他的说明，主人放心地让大伙睡在北炕上。

第二天天明，赵明久给了老乡一些钱，房东挺高兴，大伙继续西行。当我们走到苏家甸时，看到从西面开来载有日本兵的七八辆汽车，大家赶紧躲到路旁市场的人群中，边躲边观察。这时，我们看到有几个日本关东军下车来灌水。灌完水，汽车很快开了过去。

赵明久带着我们在市场边的小饭馆里喝了热乎乎的小米粥，身上顿时暖和了不少。喝完粥，我们继续向西走，没走多远，碰上一辆拉粮食的顺路汽车。赵明久大胆地上前拦住，说明想搭个车。那个司机还不错，把车停下了，他示意让大家快点上去。车上没有人，只有粮食袋子摞得很高，上车挺费劲的，在同志们的拉拽下，我也爬了上去。爬上车后，赵明久让大家把随身带着的歌本和课本之类的东西都藏到粮食袋子下面去，大家都照办了。雪深路滑，道路坑洼不平，汽车颠簸得很厉害，车上的风又大又硬，我被冻得上牙打下牙，话都说不出来了，张英华老师把我搂在了怀里。

到傍晚时，一行人来到佳木斯东大门。守门的日本兵端着枪把车拦住了。那些日本兵，手上戴着白手套，嘴上捂着黑色大绒口罩，头戴兔皮帽子，身披羊皮大衣。一个日本兵用日语说了句什么，司机让大家都下车接受检查，那帮日本兵过来搜身了，我的内心特别紧张。当搜到张英华同志时，那个可恶的日本兵嘴里嘟噜着什么，把手伸到了张英华的衣服下面。我看出那个日本兵是没安好心，他想调戏妇女。没等日本兵得逞，张英华往日本兵的脸上猛地吐了一口唾沫，那个日本兵气得动手殴打张英华同志。看到日本兵行凶，赵明久带领大家一拥而上护着她。这时出来一个军衔上有两道红杠的头头，他冲大家摆了摆手，我们急忙上了车，这才避免了事态的恶化。上车后，想想还是好后怕，幸亏事先把歌本和课本都藏到粮食袋子下面了，不然，后果是不堪设想的。

汽车开进东门后到粮栈前停了下来。那里的客栈挤满了人，屋内灯光昏暗，充满了旱烟和脚气的味道。赵明久进来看看就出去了，不多时，他把大家领到了粮栈院里的一间平房。我们摸黑进了屋，屋里有长长的一铺炕，炕上都是玉米棒子。大家动手把玉米棒子往一头归拢归拢，腾出一块地方和衣睡下了。住在这里不用交钱，还很安全。

第二天，天刚放亮时，赵明久找来了一辆马车，我们一行人坐着马车上了街。太阳还没升起来，晨雾蒙蒙中我第一次看到佳木斯这个城市。城里面有马路，还有几栋二层的小楼，在我看来这个城市大得不得了。我还是第一次坐马车，马车走在街道上发出"嘚嘚"的响声，我感到既兴奋又新奇。

马车穿过城市的街道，来到了西门，这时天已经亮了。西门修有城墙和门楼，门楼虽然不大，可是在我看来是十分的宏伟和壮观了。

出了西门后我们继续往西走，走出七十多里地后，就把马车打发回去了。我们来到了一个叫作敖其的地方。敖其是下江特委驻地，这里是抗联红区。松花江下游的黑通是江南江北的联络站和通道，松花江上游十里路处的达木库是下江特委组织部驻地，江北离汤原县南八里路的南江沿是下江地委妇联机关驻地，刘志敏同志（下江特委妇联主任）在那里负责。

到了敖其后接待我们的是地委书记白江绪，赵明久认识他。白书记安排我们分别住到了老乡家。这里没有朝鲜族，住在这里的有汉族、满族和赫哲族。他们都说汉语，对我也挺亲切。奔波了好几天，终于可以在热炕头上好好地睡一觉了，我感到十分高兴。

过了几天，张英华老师来到了我的住处，她说自己可能要调往别处，她嘱咐我无论在哪儿都要好好工作，不要放松学习。可她没说上哪儿去，这是地方工作的纪律，不准说，也不准问。

又过了几天，地委书记白江绪找到了我，说要派我到江北板场子屯做儿童工作。听了他的话，我的心一下子凉了，以为大家都去了部队，找个借口把我留在了地方。我感到委屈，又不好问同志们的去处，伤心得流下了眼泪。

事实也正是这样，我当时才十二岁，组织上是特意安排先在地方上工作的。看到我流泪了，白书记安慰我说："小同志，别着急，我知道你想上部队，可你太小，等你再长大一些时，我一定找机会，送你上部队去。"

"真的啊，说话算话。"

"呵呵，算话，不骗你。"

带着眼泪，我又笑了。第二天，抗日救国会有个同志来找白书记时，白书记把我交给了那个人。那人三十多岁，中等个头，不知道叫什么。他赶着马爬犁拉着我往西北方向跑，不到半天，来到了一个叫作板场子屯也叫南江沿的地方，我被送到了村东头姓徐的人家。

说是一家，其实住的是两家人，南炕上住着冯姓家的一位老太太和她的儿子；住在北炕的才是徐家两口子和他们一男一女两个孩子，共有四口人。

到了徐家后，徐妈妈告诉我说："从现在起，你是俺的闺女，得叫俺娘。往后有人问，你就说你姓徐，叫徐小凤；问老家，就说你是山东登州府莱阳县的人。"

"嗯，知道了，娘。"我记住了她的话。

"呵呵，真是俺的好闺女"，听了我的回答，徐妈妈也很高兴。

这个板场子屯和敖其村相隔三十里，它南靠松花江，东北面有河水环绕，是个三面靠水的屯子。据当地老乡们讲，在二十世纪二十年代还没修通铁道，以水路交通为主的时候，在这个屯子修建过汤原县县城。后来，因地势低洼，长遭水患而未能立足。因为这个缘故，这里还留有旧城墙、城壕和比较规整的街道，甚至还有几座砖房和炮台。如今这里是下江特委机关妇联的驻地，也是汤原县的红区之一。正因为如此，江南、江北的部队经常过往这里。

地方被服厂

我住到徐家后,发现他们两家人晚间都很忙碌。南炕的冯家老太太在油灯下做棉衣、钉扣子;徐妈妈也忙着絮棉花做棉裤。

徐家的姑娘叫徐小燕,很有山东姑娘的特点,她泼辣,嗓门高,爱笑爱唱歌。她的年龄和我差不到哪儿去,她管我叫姐姐,我也就认了。

第二天,徐小燕领着我去看望一个人。我俩来到村西头老王家,在他家的一间小屋里,有位二十多岁的妇女正在低头看着什么。听到有人进了屋,她迅速地把手中的东西藏到屁股底下,很不高兴地抬起头,露出不友好的神色,徐小燕着急了。

"哎呀,刘大姐,她叫徐小凤,我管她叫姐姐,是白叔叔(白江绪)派来和我们一起搞宣传工作的。"

"小丫头,早不说,把我吓了一跳!我知道了,这两天忙活,没倒开空去看她呢,快过来炕上坐。"

那位妇女马上换上了笑容,她是下江特委的妇联主任刘志敏。她个子不高,脸型端庄,眼神明秀,我觉得还从来没有看见这么好看的人。

刘志敏是一位杰出的妇女干部,有知识,有文化。她参加革命较早,开始在哈尔滨市做纺织女工工作,后到中共下江特委妇女部任妇女部长。她在地方上组织临时被服厂或临时缝衣组来为抗日军缝制军服。急需时集中,做完分散,机动灵活地来完成支前任务。在她亲自领导下,抗日救国地方被服厂,有汤原县桦子屯、苏拉河、洼达岗(现为香兰镇)、格节河等临时被服厂,解决了一九三六年至一九三七年抗日联军第三、六军的服装急需问题,得到第六军政委李兆麟和第三军军长赵尚志等同志的多次称赞和表扬。

刘志敏亲昵地拉着我坐在她的身边,亲切地询问我的家庭状况和来之前的工作情况。等我一一回答后,刘志敏很高兴:

"小凤,你来得正好,我们这儿正需要你这样的人。我听白江绪同志说过,他说你们安区的宣传工作做得好,很活跃。"说到这儿,她拉住我的手继续说:"好啦,我现在就给你分配工作,你当儿童团团长。你要把各村的儿童团员组织起来,把春节的节目排练好,到时候去各村演节目为前线募捐。"

听了刘志敏这一席话,我很高兴,徐小燕比我还要高兴:

"太好了,我的好姐姐,咱们好好干吧!"

刘志敏同志要找村妇联主任商量本村能参加宣传队的人员,我和小燕随她来到了村北头的一个大院套。

院内有三座房子,东厢房里有磨和几匹马;西厢房和正房里,聚集着一大帮妇女。看到刘志敏同志来了,她们高兴地围了上来:"刘大姐,你可来了。衣服都做完了,只剩下几件钉上扣子也就得了。这些,往哪儿送啊?"这时,我发现屋里还有两台缝纫机,这东西在当时很少见。

原来,这个大院套是妇联临时办起来的地方缝衣队,也叫"地方被服厂",妇女们正在为前方部队做棉衣。我看到屋里靠墙堆着已做好的棉衣、棉裤,都分别标好了大、中、小记号。另外,还有各村农会送来的棉胶鞋、靰鞡鞋、绑腿、鞋绳及各色包脚布等军需物品。

刘志敏同志向大家表示了感谢:

"谢谢你们啦!你们汤原县妇联今冬的支前工作,做得最积极,你们为抗日救国做出了巨大的贡献!姐妹们辛苦了!"

话音未落,大家热烈鼓掌,情绪极其高昂。

这时,有位男同志跑来向刘志敏同志行个军礼后报告说,部队晚上要进村取衣物。听说部队要来,妇女们高兴得欢腾起来了。有的喊应该赶快烧水,有的喊应该赶紧做饭,有的喊应该组织队伍欢迎部队。刘志敏同志扯着嗓子喊了好几次,好不容易让大家安静了下来,给大家布置了任务:

"姐妹们,请你们志愿报名分头参加以下几项工作。一是做饭招待部队,二是给部队分发衣物,三是为部队进行慰问演出。"

于是,大家分头报名领任务后,兴高采烈地去做准备了。

对参加演出的妇女们,刘志敏特意地介绍了我,大家热烈地鼓掌表示了欢迎。

当夜幕降临时,整个村子沸腾了。全村男女老少都出来欢迎抗日联军,抗日救国会主任和妇联干部忙着把部队分别领进了各家各户。

这支队伍,是东北抗日联军第六军第一师马德山的部队。马德山(金成浩)师长是朝鲜族,原籍朝鲜平安道,当年只有二十五岁左右,因右眼受伤失明而落下"马瞎子"的绰号。部队进村后,老乡们主动帮部队遛马和喂马;部队同志吃晚饭时,妇联同志在两间屋子里分头举行了慰问演出。演出前,特委妇联主任刘志敏同志向部队致词表示了欢迎和慰问,然后请马德山师长讲话。马师长向父老乡亲兄弟姐妹表示了感谢。他说老乡们的支援给部队增添了无穷的力量和勇气,部队将一定不辜负乡亲们的期望和重托,请大家相信,有共产党的领导,一定能把小日本赶出中国!

乡亲们对马师长的讲话报以热烈的掌声,然后开始了联欢演出。先由缝衣队的妇女们上场,演唱了当时相当流行的抗日歌曲《欢迎抗日军》。

就在军民大联欢的时候,从江南达木库村(下江特委组织部驻地)来了几位青年,是由抗日救国会主任领来的,他们请求马师长批准他们入伍。这几个青年一个姓葛,一个姓陈,一个姓徐,一色的二十来岁。马师长立即表示了欢迎,并向大家做了介绍。他们中的小徐还带来了一位姑娘,那位姑娘叫小秦,是刚刚结婚后送丈夫来参军的。此时,小秦的脸通红,两个酒窝也更加明显。这时刘志敏同志高兴地站起来说:"这是一对刚刚结婚的小夫妻,新娘送新郎来参加我们的抗联部队,我代表妇联表示热烈的祝贺和欢迎!"

刘志敏的话音刚落,大家自动唱起了《工农兵学商联合抗日歌》。

唱完歌,不知是谁提出让新媳妇小秦唱首歌,这当然引起了全场的呼应。小秦羞答答地低着头,不知怎么是好。新郎小徐着急了,他捅了捅小秦,让她唱平时最爱唱的那支歌。小秦抬起了头,脸还是通红通红,但她清了清嗓子,鼓起勇气说:"我就唱《我郎参军上前线》吧!"在大家的掌声和叫

好声中,小秦深情地唱了起来:

小秦的歌声婉转动听,感人肺腑。当她唱完最后一句的时候,刘志敏同志带头鼓掌并在热烈的掌声中说了话:

"部队的同志们,我们全体姊妹祝愿你们早日取得抗日救国的胜利。到那时,请你们再到我们这儿来,让我们在庆祝抗战胜利的大会上再相会吧!"

刘志敏的话音刚落,妇联干部们的合唱开始了:

建设了新社会呀,建设了新社会呀,
人人那个平等啊,民族得解放呀,
…… ……
哗啦啦我们把门开呀,
开开那个门儿呀,同志们走进来呀,
奏凯旋齐声高唱啊,手拿红旗的人们啊,
来呀,欢迎啊,啊啊啊,啊……

这时,马师长情不自禁地站起来,十分激动地讲了话,他向热情支持抗日的乡亲们和为部队送子送郎的家属们深表敬意。他说抗日救国的胜利之日为期不远了,祖国一定会解放!

联欢会的情绪越来越高,部队同志们也高歌了几首抗日歌曲:

万恶的日本兵,阴谋毒辣,
恨他三光策雷厉行,欲蚀我中华。
含泪不忍看四省被践踏,
中国人谁肯甘心忍受不如牛马?
起来雪耻,团结起来杀尽他,
夺回我半壁中华!
…… ……

部队中有不少是汤原县的人,他们同这里的老乡互相认识。趁他们叙旧的机会,不少妇女围上来向马师长报名参军,我挤到前面,把手举得老高。

但是,马师长说,部队要执行特殊任务,所以不能满足大家参军的要求。听他这么一说,妇女们不满意了。

"师长,你这话是咋说的? 不是男女平等吗? 噢,小葛、小陈、小徐他们来报名,你二话没说就批准了,轮到我们妇女报名,就拿什么'特殊任务'来堵嘴,这难道公平合理吗?"

马师长哈哈大笑了起来。

"姊妹们,我这个部队是骑兵,你们有马吗? 人家小葛、小陈、小徐他们是从江南弄到马来的,不然的话,他们也不能收。所以,请你们不要误解,这里没有男尊女卑的问题。再说,你们妇联在后方为前方抗日将士夜以继日地做军衣,这个工作多么重要啊! 我们这些男同志还做不到呢……"

我本想这次一定要参军,为此还动员刘志敏为我向马师长求情,没想到,又没成功。

部队走了,我难过得哭了。徐妈妈安慰我说,以后还会有部队来,机会还会有,但我还是很难过。

冰雪三人行

做梦都没想到,参军的机会说来就来了。

一个寒冷的冬日,大名鼎鼎的东北抗联交通员李升爷爷来到了徐妈妈家,并在这里住了一夜。抓住这个机会,我又黏着李爷爷要跟他上山,在我的强烈要求下李爷爷还真的答应带我上山去参军了。

李爷爷同意带我上山,我的心情特别地激动,兴奋得一夜没合眼,想象着部队的生活该是什么样,想象着爸爸和哥哥要是知道我上山做了一名抗联战士该有多高兴……

第二天，徐妈妈把连夜为李爷爷和我做出来的玉米面窝窝头，装满一袋子让我们带着路上吃。

要上山了，我高兴得嘴一直合不上。但是，看到徐妈妈和小燕在流泪时，又舍不得她们了。难舍难分之时，刘志敏也来送我了，还说了好多鼓励的话。

告别了刘志敏大姐和徐家人，我和李升爷爷一路往北走。那是个狂风刮起大烟泡、雪沙打面抬不起头来的数九寒冬。李升爷爷脚穿特号大靰鞡鞋，走起路来特别吃力，他嘴里嘟嘟囔囔地骂着：

"他妈的，鬼子年（当时东北群众管日本人过的阳历年贬称鬼子年）快到了，怪不得今天风这么硬！"

李爷爷骂骂咧咧地向前迈步，我可不敢张嘴说话，一张嘴就冰牙，冷得更难受。所以，就紧紧闭着嘴跟在李爷爷身后走。他那又高又大的身子，能为我遮挡不少寒风和雪沙。李爷爷的步子大，我的小腿得紧倒腾才能跟上趟，这样一来，就多次踩到李爷爷的脚后跟。我怕他生气，歪着头看他，他却扑哧一声笑了。

"李爷爷，给我讲讲你是咋参加革命的吧。"

"咳，那话可就长了……"

"李爷爷你就给我讲讲吧，是不是也像我这样找人把你领进大山的？"

"哈哈，那可不是。好，我就一边走，一边给你讲……"

李升爷爷，一八六七年出生在山东省德州屠桥街一个贫苦的搬运工家里。十多岁那年，他爹让人家给解雇了，生活一下子没了着落，只得搬到乡下去。到了乡下，房无一间地无一垄，他和爹就一起给地主去扛活，后来盖了间小草房，就租种了大财主"迟状元府"的几亩地。但收成还不够交租子，加上连年的水、旱、虫灾，生活极度困苦。他的父母和叔父，相继死去。他对吃人的财主恨之入骨，就决心去习武，想练就一身本领，去仗义行侠，杀尽财主贪官，报仇雪恨。经过几年的学艺和苦练，他学会了拳棒和枪术，还练就了两条快腿,行走如飞。

但学会武功仍斗不过财主官府,也解脱不了贫困,还是照样饿肚子。一八九四年他二十八岁时,运河水出槽,淹了房子和庄稼,日子实在过不下去了,他就一个人肩扛着一条扁担下了关东。开始在吉林省天宝山金矿当工人,以后又到哈尔滨,卖了两年小工。一八九八年他到了方正县,正赶上放荒,于是就在方正落脚。开荒种地,一直干到四十二岁时,他才与当地一个姓顾的女人结了婚,并生了两个儿子。虽然有了家业,生活也还是很困苦。

一九一五年李升被人骗到俄国修了两年铁路,受尽了白俄监工和把头的欺压。俄国十月革命爆发后,打倒了监工把头,索回了被克扣的工钱。他和中国工人受俄国革命斗争的影响,提高了觉悟,也参加了护路队,跟着红军与白匪军和帝国主义干涉军作战。一九一九年冬,在一次与日本武装干涉军战斗失利后,队伍走散,李升等中国工人跑回了封冻的黑龙江,又回到东北。

回国后,李升到了黑河,用挣来的工钱拴一挂车跑"邮政"。开始跑黑河到瑷珲(今爱辉),后来又跑哈尔滨到德都、哈尔滨到佳木斯等路线,他一直跑了十几年。

一九三一年九一八事变后,日本侵略军到处横行,李升非常气愤,他很想像在俄国时那样,拿起枪来打日本,但一直没有机会。

一九三二年秋的一天,李升赶邮车往佳木斯去,途中被大汉奸于琛澂的伪军截住,硬把邮件卸掉,装上一车武器弹药,派一个伪军押运。李升对伪军恨透了,当车走到江边时,他假意说车坏了,要修理一下。伪军大队继续往前走了,只留下那个押车的伪兵。李升趁这个家伙不注意,操起一根棒子对准他的后脑砸去,并迅速地把伪兵的尸体和车上的武器弹药都推到了江里。然后他跑到了一个就近的集市,把车马都卖了。李升因打死伪兵不敢回方正,就流落到鹤立河南岸的七号屯,这是个朝鲜族聚居的屯子,他在这里打短工,割水稻。

七号屯是中共汤原中心县委所在地,中共满洲省委驻松花江下游代表冯仲云同志当时正在这里与县委的同志一起开展抗日工作。由于汤原地区朝鲜族群众较多,日本特务、汉奸和封建地主便极力进行破坏活动,挑拨离间汉族群众和朝鲜族群众的关系。冯仲云同志和县委领导动员许多同志去做汉族和朝鲜族两族群众的团结工作,不向汉奸地主交租。县委领导和党员大多都是朝鲜族,所以朝鲜族农民很快就发动起来了,而汉族农民却没有动起来。李升当时很着急,他亲身经历过俄国的革命斗争,深知只有穷苦人都联合起来,才能打败敌人取得胜利。于是他积极主动地向汉族农民做宣传工作,参加和支持抗租运动。经过深入宣传教育,消除了民族隔阂,汉、朝两族农民集合起来,到鹤立镇举行抗租和抗日大示威,有力地打击了日本军队和汉奸的嚣张气焰。在此基础上,汤原中心县委在七号屯召开了群众大会,成立了汤原人民第一支抗日武装——汤原反日游击队,开展起轰轰烈烈的反日斗争。

李升在参加抗租斗争中认识了冯仲云和县委的同志,他更加靠近党组织,也参加了冯仲云组织的干部训练班。他在训练班里学习了有关共产党的知识和革命道理,觉悟更高了,他向冯仲云同志提出要求加入共产党。他说:"我在东北乡村各地都跑过,没看见过像你这样一个大先生,刻苦地跑到这样穷苦的乡下,来告诉我们这许多抗日救国的大道理。我现在才认识了中国共产党,我一定要拼着我的老命为共产党做事,我要做一个共产党员!"

由于他思想坚定,积极参加抗日斗争,表现突出,一九三三年初,经冯仲云介绍,光荣地加入了中国共产党。

不久,日伪军攻占了方正县,烧了半条街,李升的房子被烧了,他的老伴和两个儿子也都被敌人杀害了。六十多岁的李升对敌人更加仇恨,抗日也更加坚决。他到处宣传党的抗日主张,发展了许多救国会员。

由于李升生活经验丰富,机警沉着,腿脚又快,虽然年岁大了点,但更易于掩护,所以党组织安排他做了交通工作。

我和李爷爷边走边唠,太阳就快落山了,我们进了一个小村庄。

这个村庄坐落在丘陵地的一个岗子上,有几十户人家,村名叫洼达岗。

我和李爷爷到了洼达岗后，洼区的妇联主任李桂兰和一位姓王的同志接待了我们，当晚就住在了王家。负责接待我们的李桂兰同志，年龄不到二十岁，她做了多年的妇女工作，人长得又白又胖，伶牙俐齿很善言谈，说起话来好摇头和做手势，性格特别开朗。李桂兰同志全家都参加了革命，她哥哥李凤林现在是第六军保安团团长。

这天晚上，我住西炕，李升爷爷住东炕。吃过晚饭以后，三江地区的交通员王仁来找李升同志谈话，谈了好久。我躺在西炕，不一会儿就迷糊过去，太累了，这一觉睡到了第二天清早。

第二天睁开眼睛，我发现李桂兰同志咋打扮得那么漂亮啊。她头上梳了个蝴蝶式的发鬏，这在当时是很时兴的发式，而且还插了红花和疙瘩针，身上穿着蓝司林布长旗袍。原来，这是她特意化的妆。由于当地特务活动猖獗，敌人正在追捕她，组织上决定让她暂时离开地方上山工作，因此要和我们一起同行。我听了心里很高兴，又结识了一位女干部，路上也有女同志可以做伴了。

我们扮成了回娘家走亲戚的一家人，李桂兰是新娘子，我是小姑子，交通员王仁扮成了新郎官，李升扮成了老公公。地方组织还给我们准备了果匣子，是当时时兴的木制的装点心的礼品盒。

准备停当以后，一行四人乘马爬犁沿着山区边的丘陵地朝南前进了。天气晴朗，但寒风刺骨，我和李桂兰脚上的布棉鞋太单薄，脚冻得像猫咬似的难受，总得下来跑一跑才能缓过劲儿。中午，我们来到了一个叫韩家店的小村子，在姓韩的两口子开的小店里吃了午饭喂了马。这是一家有南北大炕的小店，大家吃的是高粱米饭、白菜炖土豆汤和咸菜疙瘩。吃完饭，李升爷爷买了几个咸菜疙瘩装进袋子里，当然也买了一壶酒。

由于吃了顿热乎乎的午饭，下午上路就感觉不太冷了。

马爬犁飞驰在雪野上，赶车的老板子把鞭子甩得啪啪响。雪地越来越深浅不平，有时陷入雪坑，有时人仰马翻，折腾得大家浑身是雪，幸好没受什么伤。不久，马爬犁拉着四人过了一条河，李爷爷说，这河叫舒拉河。过了舒拉河我们来到了山下一个不大的村庄,这时,天已擦黑了。

这个村子有一座土墙围起来的大院套,这个院套也是全村独一无二的院套。这里的主人叫穆老三,是一位倾向抗日、支持抗战的地主。据说,抗联第六军留守团耿殿君团长同穆老三交往甚多。所以这里已经成了抗联的一个后勤基地,很多军用物资都存放在这里,必要时部队派人来取走。另外,这里又是妇联组织的地方被服厂,也是季节性的临时被服厂。每当弄到一些布料后,就从各村妇联抽调一些人过来,经过一两天的短期培训后突击制作军服。这个被服厂叫舒拉河被服厂。我们到来时,这个四合院还在忙乎,部队已经取走了做好的棉衣,妇女们接着赶制子弹袋、背兜、棉袜子等军需品。这里用的缝纫机,是一位姓李的师傅个人的,每次有任务就从家中搬到这里,完成任务后再搬回家。他是这里唯一的裁缝师,大家都叫他李师傅。

这里的负责人大家都喊她韩姐,是一位妇女干部,穆金华(穆老三的侄女)及穆老三的儿媳妇等人也协助工作。

到这儿,王仁同志的任务算完成了,他还要由此过松花江,到江南执行新任务。

离开舒拉河的这天早晨,是个晴朗而又寒气逼人的天气。

我和李桂兰同志没有什么行装,而李升爷爷却是浑身披挂全副武装的。他的大布兜里装得很满,里面有靰鞡草、包脚布、烟草、土盐粒儿,还有刀、锯、锉、镰刀、斧子等工具,以及玉米面大饼子、窝窝头等食品。他身上还挎着一个酒壶,那是用晒干的牛膀胱做成的,口上是用玉米棒子芯儿堵塞的。早饭时,穆老三的儿媳妇给大家送来了小半盆玉米面饼子,我把李爷爷的一份也包到自己的布包里,想尽量减轻他的负担。

从舒拉河出发后,往西走了十多里路,然后顺着那里的冰河朝西北走。周围都是杂木林子,林子里的雪很深,走路十分吃力。所以,大家主要走的是河上的冰道。

一路上虽然很冷,但三个人有说有笑,一路陶醉于景色之中,减轻了不少疲劳,但是顺着慢坡走了一气儿,就全身冒汗,着实感到有些累了。这时,李爷爷说快到家了。

"快到家了? 是我们游击队的家吗?"

我和桂兰姐高兴了,顿时觉得身上冒出了一股劲儿。

没走多远,果真看到了爬犁和马蹄印。我拉住了李爷爷的手快步向前,我觉得爷爷走得太慢。为了减轻他的负担,我把爷爷的酒壶解下来要帮他提,那酒壶少说也有三四斤重。

"不行,不行,还是让我挎着吧。万一你摔个跟头,把酒都给我洒出去可就惨了。不喝酒,我是不能走路的;我走不了路,你就甭想找到家。"

这时,已经能听到树林里的人声和马嘶声。再走进去,就看到木板房了,板房烟囱里的青烟正顺着河沟悠悠飘散。

这里住着一伙伐木工人。他们腰间系着麻绳,绳上别着一把小斧子,正从山顶上往河川里放木。

我们进了木板房,借炭火烤着吃了玉米饼和窝窝头。李爷爷边吃边和工人唠嗑,还把酒壶取下来,把酒倒给伐木工人,工人们把猎取的山兔肉送给李爷爷。他们把山兔肉烤熟了蘸上盐当下酒菜,能看出来李爷爷和这帮工人非常熟悉,他们吃得津津有味。吃完喝完,三个人又上了路,这次开始登山了。

我们三个人一连爬了好几个小时的山,累得汗流浃背,但是,仍没能爬到山顶。最影响前进速度的是林中那些横七竖八的倒木,有的倒木粗得两人合抱都合不到手。遇到这样的倒木横躺着拦路,大家只能爬上爬下或躲着它绕道而行。这样一来,舍近求远不说,还要被那些大树上的树枝刮破了衣服,特别烦人。

冬日的白天是短暂的,不觉间太阳西下,夜幕降临了。李爷爷说,要在松林中露宿。他还说:"这里是游击队的家,天当房、地当炕,打游击野外露宿是常有的事儿。"

"桂兰姐,咱们真的在这儿过夜啊?"我怀疑地问。

"游击队在山的那一面，咱们还赶不到那儿，附近又没有房子，你说能住哪儿？"

说着，李桂兰指指李升爷爷。我看到爷爷正在林中的背风处，把地上的雪扫到一边，然后用斧子砍下枯树枝堆成柴垛。我明白了，爷爷是在准备着露宿的地方。我们俩也赶忙跟着拾柴添垛。柴垛已经很大了，李爷爷还去扛大树枝。

"李爷爷，够多了吧？"

"不，要烧一宿，这点柴火根本不够。"

李升爷爷说着话还是不停地扛树枝，又扛来了一大堆，李桂兰同志也觉得堆得太多了。

"李升同志，您这是准备在这儿过一冬吗？整这么多柴火干啥呀？"

"这一大堆柴火，放在家里可真差不多够烧半年了。可是，咱要在这冰天雪地上过夜，这些柴火烧到明儿天亮，也剩不下几个。这里不比屋子里能烧炕，野地的篝火火势不旺，人要冻死，你们啊，日子长了就知道了。"

李升爷爷边说边把篝火点着了，不大一会儿，火焰升腾，四周通明。他又捡来好多松塔扔进火里，过一会儿用树枝拨拉出来，用脚一踩，满地都是烤熟了的松子。这热气未消的松子，又好嗑又香。李爷爷用带来的盆子化雪烧水，我俩烤热了带来的玉米饼，松子当菜，雪水当汤，就着玉米面饼子，三个人吃得特别香。

吃完了雪地野餐，我们在篝火两侧分别打了临时睡铺。这个铺，是并排摆上好几根粗木，上面在横铺细树枝而成的。打好睡铺后，我和李桂兰紧挨着躺在一个铺上。这个睡铺一来凹凸不平，二来树枝刺刺拉拉硌得怎么躺都难受。但是，爬了一天的山，累得我不大一会儿就进入了梦乡，这一觉就睡到了天亮。醒来以后，看到原来堆在篝火旁的柴火都添没了。我知道这是李爷爷怕大家挨冻，整夜没合眼一直在添柴加火。还发现，自己身上还盖着李爷爷的皮袄。

看到这一切，我感到过意不去。这时，李桂兰开了句玩笑：

"你呀，睡得像口小死猪，还有好几次把脚伸进火堆里，是李爷爷帮你拉出来的。要不然，你的脚还不被烧成猪爪子啦？"

听了这话，我不知道该怎么是好。为了表示感激之情，就跪在雪地给李爷爷磕了三个头。

"别，别磕头，咱革命队伍不兴这个。往后你要记住，要保护好自己的脚丫子。革命的路还长着呢，没有好腿脚你怎么干革命？就是千里马，没有蹄子还能上阵吗？我这么大年纪还跑交通，全靠我这两条腿硬朗。所以，大伙都叫我'李快腿''李铁腿'。我这话，丫头你记住没有？"

爷爷，我记住了。

我们每个人啃了两个窝窝头就接着爬山了，那山势特别陡峭，是立陡立崖，越往上越难攀。

三个人继续往上爬了一阵子，感到山顶有些透亮，心里边也敞亮了许多。我和李桂兰三步并两步登上了开阔的慢坡地，这里没有大树，小树丛也稀稀拉拉的不多，只在有枯草的地方才有些小树。大风把地上的雪都刮飞了，地面露出一片片大石头。登上慢坡再往前看，是一座陡峭的石砬子（石峰）。

"到了，到了！"

李升爷爷快步往前走，并在有草丛的地方转来转去，用棍子拨拉着，像是在找什么东西，我赶紧跟过去好奇地问李爷爷：

"李爷爷，您在找啥呀？是不是有野兽的脚印？"

"不是。"

他的话音未落，我只觉得忽悠一下就掉进了雪坑里。我感到经过松软的雪层继续地沉进了个什么坑，我的脚发凉了，吓得连声喊着："救命啊……！"

"哈哈，找到了，这下可找到了！"

李爷爷高兴地把棍子的一头伸给我，把我从坑里拉上来了。拉上来之后，他兴奋地往石头上一坐，装烟袋锅点上了旱烟。

"嘿嘿,小凤啊,你可真有福气呀!"

"啊? 我有福气? 啥福气呀?"

"你是仙女,懂吗!"

"什么?"

"你掉进的这个井,是仙女井。这是过去仙女们下凡汲水梳洗打扮的水井,就因为日本鬼子打进来,仙女们再也不来了。今天,我们的小凤掉进去,不就是仙女下凡吗?"

"爷爷,您真能开玩笑。"

"小凤,李爷爷说得对,你就当一回仙女吧,当仙女多好啊!"李桂兰也凑过来打趣了。

李爷爷还说:"有一次,我和冯省委(指冯仲云,因当时任中共北满临时省委书记,人们称他为冯省委)、老姜头等几个人再次路过这儿,又找到了这口井,冯省委提议把它修好,他说将来抗联同志们过往此地就有甘泉水喝了。从那以后,这口仙女井就改叫抗联井了。"

李爷爷讲得很认真,也很有意思,我更感兴趣的还是关于仙女的事。

"李爷爷,以前那些仙女们是从哪儿下来的呀?"

"噢,你们看,上边那个天窗。"

我们朝李爷爷所指的方向望去,果真,在高高的石峰上有个一轮明月似的天窗。

"看见了吧? 那就是月亮门,仙女们就从那儿下凡来这里喝水和梳洗的。"

"噢,真像月亮,太有意思了,咱们能上去吗?"

"当然能上去了,待会儿我领你们上去,到那儿你们就能看到江南江北的锦绣河山……"

歇了一会儿,我们开始跟着李爷爷从北坡攀登月亮门,山势特别险要,我和李桂兰提心吊胆地紧随李升爷爷爬到了山顶上。这时,我突然感到自己的两只脚火辣辣地难受。原来,从井里被李爷爷拉上来以后,光顾着听他讲仙女的故事,忘记了自己的湿鞋,这会儿在山顶上站久了,两只鞋都冻得硬邦邦的。

"李爷爷,我的脚好疼……"

"哦,把你的脚给忘了,不碍事,咱们找个地方生火烤烤。咱们就要到家了,到了那儿啥事儿都好办了。"

李爷爷边说边把我们领下了月亮门石砬子。北侧的山根积雪很深,其余的地方雪都被风刮走了,露出了大大小小高矮不平的一片片石头,又硬又滑很难行走。我们顶着呼啸的风雪,踩着又硬又滑的石头,几乎连滚带爬地来到了一个石砬子中间的山口。再往南走不多远,有个山洞,我们就在那里打尖(指休息)了。大家在洞口拾些干柴生了火,一边烤窝窝头和大饼子一边烤鞋。鞋烤干了,我的脚也舒服多了;肚子喂饱后,身上也暖和了许多。吃完午饭,我们登上了另一个石砬子。

"你们看,那儿像两条白龙似的弯弯曲曲的亮条,就是松花江和牡丹江,还有那边一片片小白点,就是依兰县古城……"

我和李桂兰站在石砬子顶上,顺着李爷爷所指的方向望去,当真一目了然。

"看到了,我早就听说过依兰县这个古城,现在不就在咱们的眼皮子底下吗?"

"不,没那么近,少说也有一百五十来里地呢。"

李爷爷解释着,他还在目不转睛地望着远方。我顺着他的目光,看到松花江和牡丹江不只是像白龙,还像两条柔美的白色丝带,在那里相互交接,形成了一个"入"字形。居高临下举目远望,银装素裹重峦叠嶂,美得我不知道用什么语言来形容才好。

李爷爷又说话了,也像是自言自语。

"这么好的河山,被日本鬼子糟蹋了。"

他的话音有些伤感,但他又坚定地补了一句:

"不过,我们一定能把它夺回来,让你们看个够!"

他的话又一次勾起了大家对日本侵略者的仇恨和愤慨，我们咬着牙无声地点了点头。

"好啦，咱们还得赶路，还有六十多里的山路，走吧。"

我们恋恋不舍地离开了那里，随着李爷爷继续上路了。

北满临时省委交通站

日头偏西了，我们奔走在四块石山西北侧的山梁上，李爷爷催着我们快点赶路，他说，天黑前赶不到就难找了，于是大家加快了脚步。

"走了一大圈儿，也没找到张把头的小房子，今儿夜里还得天当被地当床啰。"

李爷爷蹲到火堆旁，边说边从腰间掏出几只花鼠子(即松鼠)丢进火里，火堆里蹿起了一阵火花。过了一会儿，李爷爷用棍子把烧黑的花鼠子挑出来，用手拍打并用嘴吹掉浮灰以后，把它掰开，连皮带瓤蘸上盐，囫囵个儿都吃了。他边吃花鼠子边喝酒吃得很香，一边吃一边还扔过来两只，让我们两个都尝尝。

"哟，我可不敢吃，臊哄哄的……"

李桂兰赶紧把花鼠子扔回去，我也觉得不该吃花鼠子。

花鼠多好看多可爱呀，把它烧了多可怜，我不忍心吃。

"嘿，那是你们肚子里还有点油水儿，还没真饿着，人要是真饿极了，是顾不了那么多的，有吃的就是香的……"

李爷爷把扔过来的那两只也都吃了，我和桂兰在一旁喝着米汤。吃完，三个人都又累又困了，在火堆旁铺些细树枝躺下睡着了。

"不许动! 都把手举起来!"

震耳的喊声把我和李桂兰从梦中惊醒了。我俩翻身坐起来一看，天已放亮,周围不见人影。

"口令!"

又听到一个男人的大声命令。

"胜利!"

我听出来了,回答口令的是李爷爷的声音。

原来,李爷爷又是一夜没睡,他为我们两个拾柴添火后,快到天亮时出去找交通站了。而省委交通站的老姜(外号干巴姜)则发现了这里的烟气,偷偷地摸了过来。结果,正好同往回走的李爷爷遇上了,他俩是老朋友了,见了面特别亲切。我和李桂兰可真吓了一跳,一场虚惊过去后,大家高兴地跟着老姜向省委交通站走去。

太阳出来了,把点点金光洒在林海雪原上,天地间一片光明。

省委交通员老姜走在前头,我和李桂兰跟在后边。大家翻过了一座小山岗,从那儿下山就到了东岔河。河面约有二十米宽,两岸茂密的大小树木像是两道天然的屏障。过河后,大家上岸走进了丛林中。

"到家啦!"

李爷爷长舒了一口气。

"是吗?可算到家了,不然我可真走不动了。"

李桂兰也放了心。

这条东岔河,在依兰县境内巴兰河的上游,它属铁力县。巴兰河的发源地共有三条河,一是西岔河,二是中岔河,第三就是这条东岔河。北满临时省委机关驻地就在东岔河边,交通站设在山岗下张把头木营附近。

眼前赫然出现了一座小木房,是依山修造的,树木掩映,不注意很难发现。木屋里打了一个大铺,能容十人左右;靠西的小板铺,能睡两个人,东面是锅灶。睡铺都是用黄菠萝原木劈成两半后,皮朝上平铺起来的。据说,这种树皮既防寒发暖,还对人体有解乏、养身等好处。

省委交通员老姜,长得又矮又瘦又黑,但说起话来滔滔不绝,嗓门又尖又高,做起事来也干脆利落。他四十多岁,人特别热情。进了屋,他有说有笑地给大家做了小米饭和加了辣椒的盐水煮豆。我们仨好几天没吃热饭热菜了，一下子吃掉了大半盆的小米饭。吃完饭，李爷爷到省委机关交文件去了。原来，李爷爷衣服上的许多补丁，里面都藏有各种文件，补丁就是秘密文件袋。

在省委交通站，我们睡了一夜的安稳觉，早晨起来觉得挺舒服。吃完早饭后，李爷爷陪一位戴眼镜的人来了。

"姑娘们，这位就是冯省委（当时同志们把冯仲云称作冯省委）。"

这人就是冯省委啊？我仔细地打量着来人，他除了戴着一副大眼镜，别的和老百姓也没啥区别啊。接着，李爷爷向冯省委介绍了我们俩。

"这是跟我一起来的李桂兰和李小凤。"

"嗯，我听李升同志介绍了你们的情况，现在部队很需要一些女同志来参加工作，欢迎你们啊！"

冯省委看上去很严肃，但说起话来却很亲切，再加上他说欢迎你们，我心里特别高兴。原来担心冯省委会以年龄小的理由再把自己送回地方去，现在好像可以放心了。

"冯省委，你批准我入伍了，是不是?"

"怎么？你不相信吗？"

"啊！冯省委批准啦！我太高兴了，只要让我入伍，叫我干啥都行！"

"李小凤，你哥哥李云峰（上部队时改的名字）前不久带部队到江南活动去了，他学习和工作都不错。你爸爸在地方，工作也很出色，你们家是个名副其实的革命家庭。不过，你还太小，到了部队要努力学习，好好工作，要成为真正的革命战士……"

冯省委说了许多鼓励的话，然后他说派我俩到六军去，到了那儿再安排具体工作。

"你们，今天就可以出发了。"

第二天早上，李爷爷带着我们又上路了。

李升爷爷虽然年近半百，可走起路来却胜似年轻人。相比之下，我和李桂兰就惨了，走得很艰难，速度也很慢，李爷爷不时地回头等着我们。

多亏路上巧遇了正赶着几匹马搬运木头的伐木工人，李升爷爷上前跟他搭话，说明我和李桂兰都伤了腿，求他能用马送大家一程。听了李爷爷的话，那位赶马的老乡当即牵出了三匹马，在马背上披上麻袋片，用粗麻绳做上了脚蹬子。李爷爷十分高兴地道了谢，把其中的一匹白马牵给了我。

看到这匹马，我心里咯噔一下，很害怕，自己从来没有骑过马呀！这时，我想起了李爷爷在一路上说过的话，他说不会骑马就不能当游击队员！怎么办？这可能就是考验自己的关键时刻！我想，自己必须骑眼前的这匹马，而且要骑得好。于是，壮了壮胆子，接过了缰绳，但手还是不争气地在发抖。

"丫头，咋样？你行吗？怕不怕啊？"

"我行，我不怕！"

我一手拉紧缰绳，用另一只手死死抓住鬃毛，往上使劲地蹿了几下，不仅没能跨上马去，反而把马惹得甩头蹬蹄不老实了。这一来，急得我当时就冒了一身汗。

李升爷爷看着我焦急的样子，笑嘻嘻地走过来，一把把我抱到了马背上。终于坐在马背上了，可还是害怕，我抓住鬃毛，几乎是趴在马背上了。那白马在草地上刚刚走了两步，我紧张得把马鬃使劲一拽，只听那马"咴"的一声尖叫着突然尥起了蹶子，把我腾空摔到了地下。

李升爷爷和那位老乡赶紧都跑了过来。

"丫头咋样？摔坏没有？疼不疼？"

"没啥，没啥，不疼。"

嘴上是这么说，实际上咋能不疼呢？可是，我这会又生气又羞愧已经顾不得疼了。

"我帮你治治这马的脾气，看它还敢欺负你！"

那位老乡把马牵到一边，狠狠地抽打了一顿，然后牵过来又交给了我。

李升爷爷又把我抱到了马背上，我的胆子比第一次上马大了许多，我能坐稳了，马也老实了，骑在马上来回地走了好几圈。哈，终于可以骑马了，我的心里就甭提有多高兴了。

我这样还算比较顺利的，给李桂兰同志的那匹马就不行了。老乡治了好几次，但还是炸蹶子，说啥也不让李桂兰骑，最后只好换了一匹老实的母马。

第一次骑上马走路，走平地时还可以，可是进了树林子里就大不一样了。有时，你愣被树枝扯下马；有时遇上倒木，你还没发现，马已纵身跳跃，猝不及防就已被摔下马背。这样，左一次右一次，被摔下来再爬上去，衣服划破了，脸也划出了口子，胳膊腿都摔肿了。但是，经过这许多的磨炼，我们的骑马本领却迅速见长了，胆子也大了起来。到了下午，大家已经骑马走出了很远的路。

"好啦，咱们该把马还给人家老乡了，还是得当咱们的步兵啊，你俩也接着练腿吧。"

是啊，老乡太够意思了，该到还人家马的时候了。大家下了马，把缰绳递给了老乡，我们向老乡鞠个躬表示了感谢，李爷爷从腰间掏出三块钱给老乡当是一点酬金。

"不，不，俺不要，听你们说话，俺就知道你们都是抗日救国的，这点事儿，是俺应该做的……"

"收下吧！你们的日子也很不容易，这三块钱，只是我们仨的一点心意。你要是不收，就外道啦。"

那位老乡看到推辞不过，很高兴地收下了。李升爷爷还拿出了他的酒壶，和那位老乡每人喝了一口。

天大黑了，三个人踏上了一座山岗，夜晚漆黑寂静的森林里，忽然听到"轰隆隆"的响声，并看到随声喷出的火花。响声和火花是从不远处的山坳里发出的。那就是我们奔波好几天要找的抗联六军四师营地。

抗日少年先锋队歌

1=♭B 2/4

5. 4ᵢ | 3ᵢ 5ᵢ | 2ᵢ 1ᵢ 6ᵢ | 5 3 | 1 · 7 | 6 2 |

炮　火　连　天　响　战　号　频　吹　决　战　在　今　来
四　十　余　年　的　国　耻　血　债　要　用　血　来
保　卫　华　北　收　回　东　北　统　一　我　中　来
黄　帝　子　孙　四　万　万　同　胞　团　结　起　来
开　战　胜　利　进　攻　消　灭　万　恶　的　敌

2 - | 2 0 | 6. 5 | 4ᵢ 3ᵢ4ᵢ | 5. 4 | 3. 5 |

朝，　我　们　少　年　先　锋　队　英
还，　中　华　民　族　好　男　儿　们　响
华，　人　类　和　平　与　幸　福　不　容
呀，　民　族　革　命　火　焰　燃　遍　了
人，　夺　取　那　吉　林　奉　天　与　龙

6. 1 | 2 1 6 | 5 - | 5 0 ‖: 6 6 6 5 | 4 4 4 3 |

勇　武　装　上　前　线，　用我们的　刺　刀　枪　炮
应　祖　国　的　号　召，　用我们的　刺　刀　枪　炮
野　兽　们　来　蹂　躏，　驱　逐日本　帝　国　主义
东　亚　的　原　野，　驱　逐日本　帝　国　主义
江　省　中　心　城　市，　抗　日救国　血红　旗帜

5ᵢ 5ᵢ 5ᵢ 4 | 3 - :‖ 5 6 | 1 2 | 1 6 5 | 5 0 0 ‖

头　颅　和　鲜　血，(咳!)　坚　决　与　敌　决死　战。
头　颅　和　鲜　血，(咳!)　坚　决　与　敌　决死　战。
强　盗　出　中　国，(咳!)　誓　死　不　做　亡国　奴。
强　盗　出　中　国，(咳!)　誓　死　不　做　亡国　奴。
插　遍　全　中　国，(咳!)　完　成　革　命　的　胜利。

参军

65

抗日

深山密营

穿林海、过雪原,几日的奔波后,抗联交通员李升爷爷带着我和李桂兰终于来到了隐蔽在大山里面的兵营。

随着李爷爷走进兵营后,我睁大了眼睛,惊奇地环顾着这个新的环境。

营房里,中间有两个用大汽油桶做成的火炉子,下面垫了几块大石头。炉子里烧的是大块的桦子,火势很旺,连炉桶都烧得通红。炉子上方是天窗,从那往外直接冒出炉子里的烟气和火花,所以夜间远看就像放烟火。火炉两侧是长长的大板铺,铺上有好多人,有躺着的有坐着的,我们的突然出现,使满屋子的人发愣,接着是一阵惊喜。

"哎呀,这不是李升老人吗? 辛苦,辛苦啦……"

人们蜂拥而上,有的给李爷爷打扫身上的雪,有的给端来开水。看到这股热情劲,我感到同志们的情意真比那火红的炉火还要热,在一旁看呆了。

兵营的负责人是六军四师政治部主任吴玉光同志,李升爷爷和李桂兰都认识他,他们到铺的另一头谈话去了。我知道从安区参加游击队的人不少,就想找个老乡,但是扫了一圈没找到。

"小同志,你把鞋脱下来烤烤吧。"

有人亲切地拍了下我的肩膀,回头一看,是一位腰间围着一个面袋子当围裙的四十来岁的人,他身材魁梧,面目和善,大伙叫他马司务长。他把我让到他做饭的炉灶旁,帮我脱下鞋,用一根树枝挑到火上烤,并和我唠家常,问姓名问年龄……

"噢,你这么小就到这儿来,可真是难为你啦,咱们这儿是天天打仗的地方,你不害怕吗?"

"我早就想当游击队员啦,我不怕死,真的。马司务长,我不骗你,我真的不怕死!"

我的回答是认真的,可看出来了,马司务长还是在用怀疑的神情在端量着我。

这时,李升爷爷领着吴玉光主任走过来了。吴主任二十六七岁的年纪,中等个子,两只黑亮的大眼睛炯炯有神。

"就是这个小姑娘,她叫李小凤。吴主任你得留下她,她很坚强,一路上没掉过眼泪,没叫过一声苦……"

李升爷爷在跟吴主任说我的好话,说话间还向我挤了挤眼睛。

吴主任看了看我,皱了皱眉头:"李升同志,我看明天你还是把她领下山去吧,她太小了,咱这是部队啊,咋照顾她? 你也知道我们是天天打仗的……"

听了吴主任的话,我心慌意乱,满心的喜悦变成了悲伤,无法控制夺眶而出的泪水,不一会儿,鼻涕也跟着淌下来了。

"嗨嗨,你看怎么样,咱们还没怎么说她,她就掉泪啦,这么娇气怎么整?"

这是吴主任的话,他完全误解了,我掉眼泪可不是娇气,还是李爷爷了解我,他赶紧向吴主任做解释。

"吴主任,她这哭,可不是娇气,是因为你要送她下山,她心里难过。你要知道这些天她没少受苦,马尥蹶子把她摔出多老远,都没叫一声疼……"

李升爷爷还没说完,吴主任拉着他到里面去了,我猜他们肯定是去谈论自己的,相隔太远,听不到他们的话,心里更加不安。

不一会儿,马司务长给我们端来了小米饭和煮盐豆。我心情不好,尽管饿了也不想吃,我坐在马司务长的铺上想着自己的心事。马司务长给我端来一碗饭和用两根树枝做的筷子。

"你也吃饭吧,这双筷子是用王八骨头木料做的,这种筷子最好,我还没舍得用,今天你是稀客,特意送给你。"

这筷子,马司务长是从他的绑腿里抽出来用围裙擦了擦递给我的。我双手接过了那双筷子,尽管很饿,但想到刚才吴主任的话,就好像有什么东西堵在嗓子眼似的。

"李爷爷,您明天又要上路了,我这碗饭你吃了吧。"

说到这儿,我的嗓子哽咽,眼泪扑簌簌的下来了。

"丫头,别哭。明儿我不带你下山,说啥也要把你留在这儿。不过,留下来以后,你要努力学习,好好工作,做出个样子来给他们瞧瞧,他们是会喜欢你的。"

他这么一说,我不禁扑哧笑了,听到笑声,马司务长凑了过来。

"正好,正好,老马,你看见了吧? 这丫头虽然年纪还小,可她从小没娘,自己料理家务,做饭淘米啥的样样都能拿得起来。我把她交给你,让她给你帮厨打下手好不好?"

听李爷爷这么一说,马司务长也很高兴。

"好,行。我看这小姑娘很懂事,把她留给我吧,打个杂,跑个腿,我也有帮手了。"

马司务长答应收留我了,心里踏实了许多,现在就怕吴主任那头了,毕竟他官大啊。

夜里,我和李桂兰在紧挨门口的上铺睡觉时,李桂兰也安慰我说,咱俩是冯省委批准上山的,谁也不敢赶咱们走,你放心睡觉吧。

"桂兰姐,你不是认识吴主任吗? 我看他对你挺好,你帮我向吴主任求求情行不?"

李桂兰非常爽快地答应替我说情了,我心里的底又加实了一些。

次日清晨,谁也没提让我下山的事儿,可李爷爷却要在刘惠恩排长和李元海班长的护送下上路了。

就在送李爷爷上路的那一刻，我又想和李爷爷一起走了，真想和李爷爷一起去跑交通。昨天看到那么多人对李爷爷的尊重，非常的羡慕。马司务长还告诉我，游击队员们一直称李爷爷为"抗联之父"。在这几天的艰难行程中，我和李桂兰同李爷爷结下了深厚的革命友情，我俩真舍不得和他分手。

李桂兰把为李升同志准备的松子儿给他装进包里让他路上吃；马司务长捧来了几把盐豆：

"老爷子，你下山时饿了就嚼巴两口，它填不饱肚子，可它能提神。"

站在一旁抽烟的吴主任也送礼了。

"把我的烟叶给你装点吧，这可是最好的烟叶呢！"

大家都送了东西，我着急了，我只有在宣传队演出时，组织上发给的一条红围脖。

"李爷爷，把我的围脖围上吧，您一路可要保重啊，一定回来看我……"

我再也说不下去了，赶紧把围脖往李爷爷的脖子上一围就低下头哭了，李爷爷一下子把我搂在了怀里。

"好孩子，别哭，咱们还会见面的。我的腿硬实，跑得快，就是跑到天涯海角，我也一定回来看你……"

披着火红的朝霞，迈着坚实的大步，李升爷爷又出发了……

政治部主任张寿篯

来到了密营，每天我都开心地笑着，不管是走路还是淘米，总是在唱着歌。

有一天，突然有位大首长来到了六军四师的驻地，马司务长偷偷告诉我说，这是刚来六军任政治部主任的大干部。

这位政委叫张寿篯，抗战胜利后改名为李兆麟。张政委身穿三军被服厂制作的中山服式的黄色军装，上衣有两个吊兜；头上戴着用兔皮缝制的棉军帽。他身材适中，头大眼大，显得威武严肃。来到营地后，他先和吴玉光主任谈话，战士们都显得很拘谨。

这时，李桂兰在给战士们补衣服，我在帮马司务长做饭，大铁锅里正喷发着诱人的饭香。

"马司务长，今天的饭一定很香。"

"当然喽，是你淘的米么……"

我和马司务长高兴地小声唠着，又尝了尝已煮好的盐豆，盐豆也很香。

"小同志，你做什么好吃的啦？"

我随声回头一看，不知什么时候张寿篯主任已经来到了自己的身边。他那严肃的样子，看着有点害怕，我头都没敢抬。

"嗯，嗯……做了小米饭和……"

没等我话说完，只听咔嚓一声，身边的马司务长打立正行军礼了。

"报告首长，今天做的是小米饭加盐豆！"

我看呆了，马司务长真威风，真像个军人的样子。

"小米饭加盐豆，这很好么，山下的老百姓，连这个都吃不起……"

张寿篯主任把话尾拉长，他接着又问我叫什么，多大了。

"我原名叫李小凤，昨天吴主任说我爸爸在地方工作，我也在地方宣传队演出过，为了保密叫我改成李明顺。"

"你喜欢这个名字吗？"

我眨巴着眼睛，犹豫了一下说：

"听马司务长说，李明顺这个名字像男人的名字。再说，我家兄妹的名字按族谱规定都带凤字，我哥哥叫李允凤，我有过弟弟叫李学凤，以前我爸爸还叮嘱过我们说，万一迫不得已离开家时不要改名。不然，将来找不到我了。所以，我不愿意改掉我的名字。"

张寿篯主任背着手，静静地听了我的话，他笑了。

"噢，我理解你的心情。可是，为了革命工作的需要，有时必须改名换姓。我们这些人都改过名字，而且改了好多次。我原名叫李超兰，现在叫张寿篯。暂时改个名字，没什么大不了的，将来再改回原来的名字嘛……"

"嗯，首长我懂了，我现在就叫李明顺了。"

接着，张寿篯主任又说："你哥哥李云峰学习工作都很好，是第一批军政学校的毕业生，现在分配到六军一师六团担任政治部主任。你哥哥不仅学习好，他的水性也很好，常在汤旺河游泳，顶水能游一千多米，他经常渡江去执行任务，你要好好向哥哥学习。"

听着张主任对自己的教导，我刚见他时的紧张情绪，逐渐减轻了。

张寿篯主任又同马司务长唠起了做饭的事。

"做饭这项工作很重要，直接关系到指战员们的健康和战斗力，你们这儿的炊事班里有几个人？"

"首长，现在有两个了，我和这个小姑娘，她是刚分给我的。"

"是吴主任分配给你的？"

张寿篯主任说完就哈哈大笑了。

"是这样……"

马司务长把我被留下来的前后经过都向张寿篯政委做了汇报。

"噢，很好，很好，留得好。"

看得出张寿篯主任也很满意。

这时，刘惠恩排长向张寿篯主任报告说，三军李福林（哈东司令部司令）司令到了。话音未落，李司令和国际交通员梁在文、三军一师政治部主任许亨植已经来到了面前。张寿篯主任和吴玉光主任同他们三个人热烈握手表示了欢迎。

第二天，张寿篯政委在浩良河边的操场上检阅了部队，并在队列前讲了话。

到了晚上，召开了联欢会。会上吴玉光主任首先讲了话，他对张寿篯主任来六军工作及李福林司令、许亨植主任一行来视察工作表示了欢迎。然后，在迟指导员的主持下，联欢开始了。第一支歌是刘慧恩排长领着战士们合唱了《革命军人十大注意（要义）》，第二支歌《告我青年》，这支歌是张主任的战友从关内带过来的，那个战友作为礼物送给了张主任，张主任又把这支歌教给了我们。

战士们的合唱雄壮有力，受到了全场的喝彩。接着马司务长唱了一段京剧，我只记得其中的两句唱词："身背宝剑，忍饥挨饿⋯⋯"

我虽然听不大懂，但他嗓音洪亮，情绪高昂，博得了热烈的掌声。大家纷纷说，想不到，老马头还有这一手绝活儿。

马司务长说，他只是抛砖引玉，然后他请首长们表演节目。在大家雷鸣般的掌声中，张寿篯、李福林和吴玉光等领导同志都表演了节目。张寿篯主任的嗓子很好，一连唱了好几首歌；李福林、梁在文、许亨植他们三个合唱《赤旗歌》时，汉族同志用汉语唱，朝鲜族同志用朝语唱，会场的气氛特别热烈，唱到最后副歌处，群情激昂。

这雄壮高亢的歌声，打破了寂静的森林之夜，在崇山峻岭之间激起回响！

次日，张寿篯、李福林、许亨植等领导同志要离开驻地了。张寿篯主任边走边和战士们握手，路过灶房时他把手伸给了马司务长。这下可把马司务长紧张坏了，赶紧往围裙上擦了擦手，和张寿篯主任握完手，马上行了个军礼。

"谢谢首长，愿首长保重！"

马司务长的声音兴奋得有些颤抖，但行礼的姿态很棒。我站在他身旁，很羡慕他能和首长握手。

"小同志,你有什么要求啊?"

呀!这是首长在问自己,我毫无思想准备,一下子被问住了。心怦怦在跳,嘴上不知说什么是好。

"小凤,你不是说过有重要的事儿要向首长汇报吗?快说啊。"

马司务长提醒着我,但还是想不起来。

"你不是说刘志敏大姐让你们给雷炎师长捎话的吗?"

噢,我这才想起来,但又犹豫了。

"这……合适吗?"

"咋不合适,你快给首长说吧。"

马司务长生怕丢掉了这个机会,鼓励着我,催促着我。

"嗯……首长,刘志敏大姐是在地方工作的,她是我在地方时的好领导。我和李升爷爷上山时,她叫我们给她的雷炎哥哥捎个话……"

我终于说出来了,听了我的话,张寿篯主任笑了,显得很高兴。

"嗯,刘志敏同志我认识,是个很能干的好同志。她的话,我一定给雷炎师长捎到,我还要告诉他,是你这位小同志捎来的,好不好?"

听了他的话,我脸红了,但心里却说不出的高兴。

送走首长后,马司务长的兴奋劲儿还没消。

"嘿,今儿第一次跟大首长握了握手,这可是不一般哪!小李子,你的福分也不小,你小小年纪就向大首长汇报了刘大姐捎的话,雷师长听了该多高兴啊……"

首长们走了,过些天,吴玉光主任、许副官、刘惠恩排长、张显庭(张在荣)主任、迟指导员等大队人马都相继出山活动去了,大山里只留下十几个人,营房显得特别空旷和寂静。

帽儿山被服厂

纷飞的大雪飘飘洒洒地染白了山山岭岭。

1937年初,抗联六军被服厂的同志们,在裴成春厂长的带领下,顶风冒雪背着缝纫机机架和机头,来到了山里密营。

她们一来,领导上调我和李桂兰转入被服厂工作。随裴厂长一起来的有李在德、夏嫂(夏云杰军长之妻)、夏志清(夏军长之女)、张世臣、李师傅和一个姓牛的山东人。

裴成春、李在德二位,是一九三三年冬第一批上山的老游击队员,在夏云杰和李云健率领的第一批四十三名游击队员中就有她们俩,她们还是建立后方密营的创始人,曾在格节河、盆巴旗河的老白山等地,建立过多处密营。

六军被服厂最早在老白山,也称盆巴旗河沟里(鄂伦春语,白桦故乡),抗日时期称为汤东密营。一九三三年秋,汤原游击队成立后,总部就设在那里。夏云杰、张参谋长(原姓李)率领第一批队员四十余名,在此处安下了营寨,从此,老白山成了小兴安岭上的第一座抗日根据地。抗联六军成立时,军部也曾设在此处,后迁移到帽儿山后,此处改为六军被服厂和修械所(兵工厂)。一九三六年汤东被服厂遭到破坏后,转移到帽儿山。

裴大姐来了以后,被服厂的首要任务是自己先动手建厂房,她们顾不得休息,到密营后的第二天就带领同志们背着建房的工具和炊具,到浩良河上游的河边投入了工作。

开工了,裴厂长和李在德两人带领大家先伐木,她们两个人合手,拉锯放树,动作十分的协调和熟练,你一下我一下,拉来拉去,顷刻间能放倒一棵挺拔的大树,那一阵阵震撼山岳的倒树声,让我看得目瞪口呆,心惊胆战。

我从心里佩服她们，多能干的女同志啊，这活好像是男人干的，她们也太了不起了，我为自己能和她们一道工作而感到幸运。

在她们的带领下，同志们都加入到伐木、建房的行列里。

裴厂长和李在德同志，事事率先，处处关心同志们，就像慈祥的大姐大妈。李在德同志每天早晨起得最早，等同志们起来时，她已经烧好了水，做好了饭，大家很是过意不去。我在她们的带领和关怀下，学到了很多的美德和本事。

工地上，我和穆书勤干的是用刀剥树皮的活。一天休息时，我俩到天然大厕所——树林深处去解手。春天啦，我俩发现朝阳雪化处已冒出了绿草和小花，就好奇地前去摘下来，正说笑着往前走，突然，我们听到了奇怪而可怕的声音！啊！抬头一看，是一群黑色的野猪！

"不好啦——野猪来啦——！"

我俩扯开嗓子尖叫着没命地跑，耳边听到野猪在追赶着我们，也不敢回头看，也顾不上是什么方向，只顾拼命往前跑。

"叭、叭！"

我听到了连发四五响的清脆的枪声，接着被什么东西绊倒了，翻身坐起来一看，野猪不见了。我长舒了一口气，可心里还是怦怦地乱跳。等醒过神来的时候才明白，原来是裴厂长和李在德开枪赶跑了野猪群，还打中了其中的两口猪。

大家凑过去一看，哈！好大的两口野猪啊，好像是心脏被打中了，满地都是血。那两个家伙都不能动弹了，但还在噗噗喘着气。

这可真是惊天动地的意外收获，也是开工大吉大利的好兆头。大家都很惊喜，纷纷向裴厂长和李在德道谢，都夸她俩了不起。

从这天起，被服厂的同志们用野猪肉改善了生活。我们自己留了一头，把另一头送给了前卡部队，前卡的同志乐得不得了。他们觉得女同志都能打到野猪，男同志差啥呀，就也派几个人到山上去打猪。

去打猪的战士在柞树林里发现了不少野猪的粪便和用嘴拱过的痕迹,接着是遇上了一大群野猪,能有二十来头。遇上野猪不就得打吗?可是,谁曾想,打死了一头野猪,其余的野猪呼啦一下向人冲过来,弄得他们几个猎手拼命爬上大树才幸免祸患。打那以后,大家更佩服一下子打中两头野猪而安然无恙的裴、李二人了。都夸她俩是受老天爷保佑的一等猎手。好长一段时间,每遇上吃野味的机会,战士们总爱谈起那段已成历史的故事。

野猪事件发生后,裴大姐抓紧了被服厂人员的射击训练,她亲自手把手地教大家。

"不学好射击,打起仗来,你打不中敌人,敌人会打中你。这是事关生死和胜败的大事,做一名游击队员,首先要成为一个神枪手。"

练枪不误建房,大约四月间,一座崭新的木刻楞厂房建起来了,五月间投入了生产。

天气一天天转暖,前方的部队急需换装,库存的布料只剩下一些白布,部队攻打汤原县城后又缴获一批白布。于是,留守团的耿殿君团长下令,把白布都染成黄色,突击做夏装。

把白布染成黄色?我有些纳闷,用什么染呢?没想到,身旁的李桂兰比我更急。

"哟——俺的老祖宗,叫我们上哪儿去淘腾染料啊!"

李桂兰和耿团长在地方上就认识,是老熟人,见了面总爱和他开玩笑。"你刚来懂个什么?裴大姐、李在德同志人家就有法儿哩。"

耿团长是山东人,因山东口音很重,他一说话,大家就笑。大家一笑,他就故意用更重的山东腔逗大家,每每都逗得大家前仰后合。同志们都很喜欢他,也很尊重他。他对裴大姐和李在德说,前方部队扩充了不少新兵,他们都没换上夏装,得赶紧想法子。

听了耿团长的话,裴大姐说办法倒不是没有,可以用树皮染布。比如,黄菠萝、柞木等树皮都可以用来煮染白布,但颜色不太理想,只能染成牛皮纸那种颜色。

"中！就这么着。还是俺老大姐有高招，一切听你的！"

耿团长高兴地拍了下大腿，然后飞步到前卡组织战士下山去取缴获的布料了。

在裴大姐和李在德同志的指导下，被服厂同志开始集体突击漂染布料。煮染布料的程序应该是，先用黑色大锅煮树皮，煮出颜色之后，再把在河水中浸泡过的白布放进去，加热再煮一段时间，等白布吃透了颜色之后，从锅里捞出来，拿到河水中冲掉浮色，然后挂在背阴的树枝上晾干。

一时间，被服厂的营地变成了大染坊，大家不停地边染边晾。按理染出来的布不应暴晒，但是营地处在原始森林中，树大叶茂，再加上营地前就是一条小河，环境很潮湿，很难晾干染好的布。所以，只能跟着阳光和风口，一天换好几个地方晾晒。白天晒干后，到了晚上，把布叠好，用脚踩或板子压等办法平整布匹。那时，被服厂只有一个用铸铁做的装炭火加热的熨斗，用在熨衣兜盖等关键部位都忙不过来，所以，布匹的平整是用土办法凑合的。大体压平之后，把布料送到张世臣和李师傅的案前，他们两位就动手裁剪了。这样做出来的衣服，虽然不太板正，但颜色还算鲜艳，感觉也还整齐。

一九三七年，六军被服厂春夏之季制作的军服基本都是黄、绿两色的，至于服装的样式，一九三五年裴大姐曾找到六军军长夏云杰、省委书记冯仲云、参谋长张仁秋商量，后来裴大姐根据当时战士们所喜欢的马裤和冯仲云介绍的工农红军的服装，剪裁了一套服装给领导和战士们看，征求他们的意见。不久，冯省委来到了被服厂传达了满洲省委对做军服的意见和指示，并且确定了服装的样式。

上衣像中山装，衣兜中间竖着折两道，轧上明线。裤子是马裤，帽子的式样是根据领导提出的样式制定的，仿苏联红军帽样式，制作成的军帽是由六片拼成，有帽檐，帽子前面有颗红五星，帽顶部中央有个约三厘米高的红疙瘩。冬天的帽子是用兔皮缝制，兔皮是从山里的猎民手中收购来的。除军衣、军帽外,被服厂还缝制过军旗、帐篷、机枪套、挎包、子弹袋、胸签等军用物品。

被服厂的工作异常的繁重,被服厂的生活也异常的艰苦。

每天两顿饭,菜和油从来没有过。一般是小米饭或者苞米楂子,能熬上盐水野菜汤就不错了,偶尔山外来了领导或者过年过节才能吃上一顿盐水煮豆加辣椒。

被服厂里五女二男七个人,担负着整个六军的军服制作。到了部队换装的季节,一般都是连轴转,日夜不停地赶活。

李在德同志专门负责蹬缝纫机,连续熬夜,眼睛睁不开,机针把她的手指头都扎穿了,可她一声都不哼,忍着疼痛继续工作。李桂兰同志是女同志里面手最巧的,她负责做帽子,帽子上的红疙瘩非常难做,她嘴里嘟囔着:"谁制定这个样式啊,太难做啦……"说归说,一天到晚,她还是忙个不停。

夜间赶活,照明更是个大问题。好在裴厂长和李在德她们有经验,她们将剥下来的桦树皮和松树明子点燃照明,到了第二天早晨一个个都熏得像黑脸包公,你指着我,我指着你,哈哈地笑个不停。

尽管生活艰苦,工作繁重,但是整个被服厂充满了革命的乐观主义精神。因为战士们都知道,她们所做的一切,都是为了赶跑小日本,不当亡国奴,自己吃的苦,是为了千千万万的中国人能过上和平、幸福的新生活。

其实,被服厂里的趣事也还是不断的。一天,大家吃完早饭准备做工时,突然从山那边传来了一声枪响,几个女同志以为敌人来了,赶紧抱起衣服不知应该怎么办。

"不用慌,没啥事,你们继续做工吧。"

裴大姐这么一说,同志们互相张望了一下,有些忐忑不安地开始了工作。

这时,张处长在旁边又给大家分析了一下。

"大家别担心,听枪声像是咱们的地枪开火的声音。这可能是个好消息,肯定是大狗熊来扛小米让地枪走的火。"

张处长的判断虽然还没被证实,但大家可以放心了,而且都想到现场看个究竟。

"请大家安静,我们的任务急,前方的部队昨天又派人来催军服啦,咱们还是得加班赶,今天也许有狗熊肉慰劳大家呢。"

裴大姐这么一说,大家更加兴高采烈了。

"小李子,你跟张处长跑一趟,快把肉拿来,中午给大伙好好改善伙食。"

听了裴大姐的命令,我兴奋地敬个军礼,活蹦乱跳地跟张处长去了现场。

同志们怀着猜疑来到了秘密粮库,打老远就看到有只大狗熊中弹了。而且还看到草丛里有被扯破的麻袋,小米撒了一路,这说明还有一只狗熊可能是跑了。大家走近中弹的狗熊跟前一看,子弹是从左侧上部打进去的,可能是打穿了心脏,已经奄奄一息了,不大一会儿,它就闭上了小眼睛,停止了呼吸。

这只大狗熊可给被服厂带来了不少好处:一是熊肉可美餐;二是熊皮可做靰鞡鞋(皮毛朝外),既扛穿又防滑;再是熊油可做灯油,解决照明问题。做熊油灯很容易,把熊油盛在饭碗或脸盆里,往里泡入用棉花或棉布条捻成的灯芯,把一头拉出来搭在碗边点着就行。这种油灯,火苗可大可小,比松树明子和桦树皮好用多了。

中弹身亡的那只狗熊很大,足有六百多斤重。同志们把熊肉切成几大块,装进袋子和柳条筐里,然后泡入河水中,这种天然冷库,能把肉保存好长时间。

被服厂的全体同志,为赶制军装连续奋战了一个多月,人人都面黄肌瘦,筋疲力尽。正当这个时候,大家吃到了熊肉,体力都得到了明显的恢复。

这个意外的收获,让被服厂的同志们兴奋了好几天。

终于突击做完了这批军装,布料也都用没了。大家都非常的高兴和自豪。可是,更高兴的是耿殿君团长,他总是竖起大拇指夸被服厂的人太能干了,六军军部领导也通令表扬了被服厂的全体人员。

北满临时省委扩大会议

一件大事降临到了帽儿山。

一九三七年六月二十八日,北满临时省委在四块石北坡的帽儿山抗联六军被服厂所在地召开了扩大会议。

会前,先期到达的冯仲云同志召集留守团耿殿君团长,前哨卡负责人张处长,还有裴大姐、李桂兰、李在德等党员干部,就会议的接待及服务等工作开了会。会后,裴大姐安排大家把缝纫机都搬到大树下,搭上帐篷,把厂房倒出来作为会场和首长们的住处。厂房内只留下裁剪案子和几条木凳。因李桂兰同志会刺绣,裴大姐还安排她绣了一面党旗。

会议期间,被服厂的全体同志承担了做饭、洗衣、采野菜、烧水、端水等大会的服务工作。

这次会议一连开了二十天左右,因准备的粮食不够,最后几天是以野菜粥或野菜沾盐水充饥的。

参加这次会议的人员有北满临时省委书记冯仲云、东北抗联六军政治部主任兼省委常委(执委)张寿篯(李兆麟)、省委组织部长张兰生(包巨魁,满族)、抗联三军军长兼北满抗联总司令赵尚志、抗联五军军长兼吉东省委常委周保中、抗联六军军长戴鸿宾、抗联九军政治部主任许亨植(朝鲜族)、抗联六军总参谋长冯治纲、抗联六军秘书长黄吟秋、珠河地方党代表魏长魁、下江特委代表白江绪、抗联六军四师政治部主任吴玉光(朝鲜族)、抗联六军二师政治部主任张兴德(朝鲜族)、北满团省委书记黄成植(朝鲜族)、抗联六军宣传科长徐文斌、抗联三军宣传科长于保合、汤原地方党代表杨大人等。

徐文斌和于保合担任会议记录。

这次会议主要议题是分析目前形势,讨论中共驻共产国际代表对东北党组织及抗日游击战争的有关指示。

大会期间开了两次联欢会,有两对恋人在这大山里举行了别开生面的婚礼。

当晚霞映红天边的时候,一场特殊的婚礼开始了。

第一对的新郎官于保合是二十四岁的满族青年,当时任抗联三军政治部宣传科长;他的新娘李在德是二十一岁的朝鲜族姑娘,任六军被服厂党小组长。

第二对的新郎官吴玉光,是二十六岁的朝鲜族青年,当时任六军四师政治部主任;他的新娘李桂兰是十九岁的汉族姑娘。

两对戎马倥偬喜结良缘的新婚伴侣,身着戎装,胸戴山花,显得那样的神采奕奕,他们在远离乡里的深山营地举行简朴的婚礼,真是别开生面,让所有的人永生难忘。

婚礼上徐文斌、许亨植、黄成植等同志情不自禁地用朝鲜语唱起了"那嘎扎那嘎扎"(舞曲,"前进吧! 前进吧!")并跳起了舞。张寿篯、赵尚志、周保中等同志不会跳,但也随着节奏使劲拍手助兴,气氛极为热烈。

"裴大姐,快上酒啊!"

冯仲云同志发话了,同志们在裴大姐的指挥下,动用大饭碗、水杯、饭盒等所有器皿,端来了白桦树汁。

"我们没有能力酿造白酒,但我们准备了比白酒更加珍贵的天然美酒——白桦树汁,管够喝。喝了它,会永葆青春,祝愿新婚夫妇的爱情像白桦汁一样纯真甜美,祝两对新人像白桦树一样白头偕老!"

裴大姐说得很激动,冯仲云同志接了她的话。

"裴大姐说得很好,就让这白桦树汁婚宴载入我们东北抗联艰苦斗争的史册吧!来,我也祝愿你们永远记住这一天,愿你们永远相亲相爱!"

接着是周保中同志的祝词:

"希望你们像马克思和燕妮那样,在革命道路上携手前进,永不分离!"

周保中同志说完,张寿篯同志也送上了祝愿:

"你们是在抗日的烽火中喜结良缘的,相信你们一定会伉俪情深,地久天长!"

首长们的每句话,都引来了阵阵如雷的掌声。掌声、笑声和歌声,像一股股欢乐深情的交响,响彻了山岳,震荡着山林。

一轮满月升起来了,草地上点起了篝火。

婚礼开始了敬烟的节目。那时很难搞到洋烟,只好用纸卷烟叶敬给大家。吴主任和李桂兰二人敬烟时,因李桂兰会抽烟也会卷烟,敬起烟来还算顺利。但是,轮到于保合和李在德就惨了,因他俩都不抽烟又不会卷烟,笨手笨脚好不容易卷上一支,头尾不分,松松垮垮,没等递到嘴边就散花了,把他俩急得满头大汗,把大伙乐得前仰后合。

席间,北满临时省委交通站的老姜(外号干巴姜)打老远就喊着报告,他把一堆文件交给冯仲云同志后,不顾挽留急匆匆走了。大家预感,一定有什么紧急的情况。他走后,敬烟、敬酒的节目还在继续。

这时,从河边又有三个人跑过来闯入了会场,原来是留守团的耿殿君团长和李元海、李排长三人。耿团长这时候才到是有缘故的,他一来准有什么好事。果然,他扯着嗓子向冯仲云同志报告了。

"报告!我们从地方上搞来点白酒,对吴玉光、于保合二位的新婚表示祝贺!"

这一报告非同小可,会场顿时沸腾了起来。在一片掌声和欢呼声中,裴大姐指挥两对新人向首长和同志们一一敬白酒,我和穆书勤忙着帮新娘斟酒。这样一来,会喝酒的同志当然特别高兴啦,但是不会喝酒的新娘们可招架不住了。

我和穆书勤看到大家是想有意灌醉两位新娘的，这不是难为我们女同胞吗？于是，我俩偷着把浩良河的清水倒入了新娘们的酒杯里，替她俩解了难。

"小李、小穆，谢谢你俩……"

"要谢你们就先谢这浩良河水吧，这水要是不比酒还清亮，能蒙混过关吗？"

这场特殊的婚礼持续到了半夜，大家真是痛痛快快地热闹了一大场。

婚礼的第二天，首长们就都出发了，两位新郎也随着他们一起走了，他们走向了炮火纷飞的战场。

伤员们来了

因召开北满省委扩大会议，大队人马的来来往往踩出了一条路，这不利于被服厂的保密。因此，六军军部指示另外择地建造新厂房。于是，留守团耿团长、张处长和裴大姐他们去选厂址，其他人员留下来整理要搬迁的东西。

选定的新厂址，是帽儿山南侧的四块石山（月亮门）背后十里外的一条小溪边。这儿，东边靠大山，东南是一座小山，正南也是很长的一道山梁。山梁上面还有一个很高的石砬子，把厂房建在这儿，既防风又能够遮挡视线，不到跟前是很难发现这座厂房的。

建房开始后，前哨卡的同志们都来参加劳动，很快就建起了用粗细不均的原木垒造的厂房。这种房子原木间的缝隙大，为了防止透风，大家用些树皮、树毛毛等堵塞缝隙之后，抹上了泥。屋内靠里侧打了两层铺，男同志睡下铺,女同志睡上铺;靠窗户摆两台缝纫机和大木板案子;东北侧是用石头垒起来的锅灶;中央石头座上是用汽油大铁桶做的火炉子,炉顶正对天窗。

在建新厂房的那几天,被服厂的同志没有停止工作。除一部分人参加建房外,一部分人到山外扛布匹和粮食,还留一些人临时搭帐篷赶做军衣,每个人的工作都很紧张。

被服厂从八月份开始,先集中做军用棉衣,做完棉衣就开始用从猎户手中买来的兔皮做军帽。到了十月份开始用剩余的边角布料制作军旗、手闷子、棉袜子、子弹袋、机枪套等零星的军用品。布料用完了,再无活儿可做,就由张处长、裴大姐、张世臣等党员干部负责,把缝纫机等设备送到山上的石砬子里埋藏起来。

埋藏设备的工作是由领导精心安排的,我觉得非常的神秘,因为自己不是党员而没能参加。

一九三七年八月十五日,是一个让我终生难忘的日子。这天秋高气爽,漫山遍野五色斑斓。在厂房东南侧山岗的一棵树下举行了我的入团仪式。我入团是由裴大姐、李在德、李桂兰、张处长、前哨卡的李排长所组成的党支部委员会讨论批准的。在讨论中,党员们先肯定了我的优点,说我努力学习,工作积极能吃苦,一致同意入团。不过,党员们同意我入团的同时,也指出了缺点,诸如思想单纯,孩子气浓,政治上幼稚,需要在更复杂的环境中经受锻炼等等。党员们的发言,我有的能听懂,有的就听不懂了。

发言结束后,由裴大姐带我宣誓:

"我自愿加入中国共产主义青年团,我永远跟着中国共产党,不怕流血,不怕牺牲,为抗日救国斗争到底!"

我觉得心在怦怦地跳,血液在沸腾,自己一下子长大了,已经是一名共青团员了,共青团就是共产党的后备军。如果爸爸和哥哥知道自己入团了,他们该多高兴啊。

会后,我鼓起勇气,去找了李在德,请她给自己讲讲什么叫"政治幼稚"。

通过李在德的耐心解释，我明白了自己还很不成熟，为了早日做一名合格的共产主义战士，需要今后加倍地努力学习和工作。

大约是农历的九月份吧，树叶开始飘落的一天，李在德同志要调到于保合同志所属的三军部队工作了。知道李在德要走，我伤心地哭了起来。李在德同志一直像大姐姐一样照顾着我，多少次偷偷地把分到的口粮匀给我吃，宁愿自己挨饿。裴大姐更舍不得李在德，她们是并肩战斗的生死战友和知心朋友，俩人感情特别深。我和裴大姐流着眼泪送李在德同志到山上，三个人紧紧地拥抱在一起。

一九三七年冬月，也就是送走李在德同志不久，从苏拉河村来了一名叫韩淑琴的三十多岁的高个子女同志。我和李桂兰都认识她，上山时在苏拉河被服厂见过面，这次又重逢，我们都很高兴，因她年纪大一点，大家都喊她韩姐。没过几天，到省委驻地治病的已故夏云杰军长的夫人夏嫂和女儿夏志清，也回到了被服厂。这样一来，走了一个李在德，换来了三位女同志，共有六名女将了。在大家都为增加了人手而高兴的时候，去山上打猎的张处长他们打来了一只很大很肥的黑熊和几头野猪，这真是喜上加喜，大家都乐不可支。

大家忙着把油剔出来留作灯油，把大部分肉用炭火烤成干肉条挂起来，另取出一部分鲜肉美美地会餐了一顿。好久没吃过肉了，前哨卡的同志也被请了来，并举行了联欢会。可是，从后半夜起，不少同志开始拉肚子了，这是咋回事呢？有人说是中毒了，可中毒的话另一些人怎么又没事呢？经过仔细了解，才知道原来拉肚子的同志在饱餐肥肉后都因口渴而在前半夜喝过许多凉水。弄清了原因，知道不是中毒，大家都放了心，但拉肚子的同志都后悔了。

"嗨，好不容易捞着了一顿肉，这一拉肚子不就白吃啦……"

后来，大家都注意了，剩下的那些干肉，尽量省着吃了好长一段时间。

一九三七年腊月里的一天，前哨卡的李排长陪着一男一女两个人来到

抗
日
85

了被服厂,两个人满身的霜雪,帽子都变成了白色。因为太突然,大家都发愣了,仔细一看,来的人竟是六军政委张寿篯(一九三七年末张寿篯调任抗联第六军政治委员)和一位陌生的女同志。

"张政委,您一路辛苦了。"

裴大姐先上前问好,并同张寿篯政委热情地握了手。天寒地冻,同志们好久没看到山外来首长了,都拥上来抢着和他握手,张政委向大家介绍了身边的女同志。

"请你们认识一下吧,我给你们送来了我的爱人,她叫金伯文。"

"哎呀! 太好啦,又多了一位女同志!"

同志们都欢呼着拍了巴掌,并一一向金伯文同志做了自我介绍,她也很大方地和同志们握了手。

现在,张寿篯已调任六军政委了,因此金伯文同志随他调来六军被服厂。金伯文同志十八九岁,高高的个子,长得很丰满。她待人直爽、诚恳,一见面我就喜欢上了她。

六军的被服厂,是一个大筒子屋,白天是厂房,夜间是营房,有上下两层大铺。平常男同志睡下铺,女同志睡上铺。而现在来了张寿篯政委和金伯文这一对新婚夫妻,怎么安排呢? 裴大姐决定在裁剪案子和长条凳子上增加了男铺,在下铺腾出一铺位,中间用布帘子隔开来安排了他们的住处。在这个过程中,张寿篯政委非常客气地多次谢绝过。他的这种态度给大家留下了深刻的印象。

那天,张寿篯政委还为被服厂的同志谈了当前的形势和任务,并鼓励大家更好地完成支前任务。他还特意向金伯文同志介绍了我和我家里的情况,嘱咐金伯文好好帮助我的生活、学习和工作。

从那以后,金伯文同志成了我的知心朋友和战友,我一直十分尊敬和信任她,把她当成了自己的好姐姐。

一九三七年十二月的一天,风卷着雪,雪连着天,天地间白茫茫的一片。

就在这一天,耿殿君团长带队给被服厂送来了二十多名伤员。为了躲避敌人的围剿,耿团长他们把行动安排在了这样的风雪天里。这样的天气,一是敌人不愿意出动,二是大雪掩盖了脚印。随伤员一同来的还有医官王耀钧和医兵小裴。其实医兵小裴脚趾也受了伤,有些跛脚,他该算是个轻伤员。总之,从这天起,被服厂变成了临时的医院,同志们担当起了护理伤病员的工作。

大家在王耀钧医官的指导下、在裴大姐的指挥下投入到了从未做过的紧张的医护工作中。首先人员做了分工,因药品紧缺,一部分人去爬山登顶采集枯藤、冬青、山花椒、老鸹眼树皮等野生草药,再凿冰化水熬制,千方百计为伤员们治伤医病;又轮流派两个人用大小两口锅做饭,大锅原来是煮染布料的,如今人多,只能都用上了。其余女同志每天站岗、放哨和照料伤病员。王耀钧医官更是没日没夜地忙个不停,他除了负责抢救、手术、查病床等治疗工作外,还要教被服厂的同志医护课,再有闲暇还教大家学文化。同志们在他的教导下,学了不少的知识和医护本领。

伤员刚到的那一天,我一眼认出了原来四师的马司务长,我像久别的亲人一样扑向了他,马司务长同时也认出了我,显得格外高兴。

"嘿嘿,小李子,你可长高了不少嘛,也变样啦……"

"马司务长,你的伤很重吗?"

"不要紧,受了点轻伤。"

马司务长是臂伤,裹着一条布带来的。许是前方打仗太艰苦了吧,他人瘦了,脸晒黑了,而且满脸都是大胡子。他同时还带来了一个不幸的消息,我的老乡张显庭主任牺牲了……

伤员中有位朝鲜族的金指导员,他伤在胯部,拄着拐棍行走都很难,是重伤员之一,但他时刻不忘做思想政治工作,每天都坚持给大家讲文化课和政治课。

在伤员中伤势最重的,是一位操山东口音姓毕的青年。他的腿伤化脓了,弄不好得截肢。王医官给他治疗时因为没有麻药,疼得他实在无法忍受时就大喊不止。这时,外号叫"老谭儿"的姓孙的伤员想了个招,说给小毕唱段"河北乐亭"准能减轻他的疼痛。没等大伙弄明白,孙老谭儿就亮开喉咙唱起来了,一听他那个怪腔怪调,大家都笑得前仰后合,连小毕和王医官都笑了。

还有一位姓李的连长,也是臂伤,伤不很重。据说他是东北救国军的军人,他二十五六岁,也是山东口音,但他爱唱歌,唱得非常好。他常爱哼唱的是"男儿有气魄,歌声壮山河……"这首歌的曲调我一直记得,但没记住全部歌词。

另外能记得的还有一位姓刘的大个子,他是脚被冻伤,都已经发黑了,治不好的话,脚趾头就会全掉下去,大家每天给他用冬青水洗泡,然后抹上自制的药膏。

来了这么多的伤员,大家在厂房靠墙的空地上都搭上了板铺。这么一来,只有北侧是炉灶,余下的三面都成了睡铺。屋子中间是汽油桶做的火炉子,炉桶冲着天窗,全屋靠它取暖和照明。被服厂原来是女同志睡上铺的,但因夏嫂体弱多病,外加是小脚睡上铺不方便;她的女儿夏志清同志,入冬后关节炎反复发作,也无法睡上铺,因此,母女二人就只好睡在下铺。这种生活在抗联部队是无法避免的,所以,战士们都是长年和衣睡觉的,大家已经习惯了这种和衣睡大铺的生活,日子长了也就习以为常了。

进入农历腊月了,正是三九、四九的节气,天上刮着白毛雪,西北风嗷嗷叫个不停。没想到,敌人竟然在这样的天气里,进行了冬季"讨伐"。

一天早晨,前哨卡留守处的李元海同志急匆匆地跑来报告敌人进山的紧急情报。他话还没说完,已经听到了前哨卡方向的枪声,被服厂紧急备战,立即组织伤员撤退。

为了防备万一,耿团长曾给几个女同志每人买来一双唐唐靴鞋,这种鞋比一般靴鞋鞋小,比较适合女同志穿。现在要上山了,要有住在野山过夜的准备，所以裴大姐命令女兵都穿它。穿这种鞋，得先穿棉毡袜子，刚穿在脚上很不习惯，走起路来也不得劲。

快速准备停当后，大家扶着伤员开始往山上撤了。由于雪深、山陡、鞋底滑，好不容易上了几步，一不留神，又都出溜了回去。身后的枪声越来越激烈，上山的路又一步三滑，怎么办？干脆，女兵们把唐唐靰鞡鞋脱下来，只穿棉袜子爬山，这下不滑了，也轻快多了。经过一个多小时的拼命攀爬，同志们终于把伤员都扶上了山。虽然时值寒冬腊月，大家却累得汗流浃背，上气不接下气。

大家把伤员们刚刚安置在雪山密林深处不久，前哨卡方向的枪声开始平息，接着听到了山下的欢呼声。

"敌人被我们打跑了，快下来吧——"

"噢——我们胜利了——！"

同志们欢呼着又把伤员重新搀扶起来下了山，回到了营房。

一场有惊无险的战斗结束了，农历大年的前几天取得了胜利，更加重了节日来临前的喜庆气氛，辛苦一年了，大家都想高高兴兴地过年。

可是，尽管省吃俭用，就在眼看要过年的时候，营地里的粮食和药品都用光了，连伤员都要挨饿停药了，这年还咋过啊？所有的人都心急如焚。

被服厂的领导背着伤员召开了临时会议，让大家想办法，渡过难关。会议结束后，同志们都行动起来，有的去掏松鼠洞，有的挖开积雪刨草根树根。掏出来的松子儿，砸给伤员吃，刨出来的草根树根熬软了动员伤员吃。即使这样，眼看也熬不下去了，正当被服厂决定派人冒险出山时，前哨卡张处长领来了地方交通员赵洪生。

赵洪生，外号赵老七，三十七八岁的年纪，人很精明，一身农民的打扮。他送来了多半袋子的大楂子和芸豆，这真是雪中送炭，这是救命的粮食啊！同志们都很感激他，向他表示了由衷的谢意。赵老七在山上过了一夜，第二天悄悄地出山了。

没过几天，六军四师夏振华师长和耿殿君团长又给大家送来了一袋子面粉、半袋子冻山梨、咸盐、黄豆等慰问品，这可真是稀缺物，同志们都喜出望外。

除夕之夜，营地上开了联欢会，由裴大姐主持，夏振华师长和耿团长先后讲话，向伤病员和后勤人员表示了慰问。在联欢会上，大家纷纷报名要表演节目，连伤员们也自告奋勇要演唱歌曲，有的还清唱了京剧选段，李桂兰等女战士们更是当仁不让，连着唱了许多首歌。

重伤员金指导员，虽然腿伤使他行路不便，但也拄着拐杖引吭高歌了一曲崔石泉作词的歌曲《中韩工农联合起来呀》。

最让人捧腹大笑的还是耿殿君团长的一曲《士兵原来是工农》，由于他五音不全，加上他那怪声怪调的山东腔，引起了大家如雷的掌声和笑声。

欢歌笑语持续到了深夜，寂静的山林中充满了抗日战士的豪情和欢乐！

春节过后，马司务长等轻伤员都返回了前方，留在营地治疗的伤员只剩下十多名了。我和被服厂的全体人员继续在王医官的指导下照顾重伤员，金指导员也坚持教大家学习文化课，木刻楞的厂房里，不时地传出朗朗的读书声。

“三一五”那一天的早上

一九三八年三月十五日，正是昼短夜长的节气，天刚蒙蒙亮时，我和金伯文同志已经熬好了大楂子粥。这一天是我俩的饭班，所以半夜就起了身，天还没亮粥就熬好了。我俩先叫醒了伤员，因食具不够用，每顿饭都是伤员们先吃，其余人员后吃。等到伤员们吃完，正准备叫醒其他同志吃饭时，后半夜站岗的李桂兰同志急匆匆地推开门报告说，“报告，前面有马叫声！”听到这一声报告，裴大姐翻身而起下了紧急命令。

"大家快速行动，马上组织伤员撤到北山。"

裴大姐下完命令，就先从营房冲出去指挥战斗，王医官等同志立即组织伤员撤退。我和金伯文同志扶着重伤员金指导员出了门，金指导员大腿受伤流血过多，身体很虚弱，扶金指导员出门后，我把他交给金伯文一人，又转身跑回了营房，我舍不得同志们还没来得及吃的大碴子粥，想把粥带上山，返回屋后，就爬到锅台上，从大锅里往桶里舀粥，已经经历过两次战斗了，也不怎么害怕，觉得应该还像上次那样，前哨卡的同志们一会就打退敌人了，所以也没太紧张。我边舀粥边听外边的动静，可听到的枪声却是越来越激烈了。

这时，有人重重地打了下我的屁股，我猛回头一看，是裴大姐怒气冲冲地站在自己的背后。

"你不要命啦？敌人都堵到门口了，还不赶快冲出去?!"

听她这么一说我赶紧拎着半桶粥下了锅台，裴大姐从屋内顺手拿了一把锯子和斧子，我不敢吱声跟在她的后面。

"小李子，你注意听，听到敌人的机枪扫射过去，你就趁机马上冲出去!"

裴大姐很有战斗经验，她为了引开敌人的火力，自己先冲出去了。我在屋里听到机枪的扫射声一阵紧似一阵，叭叭乱响的子弹打得雪花纷飞。裴大姐冲出去之后，我试了几次都没敢冲出屋，这时，同志们都已经冲出去了，怎么办呢？正在焦急的时候，不知怎么，枪声停了。我觉得这就是机会，拎起了那半桶粥往外就跑，但是由于粥桶太沉，心情又紧张，没跑出几步就滑倒了，把粥也洒了一地。我赶紧爬起来继续往北山上跑，周围没有可隐蔽的大树，原先的树都被砍下来盖房子和当柴烧了，所以想脱身只能拼命跑。这时，天已放亮，我跑过了小河，开始爬山了。

"抓活的——抓活的——"

突然听到了敌人的喊叫声，真想回头给他们一梭子，但我是个没有枪的战士,只能跑,跑过敌人就是胜利。早晨起了个大早,自己还没来得及扎辫子,这会儿,散乱的头发被林边的树枝扯得生疼。我啥都不顾了,说啥也不能落到敌人手里! 跑,跑,拼命地跑。风在耳边呼啸,风声中似乎都能听到敌兵追击的脚步声。猛回头一看,有个敌兵脱掉大衣正在猛追我。马上就要跑进密林了,只要进了大树林就好办多了。身后是追兵,耳边不时响起敌兵的叫骂声和枪弹呼啸而过的嗖嗖声,追兵的脚步越来越近了,似乎都能听到追兵粗粗的喘气声,就在这紧急关头,猛然听到一声枪响和身后发出的绝命声。我回头一看,追在自己身后的敌兵被打死了。

"小李子,我受伤了,快过来帮我!"

听到喊声,我向旁边的雪地望去,看到穆淑琴倒在那里,她也和我一样是个没有枪的战士,我赶紧跑到了她身边把她拉起来扶着走。没走出几步,又有几个追兵赶了上来,好在我们已经跑进了树林,还能躲躲闪闪。这时,从林子中又射出几颗子弹,打死了追来的敌兵。当我扶着穆淑琴走进林子深处时,才发现先后两次救我们的原来是裴大姐,是她躲在树后掩护着我们。

我们总算是退到北山一个石砬子上与伤员们会和了,张处长率领的前卡部队也很快赶上来,同志们一同占据有利地形打击敌人。由于居高临下,敌人终于被打退了。

不一会儿,从被服厂方向冒起了滚滚浓烟,一定是敌人放火烧了厂房,同志们咬紧了牙,紧握双拳,真想下山和敌人拼个你死我活。

被服厂这次遭突袭,是因为交通员赵老七(赵洪生)的被捕叛变而造成的。那天赵老七下山时,裴大姐给他带着给上级领导的汇报信,临行前嘱咐他,倘若遇到敌人一定要把信件销毁。没想到,地方上出了叛徒,赵老七一出山,就被埋伏的敌人给捉了去,信件也没来得及销毁。敌人捉住赵老七如获至宝,他们连夜突审,软硬兼施,挺刑不过的赵老七叛变了。他带领敌军,绕过我军的前哨卡,躲过地枪,从一条常人不走的绝密小路趁天未亮摸上了山。

在这次战斗中,夏嫂和韩姐在撤退时误入冰山界(雪山被太阳晒成的冰山),既滑又无处藏身而中弹身亡;夏志清受伤,李桂兰为掩护伤员撤退,子弹打尽而被敌捕获。这次事件如果不是李桂兰同志及早发现了敌情,我们很可能就全军覆没了。李桂兰同志被俘后,关押在汤原县日军守备队和宪兵队,在狱中受尽酷刑,两只手因被敌人的竹签子所刺,严重变形,可她始终没有屈服,在汤原县被判处死刑,后同刘志敏等人一同押往哈尔滨道里监狱,判处有期徒刑十年。张世臣和李师傅二人也是在掩护伤员撤退时,遭敌人机枪扫射而英勇献身。

拽着马尾巴爬山

一场惨烈的战斗过后,敌人走了,但是这么多伤员如何安置呢?要是领着伤员走雪地,踩出明显的雪路来,叫敌人顺路跟踪,那后果是不堪设想的。怎么办呢?大家都感到了茫然。这时,还是裴大姐和张处长想起了四块石山上的一个山洞。

四块石山上没有大树林,只有稀稀拉拉的一些灌木和枯草。这山基本上是石山,存不住雪,即使下了雪也是一刮风就都吹跑了,不会留下脚印,也就没有被敌人跟踪的危险了。

从北山往南走十多里路就是四块石山了,说起来路并不太远,但是,扶着伤病员走,那个艰难程度是难以想象的。特别是走在大片石头上时,脚底石头滑,山上风力大,单人行走都不容易,扶着伤员走真是如走钢丝绳,同志们多次被摔了下来,忍着疼痛咬牙重攀,个个都为保护伤员而自己被摔得鼻青脸肿。经过一番艰辛奋力,同志们终于把伤员们带到了四块石山。

四块石山，山高路险，位于小兴安岭南坡，山坡上有几个小山洞，其中稍大一点的有三十多平方米，而且洞口朝阳。在茫茫的冰天雪地里能找到这样的安身之处，真是借了不少老天爷的光了。同志们找来了一些树枝铺在洞里，把伤员都安置在里边，其余的人就在洞外宿营。

刚把伤员安置完，王耀钧医官就把药箱放在洞口，开始了紧张的工作，裴大姐忙着派人去背柴弄水张罗做饭。到了这儿，那口仙女井帮了大忙，再不用化雪凿冰了。我站在山上，往南往北望去，看到了松花江、牡丹江及四周的景色，我想起了李升爷爷带我上山的情景，想到桂兰姐如今不知道生死，眼泪不禁流了下来。李升爷爷、桂兰姐姐、张世臣师傅你们在哪里啊……

在救护伤员的工作中，王医官让同志们多采些石茶（俗称千滴罗）和石山等草本植物，用仙女井的水煮给伤员们喝，用来预防感冒和其他疾病。另外，还到石林南侧的密林中，采摘中草药老鸹眼子、红豆豆等给伤员疗伤。

这次战斗，我真是长了见识，也吸取了教训。所谓见识，就是真正经受了一次你死我活的火线考验；所谓教训，就是自己的长头发碍了事，由于它险些被敌人抓获。

"裴大姐，我想把辫子剪掉！"

"好，早该剪掉了！"

裴大姐也真痛快，只听咔嚓一声，就一剪子把我的大辫子剪下来了。剪掉了辫子，一甩头，感到特别的轻松，但是，我又舍不得扔掉陪伴自己多年的长头发，因为那是妈妈给我留起来的。我把剪掉的辫子收藏在背兜里，背着它转战了多年。

就在安置伤员的同时，张处长去格节河的留守团向耿殿君团长汇报情况。不几天他从格节河带回了耿团长的指示。

耿团长指示要把伤员安全地带到格节河密营，大家搀扶着伤员又开始了艰难的远行。

当同志们领着伤员路经被服厂的厂址时,一幅惨不忍睹的景象呈现在大家的面前。厂房被敌人烧得只剩下了房框,锅灶和两口铁锅被砸成碎片,我装大楂子粥的那个铁桶,也被刺破踹扁;更令人发指的是敌人不仅枪杀了张世臣师傅,还砍下了他的头颅,让他身首分家;夏嫂是腹部中的炸子,肠子流了一地;李师傅和韩姐死于敌人的机枪下,不仅如此,凶残的敌人还用刺刀在他们的尸体上,乱刺乱砍,留下了许多的伤口。鲜血溅满了雪地,流满了冰河。看到这惨景,大家都悲痛得泣不成声。

我的心在战栗,朝夕相处的战友啊,每个人都像大哥哥大姐姐那样爱护我,难道你们就这样走了吗?为什么走得那样惨啊,我接受不了这样的现实,跪在雪地上,爬到了牺牲了的战友身边,号啕大哭……

同志们在裴大姐的指挥下,就地堆了四座木堆,把四位烈士的遗体分别火化了。仇恨和悲伤填满了战士的胸膛,我们举枪宣誓,"誓死要把日本鬼子赶出中国,为死难的同志报仇!"烟火中死难烈士的英灵直上九天,他们的音容笑貌永远印刻在我们心中!

同志们一步一回头,挥泪告别了烈士们和难忘的帽儿山……

为了解决一路上的口粮,大家先到北山侧的秘密粮库,把仅剩的小米和咸盐分开背上,除伤员外每人背二十多斤。这时,已是午后,同志们就在原哨卡木房里做点饭,吃完饭就出发了。

部队顺着浩良河走到天黑,然后过了汤旺河,这段路走得还算顺当。当走到河东村的时候,听到有人问口令,李元海班长上前对了暗号。接着,打老远就听到了耿团长的大嗓门。

"快牵马去把伤员接来……"

不一会儿,来了不少牵马的战士,他们七手八脚地把伤员都扶上了马,我也分到了一匹马,不仅骑上了马,把身上的东西也都驮在了马背上,一下子感到特别轻松,感觉都能飘起来了。

我骑的是一匹鄂伦春人驯过的马,能稳稳当当地爬山越岭,走得很快。

到天亮时队伍已经来到了亮子河一带的山上。在那里打尖吃了饭，大家是又困又累，耿团长看这一带树木不多，为了确保安全，他安排了多处岗哨。

吃完了饭，没敢多休息，又接着赶路了。这时，才发现耿团长他们把战马全部让给了伤员和女兵，他们自己却分东、南两路，在山上步行探查敌情。为了隐蔽行进，部队选择了走山沟，沟里既无路又不平，伤员们多次被颠了下来，每次同志们都要下马把伤员们重新扶上马。特别是因大腿根负伤而不能用力身体又极度虚弱的金指导员摔得最多，但他紧咬着牙，从未叫过苦。

当大家来到格节河旁边的山上时，南侧部队方向传来了发现敌情的鸣枪信号。接到这个信号后，耿团长马上把部队分成两个部分，一部分向西引开敌人，另一部分骑马追击敌人，以此搅乱对方，使他们不知道部队的真正去向。

马匹让追赶敌人的战士骑走了一大半，除伤病员外，被服厂的战士又变成了步兵。这些人，在裴大姐的指挥下，继续登山。为了尽快到达目的地，安排在每匹马前有一人牵马，有一些人扯住马的尾巴，借马的力量加快行进的速度。

我的马也还给部队了，也要扯着马尾巴跟队，这或许能省点气力，但实际上也并不轻松。我身上背着背兜，背兜里装着粮食，往山上爬时，就觉得像有人往下拉我，要使劲地往前挺。扯着马尾巴爬山还有三怕，一怕被马蹄踹着，二怕一松手就会滚落悬崖，三怕马放屁排尿。

要爬的山真是陡啊，只爬了一段路，马就累得直喘粗气，而且开始惹麻烦了，它们开始放屁排粪了。我扯的那匹马是骡马，它排起尿来是直往后喷，喷得我一脸的马尿，连眼睛都睁不开。我无论如何都不能腾出手来擦脸，那山又滑又陡，滚下去就再难爬上来了，我只好抿嘴闭眼忍受着劈头盖脸的马尿，死死扯住马尾巴，一刻也不敢松开手，就这样坚持爬到了山顶。

到了山顶稍事休息时，我向裴大姐诉说了自己的特殊感慨。

"裴大姐,我原以为骑马不容易,可这回才明白扯马尾巴上山才真正不容易呢!"

听了我的感慨,裴大姐笑了,但她很快收起了笑容。

"小李子,这次行动,对你是一次考验,是在战斗环境中锻炼和考验你。这才刚刚开始,懂吗? 革命的路程是艰难、惊险和漫长的。"

说到这儿,裴大姐的脸色沉下来了。

"你亲眼看到了,夏嫂、韩姐、张世臣和李师傅他们,为祖国的解放事业流尽了最后一滴血,献出了生命……"

裴大姐说不下去了,旁边的人都被她的情绪所感染,不约而同地把目光投向了帽儿山方向。我含着泪暗暗下了决心,向烈士们学习,经受住流血和牺牲的考验,做一名名副其实的革命战士!

耿团长率领的队伍引开了敌人,伤员队伍也摆脱了敌人的追击,大家终于来到了曾经是炭窑工人住过的一座长长的大草房。同志们把伤员安置在屋里,用炭窑剩下的炭火赶紧做了小米饭分给了伤员。

部队来到这里时,六军密营留守处的刘铁石处长、四师夏振华师长和汤原密营的一些同志已经在这里了。据说,他们是来参加张寿篯同志召集的干部会议的。

在伤员们吃饭的时候,和医兵小毕一起准备吃饭的金指导员突然倒下了。他嘴唇发白,脸色发黄、脉搏无力。王医官急忙进行了可能的急救,但终因手中无药而没能救活他。当医官解开金指导员的衣裤时,看到他的伤口在一路颠簸中早已破裂。他是因失血过多而牺牲的,但在路上谁也没听到过他的呻吟声。

看到金指导员牺牲了,我感到一阵撕心裂肺般的疼痛,再也听不到金指导员给自己讲政治课了,再也听不到金指导员一字一句地教自己识字了,金指导员你就这么走了吗?

金指导员的牺牲,令在场的人员都十分悲痛,他是一位优秀的指战员和政工干部,为了抗日救亡,他献出了自己的鲜血和生命……同志们含泪把他抬到山上,并为他举行了追悼会。

金指导员逝世后,耿团长指示把其余的伤员尽快送到格节河山医院。这个所谓医院,是在格节河山顶的一个地窖子里头。这里是格节河的源头,有约五十平方米的山顶湖,周围都长满了红松。从这里往下看,能看到以山顶湖为源头的格节河、亮子河和黑金河,分别流向南、西北和西南。

地窖子医院,能容下十来个人。地窖子的南面山岗上有种过玉米和谷物的旱田地,还有一座玉米楼,有较齐全的工具,像是猎户的季节性住地。离地窖子三百多米处,还有一座无人居住的木房,是部队住过的地方。

到山顶上地窖子医院后,由于过度的劳累,同志们嘴唇都起了泡,一路颠簸,流血牺牲,同志们都上了火。见到这情景,王医官让熬了一大锅小米粥,喝了好清清火。粥熬好了,大家就着盐豆喝了些粥,心里舒服了不少。

轻伤员们自告奋勇陆续回到前方部队,医院里只剩下四五名重伤员,人手多余了。于是,耿团长根据张寿篯政委的指示,留下王医官和裴医兵照顾伤员,几个余下的人都到军部教导队报到。

接到命令,同志们非常高兴,大家先到离医院约五里路的林中军械库(也称兵工厂)取武器。耿团长把储存在那里的步枪、手枪、子弹、军服等物品分给大家背上,然后回来告别伤员。

分别在即,大家都难舍难分,伤员们更是舍不得被服厂的同志。患难中大家相处了数月,在战斗中建立起了深厚的革命友情。伤员们含着泪纷纷送给被服厂的同志们桦木针线包、木勺、木筷子等纪念品,这些都是他们忍着伤痛亲手制作的,被服厂的同志把这些特殊的纪念品紧紧地攥在手里。伤员们同裴大姐的感情更深,听说裴大姐也得走,一个个握住她的手泣不成声。裴大姐也抽泣着勉励他们早日康复,在前方重逢。

要留下来的王耀钧医官也难过了,在高大魁梧的王医官脸上,我第一次看到了两行泪水。这是一位严肃认真、勇挑重担、极为负责的军医;他十分关心战士们的学习,在夜以继日的工作之余,为大家上了许多次文化课和医务知识课。所以,无论是伤员还是业余护理队员都敬重和喜欢他。

梧桐河畔的鱼亮子

少年连和警卫连跟随张寿篯政委继续转移,部队要冲出敌人的包围圈,会合各路人马准备西征,去开辟新的战场。

这一天,时近中午,队伍来到了离格节河不远处的一处坡地准备生火做饭。突然,远方传来了枪声,原来是日军的"讨伐队"又追击了过来。四师师长夏振华在不远处和敌人接上了火,战斗打响了,我听着那密集的枪声,估计一定是一场恶战。此地离格节河不远,听到枪声,耿殿军团长也带着自己的留守团前去阻击敌人。张政委则率领军部人员和少年连向格节河方向撤退。

正午的太阳火辣辣地烧烤着大地和山川,我随着少年连拼命地奔跑,刚刚跑过了一个山坡,嗓子眼就像冒了火一样,上气不接下气了,气喘吁吁地好不容易跑到了河边,这时张政委带领的第一队人马已经趟过河去了,他在岸边指挥我们后赶上的第二梯队迅速过河。

看见了河水,一上午滴水未进的战士们早已嗓子冒烟冒火了,大家不顾一切地趴在了河边,咕咚、咕咚地大口喝起了凉水。河对岸的张政委不停地向我们招手,喊话,命令大家快点过河。金碧荣赶紧拉起我,趟过了齐腰深的河水,上了对岸。

上了岸,只见张政委生气地大声斥责我们:"还有没有组织纪律性了?让你们喝水了吗?抓紧时间占领北山。"

第一次看见张政委发那么大的火,我吓得没敢吱声,赶紧随前面的战士钻进了一片榛材棵子林。就在钻入林子走出不到十米远时，突然间，只觉得天在旋，树在转，远处的大山也在转，咕咚一下就晕倒在林子里。走在旁边的金碧荣顿时吓得手足无措，她大声地喊着："裴大姐，不好了，小李子晕过去了。"裴大姐听到喊声马上跑了过来，她观察了一下说："不碍事，是水喝急了，一会儿就醒了。太危险了，会呛死人的，你在这里照顾她，我去招呼其他的同志。"

十多分钟后，我终于醒了过来，只是浑身没有劲儿，头重腿沉。小金子扶着我，继续追赶前面的部队，我们终于摆脱了敌人，翻过了眼前的大山。

翻山越岭不知道走了多少山地，一天夜里队伍终于钻出了大山，眼前是黑乎乎的一片荒芜了的农田，远处模糊的村庄里也不见人烟。

日本鬼子残害我同胞，毁灭我家园，他们大搞"归屯并户"建立新的"集团部落"，农民们被迫离家弃田，过着饥寒交迫的生活。

我已经两年多没下山了，如今看到这荒凉凄惨的景象，心中非常难过。

我们走在无人耕种的地垄沟里，地里长满了荒草。出了大山，冷丁走这平地，都不会走路了，带垄沟的地也十分不好走，走起来，比山路还累。走着，走着，夏凤林突然喊我："小李子，快过来，帮我捋烟叶。"他的鼻子真好使，竟然闻到了隔年没来得及收的旱烟味，几个会抽烟的战士听声都凑了过去忙着往自己的布兜里捋烟杆，一边捋他们还一边嘀咕："再也不用卷柞树叶子啦。"

突然，前哨传来了口令："注意，前方有铁路。"我一边把口令传给后面的人一边想，这铁路是什么样子啊？是用铁铺的路吗？正想着，前面又传来了口令："前方过火车，就地卧倒，注意隐蔽。"我赶紧趴在了地上，这时只见远处有一个长长的大大的家伙，轰隆轰隆地开了过来，这个大家伙前面还有两个大大的亮亮的眼睛，我低声问夏凤林："这家伙怎么像条大龙啊？它是龙变的吧？"夏凤林一边偷着笑，一边骗我："嗯呢（东北方言，是的意思），是龙变的，它还会飞呢……"

"噢,那它能看见我们不?"

"能啊,它的大眼睛专能看见你……"

突然间,火车拉响了汽笛,轰轰的尖叫声震耳欲聋,吓得我赶紧趴在地上一动也不敢动了。哎呀妈呀,这火车咋这么吓人哪!

这是一列长长的运煤车,车前面的探照灯不会转向,押车的小鬼子也就没有发现我们,这条铁道线是鹤岗通往佳木斯的运输线,所以总有煤车经过。

列车过后,部队开始穿越铁道线了,我寻思着,到跟前我得好好摸摸这铁路,看看究竟是啥模样。

当走上铁路时,小金子和我一样都没见过铁路,我俩都哈腰去摸。噢,铁路原来是两根长长的大铁条啊。

越过了铁道线,趟过了鹤立河,翻过了一座一座的山岗,曹玉魁打头在前面带路,他两条长腿走得飞快,我一路小跑地跟着,小金子比我的个子还矮,她不停地喊:"曹排长,你慢点走啊……"

就这样走了一天多,终于来到了梧桐河畔。梧桐河弯弯曲曲流向远方,河两岸是一望无边的大草甸子,甸子上碧绿的青草直接蓝天。这里塔头墩子连着塔头墩子,下面全是水,一不小心就会陷下去,同志们踩着塔头墩子行走,经常摔倒,弄得满身的泥水。为了走近路,我们不能沿河而行,只能反复地过河。

当天边布满晚霞时,队伍来到了一个"鱼亮子"。三师师长王明贵在这里列队迎接我们,当看到张政委带队过来时,立刻跑上来敬礼报告:"报告,三师全体指战员欢迎张政委到来。"

终于又看到自己的部队,我们也都挺直了腰板,迈着整齐的步伐,灌满水的胶鞋也吧唧吧唧地走得更加有气势了。

"鱼亮子"的主人叫龚祖应,那里的渔民给我们炖了一锅鱼,第三师的同志们为我们做了小米饭。好多天没正经吃饭了,大家吃得那个香啊,几天来的疲劳顿时减轻了不少。

吃完饭,曹玉魁排长命令擦枪,大家拖泥带水地行军过河,枪早就进了水,如果枪支保养不好,遇到紧急情况就危险了。

战士们正在认真擦枪的时候,只听"啪"的一声,清脆的枪声震得大家一愣:难道又有敌情?

"不好了,枪走火了,快过来个卫生员!"

原来是张政委的警卫员王国良同志的匣枪走了火,子弹在他的小腿肚子上穿了个眼。

听到喊声,我赶紧跑了过去,他连说:"不用,不用,不疼,就是有点胀,你可别告诉政委啊。"眼看着血水渗了出来,不包扎怎么行,我赶紧找绷带。这时,王国良感到疼了,他龇牙咧嘴地掉了眼泪,他也不大,才十六岁。

张政委当时正在王明贵师长的帐篷里研究工作,听到响声跑了出来,问明情况后,生气地对王国良说:"咋这么不小心,给你记着,伤好了,准备罚站!"

裴大姐找出了老鸹眼树叶,给王国良糊在伤口上,我给他进行了包扎。

送别西征队伍

部队在"鱼亮子"休整了六七天后,开始向梧桐河的北林子转移(现萝北县梧桐河农场场部以北)。

北林子位于梧桐河东、都鲁河西、松花江北。这里有一片连着一片的疙瘩林,林中长满了柞树、榆树、白桦树。无数的湖泊像一块块绿宝石分布在四周,这里湖水围着青山,青山倒映着绿水,蓝蓝的天上白云飘动,湖边茂密的芦苇一片苍翠。红的、白的、紫的、蓝的、黄色的野花儿开得灿如云锦,最多的还是黄花，一簇簇，一群群，黄灿灿的，美丽无比。湖面上还有高傲的丹顶鹤，它们洁白的羽毛、红红的顶子倒映在水中，时而翩翩起舞，时而直飞蓝天。湖水中鱼儿自由自在游来游去，每到下午成群结队的狍子就会到湖边来喝水。如果没有战争那该有多好，这里真是人间的仙境啊！

女兵们一有空就到湖边采花，采来的黄花用水一烫拌上咸盐，就是最好吃的下饭菜。

晚上站岗时，沼泽地里的蛙声响成一片，"咕呱咕呱"的叫声此起彼伏，像是一曲大合唱。

到了这里，少年连正式改编为军部教导队。教导队分三个连，一连是高个子张连长，二连是矮个子张连长，三连连长是白福厚。夏凤林、曹玉魁和狄同志是排长，支部书记是裴成春大姐。

部队按照《军事教育大纲》开始了紧张的学习与训练。

我们的教官是张寿篯政委、齐副官、杨副官和陈雷科长。所学课程有军事课、政治课和文化课。

军事课，教官是齐副官和杨副官，主要讲各种武器的型号、性能及使用，讲军人的义务、仪表、仪容；讲怎样站岗放哨，怎样辨别、分析各种声音，什么是敌人的声音，什么是野兽的动静；讲行军，各种地形怎么行走，行军中的语言，包括行军中的口令、暗号、传送，等等。从教导队毕业的学员要求要会使用各种武器和具备独立作战的能力。

每天在讲军事课前，都要集体合唱《战斗射击训练歌》，这首歌要求会唱、会背、会写、会做。

政治历史课，也是党课，教官是张寿篯政委和陈雷科长，从中国近代史鸦片战争讲起，中间包括八国联军进攻中国、辛亥革命、广州暴动、二十余年之军阀混战、九一八事变、工农红军、红军长征，等等。

文化课和音乐课是同时进行的，主要通过歌曲的形式来认字识字，歌本就是课本，要求要会唱会写。

担任音乐课的老师是徐紫英同志。他是哈尔滨市二中学生,其父汉族,其母俄罗斯人,父母参加哈市地下工作。省委机关通过伊春四块石山北六十里处东岔河密营地时,满洲省委秘书长冯仲云同志特意将徐紫英等学生带到了山上参加了队伍,安排在省委机关任秘书工作。一九三八年五月调任六军秘书。当年十一月参加李兆麟将军率领的第三批西征部队,西征二十余天途中双脚冻伤,在五大连池朝阳山密营治疗,一九四〇年不幸遭敌进攻而壮烈牺牲,时年二十一岁。

没有什么学习工具,我们每人发了一支铅笔,没纸就去剥桦树皮,桦树皮的一层、二层都能用。

在这里的学习和在被服厂里的学习是完全不同的。为了迅速提高我们的军事、政治、文化水平,每天的讲课一般是教员在上面讲,我们在下面记,虽然当时我已经能认二千多个字了,但不会记录。当时那个着急啊,下了课总是再问,问教官,问同志们,一遍遍地问,直到问懂为止。还多亏了于保合同志送给我的那本字典,记录时不会的字就空下来,过后查字典再补上。没有文化基础的同志就更吃力了,看他们着急我也着急,抽空就帮他们抄笔记或者在一起对笔记。通过系统的学习,同志们在军事、政治和文化上都有了显著提高。

除了每天的正规学习外,我们还要执行站岗、放哨、做饭、保护军部等项任务。

过了没几天,张政委派出的交通员所通知的各路人马汇集在了梧桐河畔。他们是六军参谋长冯治纲所带部队,六军保安团政治部主任王钧所带部队,二师师长张传福所带部队,六军一师六团政治部主任李云峰所带部队,三师师长王明贵所带部队。

每支队伍都分占了一片树林,有的隔湖相望,有的树林相挨。每支队伍的四周都挖了战壕,修了简易的工事,战士们每天在这里学政治、学文化、练习射击,为西征做准备。

住在树林子里，因为四周都是水，空气潮湿，我们遇到了最大的敌人——蚊子和瞎虻，一群群、一片片，赶也赶不走，有时把人的脸都糊满了，好像长了一层黑毛毛，脸上、身上到处都是一片一片的红疙瘩。到了夜晚根本无法入睡，一张嘴、一吸气，蚊子就进了嘴里和鼻子里。瞎虻更是厉害，隔着衣服都能把人叮出血来，疼得不得了。一开始我们采取用艾蒿熏的办法，可也不能完全解决问题，最后发现高处能好一些，战士们就用原木在两棵树的中间搭上平台，然后铺上树枝、树皮和草。我们女同志用白布和蓝布做了好多的帐篷，再把帐篷扣上去，每个帐篷能睡五六个人，上下都用梯子。到了晚上我们就都爬到树上去睡，这样果然好了不少，树林子里面，帐篷挨着帐篷，战士们都高兴地说："哈哈，我们住楼啦，社会主义生活了……"

　　一天夜间，裴大姐带班。半夜轮到我上岗时，裴大姐在下面喊："小李子，该你上岗啦。"我迷迷糊糊还没睡醒，爬起来就往帐篷外面跑，这时我早已忘记了是住在树上，一脚迈了下去。裴大姐在底下直喊："别下来！别下来……"可已经来不及了，就在我迈下去的当口，裴大姐伸手接着我，咕咚一下，我俩都摔倒在地上，也多亏裴大姐接着我，要不非摔坏不可。第二天，同志们看见我就开玩笑："小李子，你咋忘了是住楼啦……"

　　一天，快到中午时，我刚刚下课，正在湖边抄笔记，湖那边一位年青的军官骑着一匹高头大马趟水过了湖向军部而去。我看了一眼，也没在意，因为经常有各部队骑马的军人过来向军部汇报工作。不一会儿，军部警卫员王国良忽然跑过来喊我："小李子，张政委喊你，快过去。"

　　张政委喊我，有啥事呢？可别提问我啊，我还没备课呢。

　　我随着王国良赶紧向军部的帐篷跑去，一进去我忙喊："报告，我来了。"

　　张政委正在和那个年青的军官谈话，我只看到那个人的背影。

　　张政委看到我来了，就和那个人说："快看看，你妹妹来了。"

　　那个人听声转过了头，我和他都愣住了。他是谁？真的是我哥哥吗？

　　我曾经无数次梦见哥哥，梦中的哥哥不是这样啊！梦里他总是穿着爸爸的破棉袄,爸爸的破靴鞡鞋,腰里还系着一根草绳。每次梦醒,泪水都流到了腮边,哥哥啊,妹妹做梦都想给你买双新鞋啊……

可他真是我的哥哥,分别四年没见面的哥哥。他参军时十六岁,如今已经二十了。现在他高高的个子,身板也壮实了许多,一身军装穿在他的身上十分精神,帽子上的红五星闪闪发光,他再也不是当年那个少年了,变成了一位年青的军官了……

我扑到了哥哥的面前,哇哇地大哭了起来。哥哥拉住我哽咽着说:"小凤,你长高了……"眼里也闪出了泪花。

我的脑海里闪现着哥哥离家的情景,他答应将来骑着大马来接我……

这时,战友们看到我们兄妹重逢,都热烈鼓掌祝贺,一边鼓掌还一边笑我:"哈哈,小李子哭鼻子啦,小李子哭鼻子啦……"

张政委当着哥哥的面夸奖了我:"你这妹妹不错,学习用功,思想也要求进步。"

哥哥也在不停地嘱咐我:"一定要听领导的话,不要骄傲,要严格要求自己。"

我点头答应着,真是太高兴了,真想把我们兄妹重逢的喜讯告诉所有的人。

梧桐河畔集结了大批人马,部队的粮食和给养没有了,为了保证部队能顺利西征,军部安排了六军保安团政治部主任韩景波和宣传科长陈雷同志带领二十多名战士去桦川县悦来镇筹集粮食和给养,当时正是割麦子的农忙时节。

筹粮的同志们历经艰险,在桦川县地方组织帮助下,筹集了上千斤的粮食,藏在卧虎力山下的柳树趟子里。

张政委听说搞到粮食的信息后十分高兴,立即派我们教导队也过江去参加背粮。过了松花江就是卧虎力山,山上有古城的遗址,由于日本鬼子搞"归屯并户",当地的百姓已经不多了。

我们在当地渔民的帮助下,在夜间坐船过了松花江来到了卧虎力山下的柳树趟子后,把藏在那里的粮食再一趟一趟地装船运回江北军部,各营部再到这里把粮食背回自己的部队。

部队来了一名叫李兴汉的小战士,他矮矮的个子,一张圆圆的娃娃脸上有一双大大的眼睛,年龄和我也差不多少,他是张政委特意安排专门为我们大家理发的。张政委说了:"这次西征,我们不仅是要开辟新的战场,沿途我们还要接触当地的老百姓,向他们宣传我们的抗日主张,所以大家一定要注意军容、军纪,让老百姓能够相信我们,信任我们,支持我们,帮助我们,使我们的抗日战争早日取得胜利!"

看着李兴汉那张娃娃脸,大家都想,就这么个小孩,能给我们理好头发吗?没想到,他麻利地掏出理发工具,第一个就先给张政委把头发理好了。你别说,他的手艺还真不赖,张政委的头还真是剪得有模有样。从这开始,战士们每天都排着队到他那里理发。

轮到女战士理发了,我们都和他说:"李同志,给我们留长一点吧。"他乐呵呵地说:"不行,张政委有命令、有规定,都得剪短发。"没办法,我们所有的女兵都剪了男人一样的短发,戴上帽子,简直分不出男女。这个小战士后来跟着六军十二团王钧同志所率领的部队西征了,是第一批西征的战士。

一九三八年的农历闰七月,第一个七月我们忙着运粮、背粮,到了第二个七月,天气突变,倾盆大雨不停地在下,梧桐河水在涨,都鲁河水在涨,松花江水也在涨。我们营地的四周一片汪洋,分不清哪里是河,哪里是湖,哪里是草甸子,大雨哗哗地下着,我们只能躲在帐篷里,帐篷也在渗雨,里面雾气蒙蒙。

因为下雨,大家只能都在各自的帐篷里排练节目。到了农历十五那一天,天气突然放晴,大大的太阳挂在天上,林间云蒸雾绕,同志们兴奋地跑到了外面。徐紫英同志抓紧时间领着我们进行集体排练,这天晚上部队将举行一个盛大的联欢会,欢送西征部队。

这时,三军通讯队长姜立新同志来到了军部。姜立新队长是武装带枪跑交通的,他这次来,带来了不少文件还有极其珍贵的几份《新华报》。我们正在练歌时,张政委拿着几份报纸交给了徐紫英。看到报纸的徐紫英高兴地跳了起来,报纸上有红军战士穿着军装的照片,红军战士肩上背着枪,头上戴着红五星的帽子,非常神气。

另一张报纸上刊登一首歌曲,歌名是《救亡进行曲》,大家围了上去,徐紫英大声喊:"别挤了,我马上教你们唱这首歌吧……"于是大家都静下来坐在草地上,等着学歌。徐紫英同志用他洪亮的声音开始教唱:"工农兵学商,一起来救亡……"

从这以后,这首歌传遍了松花江畔,传遍了大、小兴安岭,给东北抗联战士们增添了无穷的力量和勇气。这首歌激励我们战胜饥饿和严寒,与敌人进行着不屈的斗争。

这一天的晚上,一轮明月高悬在夜空,军部的空地上点起了长长的一排篝火,欢送西征的晚会开始了。

晚会开始前,张政委首先讲了西征的作用和意义,并做了西征动员,接着各部队代表发言表示了决心,发言完毕联欢开始了。

第一个节目是张政委和陈雷同志表演的小话剧,是针对有些指战员不愿意离开老区的思想而编的。六军部队的指战员大多来自汤原、桦川一带,他们在这里打游击多年,同这里的山山水水和乡亲们都有深厚的感情,如今要去西征,很多人都故土难离,能不能把队伍拉出去是西征的关键。

张政委扮演了一个不愿意西征的战士,捂着肚子装病,他躺在二大爷家的炕上想躲避西征。陈雷扮演二大爷,二大爷是老区的骨干,他给这名战士讲西征的意义,讲革命的需要,通过二大爷的教育,这名战士终于想通了,愉快地报名参加了西征。他俩表演得非常逼真,张政委扮演的战士捂着肚子,哼哼呀呀,陈雷扮演的二大爷用炭灰画了黑胡子,腰里还扎了一根破草绳,他们风趣、幽默的语言引起了战士们阵阵的笑声。

接下来的节目就是唱我们白天学的新歌《救亡进行曲》。

唱完了这支歌,李副官表演了京剧选段:"八月十五月光明……"

杨副官不甘示弱也唱了段京剧"身背宝剑,忍饥挨饿……"

他们唱得字正腔圆,很有味道,很受大家的欢迎。

联欢会在徐紫英同志创作的《送西征》的歌声中结束了。歌中唱道:

> 碧草青青夏日长,共为救国忙;
>
> 骊歌一曲送西征,从此各一方。
>
> 愿望同志肩重任,为国争荣光;
>
> 祝同志前途无量,进取莫彷徨。

联欢会后的第二天风和日丽,我们留守的人员排成两排夹道欢送西征队伍,战士们骑着马、挎着枪,威武雄壮地走向了征途。

腰山战斗

秋雨哗哗下个不停,天好像是漏了一样。

傍晚,队伍冒雨集合在"王大包"的鱼亮子边,王大包和渔民们为部队准备了四艘渔船。我们将在这里上船,顺着都鲁河进入松花江。

那天,我坐上了过江的第一只渔船,船上能坐六七个人。连日的大雨河水暴涨,淹没了河边的芦苇和小树丛,水连着天,天连着水,四野一片白茫茫。

小船顺着都鲁河向南漂游,不时撞击着已淹没在水中的河岸。走不多时,忽见浊浪滔天,一个大浪铺天盖地打了下来,原来我们已经进入了松花江口。都鲁河水涌入松花江的一刹那,两条江水的合力突然间涌起的大浪差点掀翻了渔船。巨浪中,小船顿时失去了控制,大家都死命地抓住船帮,生怕被甩出去。就在这时,教导队的小战士丁福同志可能是受了惊吓,高喊着:"报告,我要尿尿。"当时,我们教导队有三福,是三个分别叫丁福、赵福、于连福的战士。连长气得高喊:"都不许动,谁有尿,都往裤子里尿。"

江面上,江风一阵紧似一阵,雨还在不停地下,一排排的大浪拍打着小船,汪洋中的小船,一下子越上峰顶,一下子跌入浪底,随波逐浪地向下游的岸边冲去,最后,我们总算是越过了江心的急流,停靠在一个叫华马的地方。

这次过江真是惊心动魄,小船进了不少的水,好在是有惊无险。船靠岸后,我们每个人都好像是从水中捞出来似的,不一会儿,后面的船也都陆续地靠了岸。

战士们把船扣在岸边的柳树趟子里,渔民们会自己来把船划回去。

天大黑了,雨还在不停地下,队伍钻进了一片苞米地,雨水打在苞米叶子上刷啦啦地响。苞米地里泥泞难行,泥水到了膝盖,这只脚刚拔出来另一只脚又陷了进去。部队在雨中艰难地行进着。教导队新派来的连长白福厚同志带着两名战士前去探路,命令我们原地休息。咋休息呀,满地的水和泥,我们只能原地站着,等待消息,有的战士开始找村民没收干净的苞米了,找到了大伙掰开分着吃。

队伍又开始行动了,原来探路的同志发现了一片瓜地。瓜已经罢了园,瓜窝棚还在,里面住着一位老大爷。大爷听说我们是抗联部队,就招呼大家过去。

到了老大爷的瓜窝棚,老大爷给我们烀了一大锅土豆,土豆烀熟后,每人分两个。好久没有吃到土豆了,皮都没剥,大家站在泥水里吃得那个香啊,两口就进去了。

吃完了土豆,连长给了老大爷一些钱,部队就向附近的一个村子走去。

这是一个刚"归屯并户"不久的村落,原名叫韩家村,现在叫韩家围子。

围子里是一排排低矮的马架子房,村民们不少是从别的屯子被小日本赶到这里来的,百姓们啥东西都没能从原先的家中拿出来,无奈之中互相帮衬着搭起了这些马架子房。马架子房低矮阴暗,连日的暴雨家家户户都进了水,灶坑都泡在了水中,乡亲们都在不停地往外舀水,我们看着心里十分难过,到了冬天他们可咋过啊!

实施"归屯并户",是日本侵略者为消灭东北的抗日武装力量,切断抗日武装与人民群众的血肉联系,所采取的极端毒辣措施。日伪当局用烧光、杀光、抢光的"三光"政策,烧毁民众原住地村屯,强迫分散居住在抗日武装活动地区的民众离开原住地,迁往指定的地方集中居住,建立由军警宪特严密控制的"集团部落"(即大的武装村落,也称之为"人圈"),制造"无人区"。这项政策给广大民众带来深重灾难,造成巨大损失。

那一天,进了韩家围子后,战士们分散敲开了几户原有的住家,我们几个女兵进的这户姓韩。这家人是坐地户,房子也不算宽敞,屋内南北炕上住着老少三代人。我们进去时,老太太怀里抱着小孙子,老太太的儿子听说我们是抗联部队忙招呼我们炕上坐,一边招呼一边说:"老疙瘩,辛苦啦,瞧这大雨的天。"他以为我们是小男孩,老太太的儿媳妇接过了孩子躲到炕梢。当时,我们几个女兵都剪的短发,又都戴着帽子,所以她把我们当成了男兵。

我们和这家人唠起了家常,他们问我多大了,我说十四了。一听我们说话,老乡们全愣住了,"哎呀,你们是闺女啊,女人家也出来抗日啦?"这家的儿媳妇也忙上前来看我们:"嗨,我还以为你们都是爷们呢。"这时,这家的男人赶忙出去,喊来了左邻右舍,让大家都来看看女兵什么样。

趁此机会,裴大姐带着我们向老百姓展开了演讲。我们讲了日本鬼子对我们国家的侵略,讲乡亲们现在都过的什么日子,讲中国人要团结起来打跑日本帝国主义,讲我们抗联部队是中国共产党领导的队伍,是为百姓求解放的队伍。

听了裴大姐的演讲,看见我们一身湿淋淋的衣服,乡亲们都十分感动。

紧接着我们唱起了抗战歌曲,草房里挤满了老乡,后来老太太把窗户都打开了,有进不来的就站在外面头顶着簸箕冒雨来听。来听歌的老乡大部分都衣不遮体,有的腰间围着一块麻袋片,用根草绳系着,两条腿光光的露在外面。

我们第一支歌唱的是《贫农四季叹》,当这支歌唱完时,不少的老乡都流下了眼泪。是啊,手无寸铁的老乡们被日本鬼子害得太苦啦。接下来,我们又唱了《五更叹》和《反日四恨》等歌曲。

这时老乡们纷纷拿出了烀熟的苞米,塞到我们的手里,热乎乎的苞米暖透了我们的心。正在这时,部队通知集合出发了,我们不能在这里过夜,如果让敌人知道会血洗这个村庄的。

就要告别老乡们了,这家的大娘拿出了几支香,跪在了供奉的灶王爷跟前,一边流泪,一边祷告:"老天爷啊,保佑保佑这些好心的闺女吧,她们都是好人啊,是为咱老百姓去打仗啊……"

部队出发了,漆黑漆黑的夜雨还在下,离开了韩家围子后,天亮前我们钻进了一片苞米地。

东方露出了一抹鱼肚白,淅淅沥沥的雨也慢慢停了下来。顺着苞米棵子向外望去,不远处有几户零星的人家,最近的那一户墙上挂着的红辣椒和成串的玉米棒子清晰可见。

这里是一片开阔地,部队怕暴露目标,白天不能行军,军部通知就在苞米地宿营了。我们又往里走了走,撅下了苞米棵子铺在了地上,也顾不得湿淋淋的衣服紧贴在身上,几个女兵挤在了一起倒头就睡着了。

经过了惊心动魄的一整夜,战士们又困又乏,这一觉一直睡到了天擦黑。

天空又开始下起了蒙蒙的细雨,雨中我们出发了。还是泥泞的苞米地,还是没膝深的泥水,天黑得伸手不见五指。农历八月的夜晚,寒气逼人,战士们冻得上牙直打下牙。忽然,前哨传来了口令:"注意,前方有公路,过路时要迅速!"果然,不久就看到了佳木斯通往富锦的公路横在我们的面前。

大家迅速地跨过了公路，这次没走多远，就来到一座大山前，摸着黑我们开始爬山了。告别了泥泞的苞米地，这下可是好多了，那陷人的庄稼地真是太难走了。

这座山叫作腰山，山上的落叶和枯树枝厚厚的一层，暄暄的，路也好走了许多。经过了一夜的行军，我们翻过了大山来到一个山窝里。

部队开始休息了，我们三个女战士抱了一些枯树枝铺在地上躺了下去，我摘下背上的背兜枕在了头下，背兜里有我的课本、字典，一个做饭的盆子拴在背兜的带上。天上还在下着小雨，裴大姐掏出一个白面袋子让我们三个人蒙在头上避雨。正当大家挤在一起互相取暖、迷迷糊糊地好像要睡着时，忽然听到有人争吵，睁开眼睛一看，不远处出现了一处火光，原来是战士于德发点燃了一堆枯树枝，夏洪年班长生气地质问："谁让你点火啦？暴露了目标咋办？"于德发不服气地反问："咋地啦？都要冻死人了，点堆火烤烤不行啊？你们的胆儿咋那么小？"听到吵闹声张连长也跑了过来，张连长说："这里是敌占区，我们不能暴露目标，赶紧把火弄灭了，抓紧时间休息吧。"大家七手八脚地把火熄灭，都挤在一起休息了。

不知道睡了多久，忽然有人拽了我一把，耳边"咔咔、咔咔"的机枪声响成了一片。睁开眼睛一看，天已放晴，同志们正在向山上冲去，我赶紧爬了起来，抱着枪也向山上跑。不一会儿就跑到了前面，跑到前面后，我扭头看了一眼，发现张政委就在我的右侧。这一看，就觉得不对劲了，同志们都背着背兜，自己的后背空空的，我忙喊着："我的背兜，我的背兜……"张政委听到喊声，知道我丢了背兜，就拿眼睛瞪着我，我知道事情不好了。那时候，教导队的纪律是十分严格的，纪律里面有一条，行军、打仗、露营都不许丢东西，我们的一针一线、一碗一盆都不能落入敌人的手中，因为敌人会把它当作战利品去展示、去领赏，抗联部队不准丢东西，这是军纪。

我知道自己犯了大错误，赶紧往回跑。上山容易下山难，雨后的山路溜滑，好不容易，叽里咕噜、跟头把式地跑到了山脚下。

山脚下有一片荒芜的黄豆地,地里的豆子没人收割,还夹杂着一人多高的荒草,我的背包在黄豆地的那一边。这时敌人的机枪还在咔咔地响,我不敢跑着去拿,就一点一点地从垄沟里爬了过去,背包离黄豆地还有几米远时我站起来跑了过去,一把拽住了背兜,还没来得及背上,就听敌人的机枪咔咔地向这边扫射,我赶紧就地卧倒,匍匐着又爬回黄豆地的垄沟里,就在爬到地中间时,听到左侧几米远的地方,有唰啦唰啦的响声。我当时也害怕,难道是敌人跟上来了,就在这时,听到白连长在小声地喊我:"小李子,小李子,我受伤了……"原来是白福厚在那里,我赶紧爬到他的身边,他伤在了左腿的小腿肚子上,血水顺着腿肚子流到了脚脖,我赶忙在白衬衣上撕下了一条布,给他做了包扎。原来白连长看我返回去拿背兜他不放心也跟了过来。看到白连长受伤我心里十分难过,要不是我犯错误,白连长咋能负伤啊。

我俩顺着地垄沟爬到了地头,敌人扫了一梭子子弹没有发现什么,就不往这边打枪了,我俩钻着树空又上了山。

队伍已经抢占了山头的高地,开始阻击敌人了。我和白连长绕开攻山的敌人,爬上山顶和战友们会合了。这时张政委指挥战斗,他留下一半的战士继续阻击敌人,另一半的人向西南侧第二个山头撤退,等一部分战士抢占那个山头以后,再掩护第一个山头的队伍向第二个山头转移。敌人摸不清我们究竟有多少人马也不敢贸然强攻。估计这是一小伙儿巡山的支队,发现了我们的行踪,尾追过来了。

第二个山头,地势很陡,队伍抢占了三个制高点。我们都不出声,静静地等着敌人上来。追击的敌人过来了,我们都能听到日本鬼子一边爬山,一边嗷嗷的叫声。就在敌人爬到离我们不远的地方,我军的两挺机关枪"咔咔、咔咔"地响了起来,冲上来的敌人被打了下去,从敌人的嚎叫声中判断他们好像死了人,敌人退下去了。这时,于德发顺着山洪冲击形成的一条水沟,像只猴子似的蹦了下去,下去后,果然看到一个日本军官被打死在那里。那个军官手里拿着一支王八撸子,于德发拿过了王八撸子三窜两窜地又跑上了山头。上来后，同志们都抢着看枪，他大大咧咧地说："小李子，这把王八撸子给你吧，俺们男人不用这东西，名儿不好听。"我说："我也不要，什么王八撸子，我也嫌名儿不好听，再说我也不会用。"同志们听了都哈哈大笑。

趁着敌人退下去的功夫，我们又开始转移了。翻过了第三个山头，山下有几处被烧毁的房屋，只剩下些残破的土墙，土墙四周都是荒地。据说，这里后来就叫火烧屯。我正走着，听到战士葛海清在喊我："小李子，小李子，你快过来，这儿有黄瓜。"连续奔袭、爬山、作战，我们的嗓子眼早就冒火了，听说有黄瓜，我离开了队伍，不顾一切跑了过去：

"黄瓜在哪儿？黄瓜在哪儿？"

"地里头呢，你快去找吧。"

估计这里的人家已经被日本鬼子"归屯并户"了，种下的黄瓜也没来得及收，地也没人侍弄，蒿草和稗草一人高，和黄瓜秧杂在一起，好多黄皮的老黄瓜挂在秧上。我把大枪背在了后面，赶紧手忙脚乱地去摘，摘了没地方放，背包满满的，就夹在胳肢窝里，摘了这个丢了那个，真像黑瞎子掰苞米。

黄瓜还没来得及吃，忽然，葛海清在那边高喊："小李子，救命啊，我掉到井里去了。"啊！掉井啦？顺着喊声我找到了一面断墙，断墙前面都是蒿草，有一口用木板围起来的四方水井隐藏在其中。葛海清这时用两只胳膊撑着井沿，自己上不来。葛海清这名战士，眼睛不太好使，可能是近视。看到他掉了井，我忙用两只手去拉。可是他那么个大个子，我怎么拉得动，不仅他拉不上来，自己都险些被拽进去。我用两只脚死命地抵住井帮，高喊着："救命啊，不好啦，快来人啊，葛海清掉井啦……"

听到喊声，行军中的曹玉魁队长和夏洪年班长跑了过来，七手八脚地把葛海清拽了上来。上来后，我们发现井水已经没过了他的膝盖。曹队长气得直训我们："谁让你们上这里来了，看看多危险，掉下去就没命了，赶紧转移，敌人还在后面呢。"

我们撵上了队伍，一直往西走，一边走一边可惜那些没吃到嘴的黄瓜。

不久队伍来到了一个小村庄。小村庄背靠着高山,所以叫靠山屯。靠山吃山,这里的百姓盖的房子和家中的用品多是用木头制成。

屯里的乡亲们听说抗联部队来了,都到村口夹道欢迎。走到这里,战士们都渴得不行了,老乡们拎出了木制的大水桶,盛满了清水。战士们用木头做的大水舀子咕咚、咕咚喝了个够。靠山屯的木水桶是用窄木版竖着拼成的,外面围着三道铁箍,水瓢是整块的木头做成的。

喝完了水,张政委讲了话,他感谢乡亲们对我们的欢迎,又讲了一些抗日救国的大道理。

这次战斗,张连长和白福厚负了伤。张连长伤在了右胳膊,白福厚伤在了小腿。老乡们回家取来了白布,我们给他俩进行了包扎。

部队不敢在村子里久留,也许敌人就在附近,包扎完伤员又向靠山屯南面前进了。

庞老道庙

我们要去的地方叫庞老道庙。

庞老道庙坐落在一座山的东南坡,一条小路通到半山腰的庙门前。山上长满了柞树和榆树,山下有一条清清亮亮的小河,庙不大,能住七八个人,看庙的是一位姓张的道士,他后来参加了抗联部队。

六军一师政治部主任徐光海、四师政治部主任吴玉光、十一军师长李景荫等人都带着队伍在这里等着张寿篯政委。当时他们都在双鸭山、宝清、富锦一带活动。张政委要在庞老道庙召开干部会议,讨论第三批西征队伍安排和一部分人继续留在这一地区坚持战斗等各项战略部署问题。

我们到达这里时天已傍黑,糊里糊涂地吃口饭,部队就宿营了。我们几个女兵早就累瘫了,钻进庞老道庙前的一个草窝棚里,倒头就睡。

睡了一夜的安稳觉,第二天,天刚放亮我和金碧荣就跑到小河边去洗脸、洗衣服上的泥。我一边洗东西一边给金碧荣讲昨天我们去摘黄瓜,葛海清掉井里的事,我说:"昨天要是有这水,哪能小葛去摘黄瓜掉井里呢。"

小金子是个快乐单纯的姑娘,特别爱笑,她一边听我讲一边咯咯地笑个不停。听到笑声张玉春也跑了过来:"啥事那么高兴啊,说给我听听。"我俩又把昨天的事讲给了张玉春,张玉春也笑个不停,我们三个笑得肚子都疼,笑声伴着哗哗的流水,在清朗的晨光里飘散……

匆匆吃过早饭,教导队要开战斗总结会,会上每个人都必须发言,说出自己的成绩和缺点。

我们坐在了一处朝阳的山坡上,白福厚连长和裴大姐主持会议,张政委在山坡上走来走去,听着大家发言。白连长说这次战斗我们打得不错,大家都很勇敢,敌人那边死了人,我们这边虽然有两个人负了伤,但没有牺牲的。可是缺点和错误也不少,你们都自己说说吧。

于德发同志先发言了,他说:"我觉得自己不赖,缴了一支王八撸子,缺点是我不该点火。"

白连长说:"嗯,不错,优点、缺点都说了,还有谁说?"

我一想,我也犯错误啦,就赶紧举手发言。

"报告,我也犯了错误,我丢了背包,害得白连长受了伤……"说着,我的眼泪流了下来,一想到白连长负伤,我的心里就难过。

这时候,张政委过来插话说:"嗯,能认识到就好。不过,小李子还挺勇敢,知道回去找。我听说还有人犯错误,是谁掉井啦?"

战士葛海清不好意思了:"报告政委,是我掉井里了。"

"为啥掉井里啦?"张政委问。

"因为,因为去摘黄瓜去了……"

"还有谁去摘黄瓜了?"

我刚想举手,葛海清按住我的手,没让我举。"报告!黄瓜我们摘了,不过没吃着。"

"哗——"的一下,大家全都笑了。

会上,同志们都发了言,说了这次战斗的感受。张政委最后做了总结,他又强调了战斗中的纪律性,这次所发生的事情,以后都要注意。

各部队的领导们在这里开了五六天的会,我们负责站岗放哨。会议中间六军一师、四师的部队攻打了新城镇,战斗取得了胜利,弄来一些给养。

中秋节到了,那天部队吃的是玉米饼,战士们都高兴地说:"咱就拿玉米饼当月饼啦。"

这次会议圆满结束了,教导队的人员都做了调整:白福厚被任命为六军一师三团团长,大个子张连长去六军四师吴玉光部队任团长,获分队长去四师任连长,徐镐头任命为副官。

一部分队伍开始了西征,六军一师一团、三团和六军四师政治部主任吴玉光的部队留在了三江地区开展游击战。

分手的时候,张寿篯政委对张团长和白福厚团长指示说:"一定要把这支队伍带好,我相信你们。"白福厚团长和张团长立正答道:"是,请首长放心,我们一定把队伍带好。"

张政委和我们分手了,他带队去了江北,然后去伊春的老白山密营。我们四个女兵留在六军一师做宣传工作和前线救护,为了赶制入冬的棉服,由裴大姐带队我们将去六军一师密营报到。

锅盔山被服厂

锅盔山六军一师被服厂当年在宝清境内,我们当天就赶到了那里。随我们一起去的还有庞老道庙里的一位道士。道士姓张，五十多岁的年龄，留着黑黑的长胡子。他很爱惜自己的胡子，每天都捋得顺顺的，也许是部队在庙里开会，他接受了爱国主义的熏陶，就要求去抗日。部队领导批准了他的要求，考虑到他的年龄偏大，组织上安排他随我们去后方被服厂，做后勤工作。我们几个人也不懂什么道士、和尚的，只当他是出家人，就都叫他"张佛爷"。

被服厂的人员都住在一个山坡的地窨子里，里面能住二十多人。地窨子旁边还有一个小房子，房子里有火炉子和天窗，那是我们的工作间。当时有一台大缝纫机和一台"一五"式小缝纫机，大的做棉服和上袖子，小的做一般活。没有活计的时候，缝纫机都埋起来，以防突然转移机器被敌人破坏。

我们去时，一师被服厂的女战士有：

被服厂厂长朴英善（朝鲜族），她三十多岁，大大的眼睛很有神，是一位洒脱、直爽、干练的女同志。她是第一批上山参加汤原游击队的老战士，后被派到集贤县做妇女工作，一九三七年调入六军一师被服厂任厂长。

女战士金凤淑（朝鲜族），二十四岁，她是五军某位领导的妻子，当时已怀孕。

女战士沈英信（朝鲜族），十九岁，原七军战士，是一师二团金主任的爱人。人长得挺漂亮，还爱说、爱唱、爱跳，她会跳一种从苏联传过来的集体舞。

从四师过来的人员有裴成春指导员，女战士金碧荣、张玉春和我。

这里的男同志有：

后勤处魏处长，他负责部队的物资和给养，在地方时曾和我的父亲一起工作过。

指导员杜景堂同志，他在这里养伤，伤好后，暂时留在后勤处。

裁缝李师傅，三十多岁，个子不高，性格开朗手艺好。

战士老王，参军前是当地猎民，因熟悉道路，负责跑交通和给养。

战士老李,参军前也是猎民,负责农垦,离被服厂十多里地有他开垦的荒地。

战士刘宝树、战士小王负责保安。

一师被服厂原有十人,加上我们后来的共计十五人。

到了这里,时间已经进入了农历九月,全体人员投入到了紧张的棉服制作工作中。所做的棉服有棉衣、棉裤、棉帽子、棉袜子、棉手闷子等。

在紧张的工作中,有时沈英信同志带我们出来活动活动手脚。她教我们跳集体舞,这种舞蹈挺好看,也不难跳。跳舞时一男一女为一对,有时手拉着手,有时排成队向前走。

农历九月中旬的一天,战士老王和老李问我们:"大家想不想吃梨呀?"

"吃梨,咋不想啊?连棵梨树都没有,上哪去吃啊?"

老王笑嘻嘻地回答:"想吃咱就有地方,先问问裴大姐批准不?咱这离梨树沟不远,当天去当天能回,那梨嘎嘎甜,保你们吃个够。"

同志们都想去,就眼巴巴地望着裴大姐。裴大姐想了想说:"那就放一天假,反正布料也不多了,回来一突击就做完了。"

一听裴大姐批准了,我和小金子乐得直蹦高。

第二天,起个大早我们出发了。九月中旬的天气虽然下了霜,但有的树上还挂着红的黄的绿的树叶,秋日的暖阳照在林间十分的艳丽。同志们像出了笼子的小鸟,一路上有说有笑,又唱又跳。

傍中午时分,我们来到了一个两山夹一沟的地方。那条沟弯弯曲曲,一条小河顺坡流向远方,河两岸山坡上长满了梨树。

在这里我们看到了从来也没有看到过的景象。梨树的叶子还没掉光,但在每棵树下非常整齐地排满了黑色的山梨,围着树一个圆圈套一个圆圈,十分有趣。

那梨像鸡蛋般大小,圆圆的、黑黑的。我们拣起了山梨都不敢吃,这么黑的梨能吃吗?

战士小王说了："这梨咋像驴粪蛋儿？"

老王和老李忙招呼我们："你们大家别看样，快吃啊，可甜啦！"

我们听了他俩的话，摸起梨吃了起来。

"哎呀，怎么有这么好吃的梨啊！太甜了。"大家都顾不得说话了，忙着往自己的嘴里塞梨。

吃啊，吃啊，终于吃够了，肚子再也装不下了。大家开始往背兜里装，真想把这沟里的梨都装回去，可那么多的梨，咋能装得了。

来的人，每人都装了满满一背兜，背在了后背上，我们开始往回返了。

可了不得了，背兜里的梨，在我们的后背上，走路时一颠一挤，都破了皮，梨汁润湿了我们的衣服，每个人的后背都黏黏糊糊的，梨汁还顺着背兜滴滴答答地直往下流。

原来树上的梨都被霜打了，一冻一化，都变得黑黑的、软软的了。

老王没领我们走来时的路，他领我们走到了一个山脊上。老王问我们："你们知道脚下是什么地方吗？你们信不信，咱们的脚下是一栋大房子。"

"啊？大房子，那快领我们下去看看。"

下了山脊我们一看，哎呀，真是一座大房子啊。这座房子依山而建，建得真是太巧妙了。

原来，这座山顶有一片断层，断层处直直的由一片一片的石片摞成，后来听说，这种岩石叫页岩。五军的战士依靠断层就势铺上了原木、树皮和树枝，前面立起了房框和门窗。这座房子走在上面一点都看不出来，到了前面才能看清。房子里隔出了好多房间，房前有石头垒的大锅灶，一口特大号的铁锅坐在上面，山下不远处还有一块平地，听说是个大操场。对面的山坡地上有开垦的荒地，地里还有几个倭瓜和西葫芦。

这里曾经是五军的教导队，相当于军政学校，校长是周保中，教育长是季青。学员是二路军的指战员，二路军包括五军、四军、七军、八军、十军。从这里曾经培训出了一大批优秀的军政人员，奔赴抗日最前线。

看过了房子以后,我们跑到了地里,把倭瓜和西葫芦摘了过来,用大铁锅糊熟,吃了一顿热乎饭。

晚上七八点钟的时候,我们回到了被服厂。大家把背兜里的梨都倒在了大锅里,梨已经没有囫囵个的了,我们架起了大火,把梨都熬成了梨膏。梨膏那个甜啊,大家都舍不得吃,每天吃一点点,吃了好多天。

又有一天,老王从山外背回了一面袋子粗白面,这是他从窦家围子的老乡手里买来的。当时日本鬼子规定,老百姓都不许吃大米、白面,谁要是吃了就是经济犯,轻的抓去做劳工,重的处以死刑。那个老乡说了:"这是我偷着磨的白面,给抗联吃吧,吃了好去打鬼子!"

看到了白面,大家都欢喜得不行了,上次吃白面,是在格节河时,吴玉光主任打金矿,给我们送来了一袋子白面。那面黑黑的都捂巴了,裴大姐领着我们做了一锅面片,可是那面根本揪不成片,下了锅都成疙瘩汤了,每人分了一碗。当时张政委还开玩笑说:"你们这是面片吗?我怎么看一个个都像死耗子呢?"

大伙开始商量了,白面咱们咋吃啊?有的说包饺子吧,从打进山就没吃过饺子。可包饺子没有菜啊,这个季节连野菜都没地方采了。最后研究决定蒸馒头,可蒸馒头也不行,上哪儿去弄面碱呢?这时,战士老李说了:"我有办法,把杨树烧成灰,再熬成水就能当碱使。"真的能行?同志们半信半疑,那就试试吧。

说干就干,一部分人去砍杨树烧灰,一部分人去剥树皮当面板。裴大姐和面,和好的面放到太阳底下去晒,面发了起来,树灰也烧好了。老李指挥我们,底下先铺上一层布,布上铺上草,草上放上树灰,树灰上再铺上草和布,然后底下放个盆,用开水往下浇,其实这是在过滤树灰。过滤下来的树灰水还要熬制,最后熬成了像黄醋一样的颜色就能用了。

别说,这用树灰当碱蒸出来的馒头还真是好吃,暄暄的香气四溢。

天气越来越凉,粮食眼看又快要断流了,战士老李带我们去十里地以外去背粮。老李在部队负责农垦,他自己开荒种了不少苞米,苞米收回后,就放在架起来的粮仓里。

第一次背粮我跟着去了,回来的路上,因为鞋破了,脚被树枝扎伤。扎伤的脚后来感染了,每天走路都一蹦一跳的。第二次背粮,裴大姐没让我去,金凤淑同志有孕在身也留在了家里。

同志们走了以后,我掏出了课本开始学习。过了一会儿就看到金凤淑同志一趟趟地出去小便。我问她:"你怎么啦?"她说:"不舒服,总想去尿。"我以为她着凉了,就说:"你烤烤火吧,兴许能好点。"她答应了。

又过了一会儿,她哎哟哎哟地哼哼了起来。我问她:"你咋啦?"她说肚子疼,我说那你上炕趴一会儿吧。

她真的上炕躺着了,过了一会儿说:"不太疼了。"我知道她怀孕,可不像别的孕妇有那么大的肚子,只是肚子上鼓起了一个小包。

过了没多久,她又开始哎哟了,折腾了一会儿,如此反复了好多次。

到了下午,她开始挺不住了,哎哟声也大了起来,汗水湿透了头发。看到她这个样子我毛了,这是咋的了:"金姐,金姐,你咋了,喝点热水好不?"

"小李子,我好像要生孩子了。"

啊!要生孩子,我更懵了,这可咋办啊?"我把裤子给你解开吧。"

小时候,每当邻居家的姐姐、大嫂要生孩子,我就跑回去问妈妈:"妈妈,小孩是从哪里出来的啊?"

妈妈告诉我:"小孩是从妈妈的肚脐眼出来的。"

对于妈妈的话,我深信不疑,因为我的妈妈从来不说谎。

我解开了金凤淑的裤腰带,露出了肚脐眼,找了块毛巾给她盖上,在旁边等着小孩出来。

金凤淑折腾得更厉害了,豆大的汗珠从脸上滚了下来,两只手死死地攥住我的手,把我的手攥得生疼。

嗨,这生孩子咋这么费劲儿啊?那么小的肚脐眼能钻出来个小孩吗?

金凤淑的喊叫声更厉害了："小李子,小李子,我不行了,你快给我脱裤子……"

脱裤子?"脱裤子干嘛呀?"

"咳,小李子,你怎么啥都不懂啊?你快给我脱吧!"

听了她的话,我赶紧给她拽裤子,裤子刚拽到腿腕,只见咕咚一下子,羊水、血水和孩子一起流了下来……

看到孩子出来了,我就更慌了,扎撒着两手,不知道做什么是好。

那个孩子太小了,红红的,皮肤绉绉的,也不会哭。金凤淑这时指挥我:"小李子,你去找把剪子,给孩子把脐带剪了。"

我赶紧拿来把剪子,可手抖擞着不敢剪。我想,往哪剪啊?那个小孩该多疼啊?

这时,背粮食的老王先到家了,听说屋里生了孩子,就没进屋。他在屋外也喊我,快给孩子剪脐带。狠了狠心,我一剪子下去剪断了脐带,这时才看清是个小男孩。我找块布把孩子包了起来,外面裹上大棉袄,孩子这时才哭出了声,不过声音小小的,像猫叫。

背粮食的人员都回来了,看到金凤淑生了孩子,厂长和指导员都十分后悔。

"咳,那么小的肚子,哪知道你会生孩子啊,要是知道说啥也不能把小李子留家啊。"

大家赶紧熬大楂子米汤喂孩子。山里除了大楂子,什么粮食都没有了。金凤淑同志一点奶都下不来,那个孩子也只活了三天就死去了。金凤淑把孩子紧紧地抱在怀里,泣不成声,说啥都不撒手。同志们看着也心疼,都落下了眼泪。

我们在山包的一棵树下,挖了个坑,埋了那个孩子,可怜的孩子连名字还没有起。

战友的血染红了雪山

由于敌人开始了冬季"大讨伐"，徐光海主任带领我们进行转移。

一九三八年十一月(农历十月二十三)一个风雪交加的黄昏，我们随徐光海主任来到田家窑，这里有一排烧炭的空窑洞，队伍将在这里宿营。

北风吹得树木摇晃，树枝互相撞击着，噼噼啪啪地响。徐主任看看天色已晚就对大家说："同志们，今年我们的战斗任务，比往年更艰巨，敌人实行'篦梳'政策，大批日本军集中向我们进攻，我们人数不多，党把坚守下江游击区的任务交给我们，我们一定要完成这个任务，明天不知道会有什么样的困难和危险等着我们，同志们早点休息吧。"

我们分成了两伙钻进了炭窑，铺上一些枯树枝，互相挤着取暖，不一会儿就睡着了。

第二天，天刚放亮，裴大姐就喊醒了我们。同志们坐起来一看，哈哈，怎么都变成灶王爷啦？原来炭窑里到处都是炭灰，弄得大家浑身上下黑乎乎的。

同志们黑着个脸，露出一口白牙，你看着我，我指着你，笑个不停。裴大姐喊着："同志们快用雪擦擦脸，吃点东西准备出发。"我们抓起一把雪就往脸上擦。这炭灰真是厉害，咋也擦不干净，没办法，只好烧了一锅热水，裴大姐掏出了一小块肥皂，好不容易把脸洗干净了。二十来人的小部队，开始出发了。

我们踏着没膝的积雪，穿过密密的丛林，爬过一个又一个的山峰，跨过一个又宽又长的沟塘子，向光秃秃的雪峰走去。

狂风呼啸着，飞雪打得人抬不起头来。正午时分，我们登上了山峰。徐主任站在雪地上我们新踩出的小道旁，向后看有没有掉队的同志，嘴里催促着:"快跟上队!"裴大姐在中间,注视前边尖兵小马和稍落后的刘排长。

队伍离山最高处还有一百米,小马已经爬上了山头。他忽然发现山那边敌人的一个大个子尖兵也上来了。小马猛扑过去,但他个子太小,被那个敌兵压在了下面。当敌兵拔刀要向小马猛刺的时候,刘排长已经赶到,"砰"的一枪,敌人的脑袋就开了花。刘排长向自己的队伍挥了挥手,表示发现敌人。徐主任、裴大姐知道敌人从北山上来了,立刻命令大家飞速抢占山头。小马卧下来,以敌人的尸体为掩护体,向冲上来的敌人不停地射击,第一枪就把挥舞指挥刀的敌人撂倒了。我连滚带爬地上去和小马卧在一起,向敌人射击。其他战士也都爬上山头就地卧倒,向敌人开了火。

三百多名敌人企图抢占山头,他们嗷嗷叫着,像一群野兽似的向上爬来。

徐主任观察了一下地形,西面是数丈深渊,悬崖绝壁;南面是刚才我们过来的又宽又长的没有树木的雪沟子;东山较近,而且有树木可以隐蔽。在这种情况下抢占东山,是最迫切的了。他爬到裴大姐身边说:"我领十个人,从东山迂回到北山袭击敌人,你们在这先顶着,等听到北山枪响,就撤向东山!"裴大姐连忙回答"是!"眼睛仍然望着敌方。

"跟我来抢东山!"徐主任向右翼的十多名同志说。

十多名同志立刻提着枪,向东山飞奔而去。

敌人以越来越密集的火力掩护冲锋,迫击炮弹在裴大姐和我们身后爆炸,白雪和土块一起飞起,落在我们的身上,我们的身体被埋没了,但又爬了出来。这时,东山的枪声响了,而且可以听得出是对打的。这表明敌人也去抢东山了,裴大姐已经明白战势是很紧张的,她要大家节省子弹。

敌人继续冲上来,离我们只有一百多米远了,我们对敌人的射击也更猛烈。小马从腰间摸出一颗手榴弹来,挺起腰杆,狠狠地说:"你们来吧,叫你们尝尝这玩意儿!"他使劲扔了出去,又连着扔了两个,十几个敌人一起送了命,机枪也哑了。不幸的是,就在小马扔出第三颗手榴弹的一刹那,一颗子弹从他的腹部穿过，他手捧着肚子，殷红的鲜血顺着手指淌了下来。我赶紧爬过去："小马！小马！"小马被鲜血染红的手，搭在我的肩上，他用力睁开了眼，嘴角带着微笑，用耳语般低沉的声音说："干——下——去——吧，小——李——子……"小马永远闭上了眼睛。我一阵撕心裂肺般的疼痛，泪珠滚落到小马苍白的脸上。

就在敌人机枪哑了的同时，刘排长立刻滚下去夺取机枪，待裴大姐想劝阻时，他已经爬过去了。大家就以更加紧张的心情注视着刘排长的每个动作，集中火力掩护着他。

枪声仍旧在激烈地响着，敌人又猛攻了，叫喊声使人恶心。我轻轻放下小马，抓起小马那支沾满鲜血的马枪，向冲上来的敌人射出了仇恨的子弹。这时我看到刘排长已经爬到机枪跟前了，他刚伸手去抓机枪时，敌人又扣上一排枪，子弹像雨点似的落在他身边。刘排长趴在那，可能是负伤了。过了片刻，他重新抬起头，抓起了机枪，但又一排机枪子弹落在他身上，他又趴下了。我们集中火力掩护刘排长，等待着他再爬起来，盼望着他能活着回来，可他再也没有抬起头来，我们的刘排长壮烈牺牲了！

裴大姐看见刘排长牺牲了，含着泪沉默了一刹那激动地喊："同志们，为牺牲的同志报仇啊！"她组织大家发射排枪又打退了敌人的几次冲锋。

东山的徐主任也被敌人包围了，他们打得更为激烈。这时，我听到金碧荣向裴大姐报告说："子弹打光了。"但裴大姐仍注视冲上来的敌人，向同志们高喊："开枪！"我们把最后一粒子弹放出去了。但敌人更狡猾，开始向我们匍匐前进，已离我们四十来米远。裴大姐喊："手榴弹！"我们扔出了最后一颗手榴弹，刚爬上来的日本兵滚下去了。这时，敌人又从三面向我们冲来。我们的子弹已经打光了，在这种情况下坚持不退就等于甘心被擒："快退！向南山！"裴大姐脸色发白，声色俱厉地发出了转移的命令。

其实，突围的可能性已经很小了，我们顺着上山的原路向山下撤退，裴大姐还在掩护着我们，金凤淑在前面带路，快到山口了，她回身喊我："小李子,你在前面趟路。"我慌不择路地跑在前面,山下的雪太深了,直没膝盖,这只脚刚拔出来,那只脚又陷了进去。到了山口了,往左侧是东北,右侧是东南,我不知道往哪边跑,就费力地转过身喊:"往哪跑啊?"金凤淑说:"往东南。"跑着,跑着,啊!我的身后怎么没动静了?我回身喊道:"你们,你们……"就在我喊的同时,咔咔咔——敌人子弹射了过来,我就势倒在了地上。好在山下长满了一人高的榛树林,眼看敌人就要冲到跟前了,我顺着榛树林往里爬,一棵倒木出现在我的眼前,这棵树树根都露了出来,风雪在这里打着旋涡,形成了一个雪坑,我不假思索就跳进了坑里,马上就被雪埋上了。

没过几分钟,我在雪坑里听到裴大姐高呼:"打倒日本帝国主义!中国共产党万岁!……"最后一声被机枪声淹没了。敌人的骑兵从我的身旁飞奔而过,我觉得马蹄好似踩到我的头上。我想起自己还带有刺刀,万一被敌人发现了,就和他们死拼一场。

"快快地!快快地!"这是敌人的督促声,接着响起了同志们激昂的歌声:

"高高举起呀!血红的旗帜!"啪!啪!这是用马鞭子打人的声音,但歌声还在继续:"宁战死,不愿国亡!!……"

我又听到:"同志们!勇敢地战斗下去吧……"裴大姐的声音淹没在敌人的枪声里了,一定是敌人杀害了裴大姐……

"巴格呀路!"敌人的叫骂声,接着又是同志们的歌声,是金碧荣她们的声音。金碧荣、张玉春、金凤淑、沈英信等同志被俘了。

难道我能躲在这里,让自己的战友被敌人抓住受这样折磨吗?不!我应当钻出去,我还有一把刺刀,说不定还能救了她们。我要冲出去,就是死,也和自己的同志死在一起呀!但又转念,不!不能做无价值的牺牲!徐主任和裴大姐常说:"我们要保存力量,即或是保存下来一个,也还可以再起!"现在出去,要是白白被擒,那才够冤枉呢。我痛苦地忍耐着,直到四野寂静无声。

三天两夜找部队

敌人走远了,天已经黄昏。我想站起来,但觉得两条腿硬邦邦的不能弯曲,就好像不是自己的腿。我勉强从雪坑里爬出来,裤子上的雪已经冻成了一层薄薄的冰。我用手帮助腿做弯曲的动作,经过许多次活动,勉强站了起来。

漆黑的夜空,连颗星星也没有。我突然觉得世界上只剩下我一个人了,我感到孤独和恐惧。狂风像野兽怒吼,风声里似乎还夹杂着人的哭叫声,我激灵灵地打了个寒战。

我怎么办? 往哪里去? 没有星星,辨别不出方向。不能停留在这儿,我必须想一切办法找自己的队伍! 我把没有子弹的马枪背在肩上,开始往前移动,并向自己下命令:"勇敢些,小李子,快走!"刚向南走了两步,我又想,到西山、北山看看,也许有负了伤的战友需要去照顾一下。如果能找到该多好哇,我可以背着他,一同去找部队。我向沟塘子跑去,边跑边喊:"同志——"回答我的只有深山的回声。

我又往东跑去,不知被什么东西绊倒了,一屁股就坐在了绊倒的东西上。我用手摸着,怎么? 摸到的不是倒木,也不像塔头,低头一看,哎呀! 是一颗人头。一嘴黑胡子,露着白牙。我惊叫了一声,头轰的一下,心似乎突然停止了跳动。我的腿像不能控制的机器,只是飞奔,总觉得那个死人在追赶我。我翻过了一座大山,跑到个小山顶上,突然,又被什么绊倒了,原来这才是一棵倒木,我实在是没有力气再跑了。

我累得浑身都是汗,腿也软了,就趴到倒木上休息了一会儿,口干得厉害,就顺手抓了一把雪送进嘴里。心才稍稍镇定了一点,哎,刚才是怎么啦? 看见一个死了的敌人就吓成这样子,还像个游击队员吗? 我又想起了裴大姐,悲痛地哭了起来。

　　由于饥饿和一天紧张的战斗,疲劳达到了极点。我多么想睡一会儿啊!不到几分钟就迷迷糊糊地睡着了。

　　忽然,我听到了一种怪叫声又冷丁地猛醒了过来。啊!是一群狼,在不远的地方嗥叫。它们好像在争夺什么东西,我立即爬了起来。糟了!身边没带火,不能点火堆,枪里又没子弹,怎么办?难道能让狼把我活活吃掉吗?这样,就再也见不到同志们了!……不!我不能成为狼的肉食,我要活,我刚刚迈入新的生活……是的,我要活下去,我还要消灭更多的敌人,为同志们报仇呢!我想起了李升爷爷教给我的办法,如果听到狼群叫唤声就敲树干,于是,我一边跑一边用树枝敲打着树干,企图吓跑狼群。慌忙中,我一头撞在了一棵树上,额头被树枝戳了一个洞,鲜血立刻糊住了眼睛。我不时被倒木绊倒,额头不停地在流血,鲜血滴在白雪上,但这一切我都忍受着,继续往前跑,爬过了一道道的山和一道道的沟。

　　终于听不见狼的叫声了,我停下来,长长地吁了一口气,又将几团白雪塞进嘴去,觉得心神安静了点。被碰破了的额头火辣辣地疼,头也觉得有千斤重抬不起来。我斜倚着树干呆望着天空。天渐渐放晴了,星星也露了出来,闪着寒光。午夜的狂风刺骨,把雪沙吹得漫天飞。我不知不觉地坐在了雪地上,不知是晕过去了呢,还是睡着了。

　　待我醒过来时,全身冻得直发抖,身体虚弱无力,两排牙咯咯地直打战。帆布黄胶鞋和里边的乌拉草全湿透了,脚冻得又麻又疼。我突然意识到脚如果冻坏了,那就一切都完了。这时,耳边又响起了李升爷爷的话:“不管什么样的千里马,如果没有蹄子,都是没有用的。”

　　今年不像往年在深山里能设密营,负伤的、冻脚的,都可以随时送到密营治疗几天。今年的斗争太严酷了,敌人不断地“扫荡”,后方医院无法安置在一个固定的地方,伤员们也只能和战士们一样行军、打仗,好多战士都因冻饿而死。

QINLI DONGBEI KANGZHAN 亲历东北抗战

我要想尽一切办法保全两只脚。我开始脱鞋，但脱不下来。难道脚已经冻住了吗？还是因为自己身体虚弱无力呢？我又用全身之力脱了几次，最后好歹脱掉了。我学着李爷爷的办法用雪往脚上的冻处摩擦，约有一个小时，疼痛更剧烈了，好像许多根针同时刺来似的。哦！明白了，这是好转的征候，脚有知觉了。可是手和全身都冻得难以忍受。咬紧牙，继续用皮帽子上的绒布搓擦，然后将脚装进皮帽子里。如果现在妈妈或者裴大姐在我的身边，我一定会痛痛快快地大哭一场，可是现在哭又能怎么样呢？不要哭，坚强些吧！我虽然以极大的毅力控制着自己，泪水还是不由自主地滚了下来。

问题又来了，脚搓完了，没有靰鞡草和干脚布怎么办？我打开背兜，找出两块布，想起来了这是今年五月间，在小兴安岭格节河畔，正与敌人战斗时裴大姐送我救急的，现在也不得不拿出来挽救脚了。由于坐的时间久了，好不容易才直起腰站了起来，拄着一根树枝一拐一拐地向前走去。

星星还在闪烁，但东方已经放亮了。青松逐渐从黑暗中出现，森林苏醒了。可以听到破晓前林子中的一切声音，轻轻的松鼠叫声，啄木鸟的啄木声。我觉得像在黑暗里跑了好几年，现在被亮光解放了出来。我以为天亮了一切都好办了，远远传来的狼嚎声，也不像昨夜那样可怕了。

我爬上一个高高的山峰眺望，但山和树木遮住了视线，什么也看不见。顿时，我又忧虑起来了，我不知道到了什么地方。

太阳已经很高了，我又开始没有目的地爬山了。在山坡上，有的地方还露出秋天的落叶，有的地方还有枯草。觉得很久很久没见过这些了，我坐下来想暖和暖和，顺手去抓雪吃。天啊，枯草里竟然有一只死老鼠，它伸着四条小细腿，尖尖的小牙，躺在枯草里。我被这只死鼠吸引住了，呆呆地望着它想，毛里裹着的也是肉啊，这块小肉也能充饥呀！李爷爷带我们上山时，不是还烧过花鼠子吃吗？想到这里，我就几次想伸手把它捡起来，但一看它那露出的小黄牙，手又缩了回来，犹豫了半天，结果还是捡了。可一触手心还是觉得麻痒人,连忙又扔了它。我站起来走了几步,又想,在这大雪封山的时候,能遇到这么一块肉是一件不容易的事。饥饿的痛苦,逼着我回过头来,把死鼠用两片枯黄的叶子包起来,揣在兜里边走边想,要是有火把它烧熟了吃就好了。

我在山坡上遇见一些小榆树,就把榆树枝折下来向嘴里填,把嚼出来的发黏的汁液咽下去。一边吃一边将树枝折断装进兜里拿它们作为一天的给养。此时多想喝一口热乎乎的小米粥啊,回想起前天的夜晚与同志们围着熊熊的火堆,那时有避风的炭窑洞,有亲切、善良的徐主任和裴大姐,有顽皮的小马,还有永远也说不完话的金碧荣。可是现在只剩下我一个人了,裴大姐牺牲了,其他的同志你们都在哪里啊?我的泪水又滚了下来,泪珠落到雪上,结成了冰珠。

又到了一座荒山上,山上有不少的树根,大部分是放倒了的柞树和桦树。乌鸦在树上呱呱叫,一看就明白了,这里有人曾经开过炭窑,我高兴地加快了脚步往前走。走到山顶上,紧紧地依着树看去,西山比这山高,树木也密,山下是一条从西往东方向的窄窄的沟子。突然,发现了沟子下面有烟还有个小房子,并且有人来往。这时天气又开始阴沉下来,看不清前面的景物了。我对这突然的发现不知所措,这是我们的队伍吧?万一是敌人怎么办呢?不!这不会是敌人!我又看见西山有个人站岗,他没看见我。我从山后坡绕了过去,再从沟塘穿过小树趟,找个隐蔽的地方向小房子摸去。我想这可能是第五军周军长的队伍,不然就是我们六军一师。因为据我所知,在这一带只留下五军和六军一师,四军和十一军也有部分人员。

走到离房子二百多米的地方,我发现了有穿铁钉皮鞋的脚印,心里顿时一惊,我们的人没有穿这种鞋的。不!不一定,说不定是缴获敌人的鞋,部队里也有少数的同志穿过敌人的鞋。我继续往前爬,又发现有好多人大便过的地方,还有软软的白手纸。啊!我断定是敌人了。我正想着怎么跑,有个穿黄军衣、戴黑口罩的人往前走来,可能是来解手的,嘴里还唱着:"啊尼诺,左拉古呀,奥卡桑……"忽然他问:"搭来噶?"(日语谁?)

糟啦!怎么办?我灵机一动,不管怎样我先吓他一下,要不然就处于被动,暴露了底细就不好办了。于是我端起空枪喊:"别动!"

"红胡子!"

这个敌人边喊边打起枪来,不一会儿小房子里的敌人都出来了,向我这边射击。这时,恰巧下起了鹅毛般的大雪,我使出全力跑着,敌人在后面紧追。但这沟塘子树挡得很密,敌人不易发现。我跑过了两座山,敌人的枪声听不见了。

经过这一次,我更加软弱无力了,觉得胸部堵得难受,接着咳嗽了两声,吐了一大口血,眼前一阵发黑,瘫软地躺在了树下。

不知过了多久,我睁开眼睛。想到我真的要完了吗?我刚刚上游击队才两年,也没做出什么工作成绩,就这样死去,太遗憾了。我应当更多地打死敌人,为死者报仇!我不能只为我自己活着,我还要为牺牲的同志们活着,他们没做完的事情,我还要接着做下去啊。

太阳已经斜西了,我手扶着枪坐了起来。如果今晚没火,就是野兽不把我吃掉,也要冻死的。我是革命军人,又是共青团员,我没有权利等死。对!不能等死,我得走,一定要在天黑前找到队伍。

走啊,走啊,我拄着一根树枝,艰难地迈着步,走一会停下来喘一会气。我走到了一个山坡上的小沟里,发现在一棵青松下有一个泉眼,冒着白雾,潺潺地流着。啊!泉水,救命的水啊!我跪在泉边的岩石上,打碎泉水周围的薄薄的冰层,喝起水来。水是那样的清甜,喝呀,喝呀,心里舒服多了。我的眼光落在泉边的小石子上,忽然想起小时候爸爸给我讲过的故事,他说石头能够打出火来。是啊,我怎么早想不到这个办法呢?我拣起了两个石子,从棉裤上被刮破的地方揪点棉花,用两个石子敲打了起来。石头蹦起了火星,可就是点不着棉花。打了好久,手都没劲了,还是没点燃。

爸爸!爸爸你在哪里呀!快来救救你的女儿啊!自从上了山就再也没

见过爸爸了。我手捧着小石头，又哭了起来。忽然看到泉水里映出了我的面影。

瘦小的一张脸上有被划破的伤痕和血迹，下巴也有因吐血而残留着的血痕，脸上泪痕斑斑，充满了忧愁和绝望。这是我吗？多可怕啊！忽然我发现了肩上的血，这是哪来的血？这是小马的血啊！小马，多么好的同志，他牺牲了，我还活着。对！我还活着，为小马，为裴大姐，为所有牺牲的同志活着，我要报仇！

我又站了起来，往山坡上走，在阳坡上看见了枯黄了的细软的羊胡子草，草上面盖着一层雪。我想，这细草也可以当作靰鞡草用呀，便坐下来拔草，换下胶鞋内湿透了的包脚布。

就在我把包脚布放进背兜里的时候，意外的惊喜出现了——我竟然在背兜里发现了半盒火柴，一定是裴大姐给我放进去的。有了火柴就有了希望，我第一个想头就是赶紧把那只死老鼠烤熟吃了。我弄了一些小树枝和一些枯草，颤抖着手，划了两根火柴点起了一个小火堆。我把那只死老鼠用柞树叶包起来，放在火上烤得黑乎乎的，闻着烧焦的糊香味，我已经迫不及待了。不一会儿功夫一只死老鼠就进了肚，连肠子都被我吃掉了。

天已渐渐变晴，太阳横在西山上，它的光芒越来越微弱了。只是在松树梢头，还留着落日的寒光。林中灰暗的暮色浓了起来，几只蓝色的山雀，就是我们叫作"蓝大胆儿"的鸟，跳跃在树梢头上，叽叽喳喳地私语，似乎它们在商量着："天黑了，进窝去吧。"

忽然从什么地方飞来几只喜鹊，在白桦树上啼叫。它们在这老林子里，没见过像我这样孤单的一个人吧？喜鹊，喜鹊，难道你给我送来喜讯吗？请你告诉我，游击队在什么地方？喜鹊望着我，它"喳喳喳"地叫了叫，便向北山飞去了。好吧，我跟你去，我随着喜鹊飞去的方向走去，茫茫的夜幕又把我吞没了……

我往高山爬，希望能看见队伍露营的火光，几次把挂在天边的星星当火光奔去,几次把树枝与树枝的碰击声当作有人喊我。可是回答的是山的回应声。猫头鹰在寂静的夜晚瞪大了眼睛,噼里啪啦地追逐,吓唬人。我筋疲力尽了。我对自己说:"不能躺下,不能躺下,躺下你就再也爬不起来了……"忽然望着正前方有个亮,越来越大,仔细一看,原来是月亮爬上了对面的山头。

我向山下望去,山下也有个红亮,这也是星星吗?我已经分不清天上地下了,我擦擦眼睛,以为自己的眼睛花了。我又向下看去,啊!是火光!我像看见了救星,向着火光扑去。不!几乎是在爬行,我已经不会走路了,倒木不断地挡住去路,我就从倒木上爬过去,爬啊,爬啊,离火堆只有三四百米远了,我忽然停下来想,万一又碰到敌人呢?我的心在剧烈地跳动。我必须在天亮前探明前方是什么人,我极力小心地爬,唯恐碰得树枝响,但是,身体已经不受我的支配了。爬到离火堆一百多米的时候,我听到有人走到火堆旁说:"报告狄连长,西山坡有动静,但听不大清。"

"同志们,快起队了。"有人喊,我听到"同志"两个字。一切都明白了,这肯定是自己的队伍啊,我使出最后的力气向火堆扑去,没等到火堆就不省人事了。

待我醒来时,吴玉光主任、狄连长等人正扶着我的头,喂我水喝,嘴里不住地喊"小李子!小李子!"我睁开眼睛,看到同志们紧张而又充满关爱的面孔时,只说了声"同志们……"泪水就夺眶而出,长久地说不出话来。

吴主任一边劝一边问我:"小李子,不要哭了,你快说说,徐主任和裴大姐怎么样了?"

我断断续续地把战斗经过讲给了他们,同志们垂下头都哭了。片刻后,吴玉光主任站起来向大家说:"同志们,牺牲了的同志,没有看到我们的胜利先走了,我们今后的斗争更加艰巨。"这时他的声音渐渐变得有力和激昂:"同志们,让我们把眼泪擦干,把悲痛和仇恨变成力量,把这一艰巨、光荣的任务担起来,继续去完成烈士们没有完成的革命事业,去为牺牲的同志报仇雪恨!"

少年李敏　李文越　绘

我拖着虚弱的身子,跟随着六军四师吴玉光的队伍,来到了一个后方密营。在这里我们看到了在张家窑战斗中死里逃生跑出来的警卫员小萧、战士马云峰、刘宝树、张佛爷和一师被服厂厂长朴英善。

从他们口中我们听到了徐光海主任已牺牲的悲痛消息。据警卫员小萧、马云峰和刘宝树讲,那天还没等转移到东山,他们十多个人就被敌人的马队冲散了,只有他们三个人跟在徐主任的后边。战斗中徐光海主任被密集的子弹射中,他永远地倒在了雪山上……

剩下的战士看到敌人多于我们数十倍,没敢恋战,含着眼泪望一眼徐光海的遗体,钻进了东山密林。

张佛爷被敌人的马队冲散后也钻了树林,朴英善厂长跑进了沟塘子里,塔头墩子里没人深的枯草把她盖住了。敌人撤走后,她和张佛爷两人会齐,一同来到了这个密营。

听到徐光海主任壮烈牺牲的消息,同志们更是悲痛万分,我哭得说不出话来。我从三岁就认识他,他待我像自己的亲妹妹,前几天还在一起吃饭,行军打仗,如今他却永远地离我们而去了,再也看不到他亲切的面容,听不到他喊我小李子了……

连日的奔波和悲痛,我再也挺不住了,我好像是得了急性肺炎,发起了高烧,朴英善厂长睡在我旁边,她听见我在不停地说着胡话:"徐主任——裴大姐——你们在哪？你们等等我……"

昏迷中我感到朴厂长喂我吃一种树皮熬的中药,她还用湿手巾给我降温。

不知道睡了多久,我终于醒了过来,可浑身一点劲儿都没有。

大旗杆战斗

吴玉光主任带领的这支队伍又要出发了,我们将要去富锦县和宝清县之间一个叫"大旗杆"的地方去和六军一师代理师长陈绍宾会合。

一九三八年四月,第六军第一师师长马德山在战斗中以身殉国,北满临时省委任命陈绍宾为代理师长。

队伍要出发了,可我的病还没好利索,身体非常虚弱,胸部总是在痛,咳嗽不止。临走前,吴主任不让我随队了,他让我就留在这个密营养病。

听了吴主任的话,我的眼泪在眼圈里直转,说啥也要跟着队伍走,咋也忘不了那三天两夜离开队伍的日子。如今部队就是我的家,我不能做一个离开家的孩子。

自从到了部队,我第一次不服从命令了。我和吴主任说:"就带我走吧,不要把我留在这里,我能跟上队伍。"说着,说着,眼泪不由自主地流了下来,我越哭越厉害,呜呜咽咽地说不出话来了。

这时,朴英善厂长也在帮我说话:"吴主任,就把小李子带上吧,路上我来照顾她。"

吴主任也没说同意还是不同意,打了个咳声,就出去集合部队了。我赶紧收拾东西,拄个棍子站到了队伍里。

队伍钻出了山林,眼前是一望无边的大雪原。我们坐在了林子边,要等到天黑才能穿过这片雪原,因为这里没有一点可掩藏的地方。

天黑了,看不到月亮,满天的星斗,部队开始了急行军,耳边只听到刷刷的脚步声和战士们呼呼的喘气声。我跟头把式地小跑着跟队,枪和背兜都是战友替我拿着。

这一夜,部队没有休息,走出了一百来里地。

队伍来到了一片湖泊前，眼下正是十冬腊月，西北风扫净了湖面上的积雪，光光的像一面镜子，人上去根本站不住脚。同志们上去后，咕咚、咕咚地直摔跟头。朴厂长拽着我，我俩互相拉扯着，好不容易才走出了那片湖泊。

大旗杆这个地方很像梧桐河，也是沼泽地，一片一片的疙瘩林分布在沼泽地上，如今沼泽地都变成了冰面。听说陈绍宾的营房就在这其中的一片疙瘩林子里。这时，天已放亮，我们接连找了三个疙瘩林，才找到陈绍宾部队的所在地。

到了这里，我们才发现陈绍宾师长并没有在这儿，原来他在离这里不太远的一个叫"青山老道庙"的地方养伤。接待我们的是张团长和白福厚团长，他们俩带着一百多人的队伍。

一夜急行军后战士们又饥又渴，又困又乏，坐下都起不来了。看到我们，张团长忙着张罗弄早饭。他这里也没有粮食了，原有的小米已经吃光，只剩下一些谷糠。只见几名战士换班推碾子把那些谷糠都碾成了细粉，炊事员又用大锅把细粉熬成汤。大锅咕嘟咕嘟地开了，战士们都咽着口水，米糠粥熬好后，每人分了一碗。

哎呀！这是什么粥啊，直扎嗓子眼，根本就咽不下去！张团长看到大伙难受的表情，抱歉地说："同志们实在是没办法了，大家先将就着垫巴垫巴，肚子里没食儿不行啊！"

听了张团长的话，我们都默默地把那碗米糠汤强咽了下去，尽管不顶饿，心里总算还热乎点。

就在这时，前哨忽然来报："报告！南边有汽车开过来！"

听到报告声，张团长和白福厚团长立刻下令："全体进战壕，准备战斗！"战士们听说来了敌人立刻精神了起来，马上带着武器跳进了战壕。

从战壕里望去，冰面上七八辆汽车拉开距离，并行向疙瘩林开来。大约在两千米处，敌人都从车上跳了下来。他们有七十人左右，大部分是伪军，也有日本的教导官。

我们趴在战壕里，机枪手杨凤鸣、王春和一个姓李的战士架起了一挺轻机枪。透过前面的榛材棵子我们看到，敌人正拉开了距离向前走，在二百米左右距离时他们卧倒向前爬行。当敌人爬行到一百米距离时张团长和白团长一声令下，战士们一起开火，密集的子弹向敌人射去。敌人也许没有料到这片林子里有抗联部队，并且已经有所准备，他们马上掉转头向后撤去。

这时天已经到了中午，敌人可能从新做了部署。第二次从三面包围了上来，在离我们二百米远的一片榛材棵子里停了下来。看到敌人停了下来，我们开始喊话。

我们首先向他们高喊："中国人不打中国人，不替日寇当炮灰，不打抗日军。"而后，宣讲了《告"亲日满军"官兵书》：

伪军士兵们，现在已经是中华民族生死存亡的最后关头了，你们应该掉转枪头，打日寇，救国自救。

你们再不要受日贼的欺骗，不要做那丧尽天良，堕落人格，中国同胞手足相残的勾当了。

中国人不打中国人，不替日寇当炮灰，不打抗日军。

…… ……

听到了我们的《告"亲日满军"官兵书》，对面榛材棵子里的伪军们都鸦雀无声。我们紧接着又唱起了《满洲士兵觉悟歌》。

这首歌还没唱完，对面树林子里有了动静。我们听到一个日军指挥官在那边"八嘎！八嘎！"地骂人。我们没有管这些，接着又唱起了《满军哗变歌》：

满洲军官、士兵们，再莫睡沉沉，赶快打精神，调转枪口向日本，不打抗日救国联合军，勇敢杀敌人，收复回我中华，推翻傀儡"满洲国"，一切权利归人民……

对面的日本指挥官再也沉不住气了,他们"嗷嗷"叫着,挥舞着指挥刀,逼着伪军往上冲了。

就在唱歌的同时,我们这边调整了战略,白团长带着一个团还坚守在这里,张团长带着一个团跑向了战壕的另一头。两个团分散开以对付三面包围上来的敌人,我仍旧跟在白团长的队伍里。

敌人离我们越来越近了,二百米,一百米,在日本指挥官的督战下,他们的机枪响个不停。战士们急着要打。白团长小声地说着:"别着急,别着急,听我指挥,准备好手榴弹。"

五十米,敌人离我们五十米了,白团长大喊一声:"手榴弹,机枪。"霎时,所有的手榴弹甩向了敌人,我们的机关枪也嘎嘎地响了起来。

敌人的机枪顿时哑了,机枪射手被我们给打死。他们惊慌失措地拽着尸体又撤了下去,机枪都不要了。

与此同时,张团长那边也打死了敌人的一个少佐。那边的敌人也拽着尸体败下阵去,只留下了一顶帽子。敌人再也不敢组织冲锋了,他们仓皇地上了汽车,把车开走了。

战斗胜利结束后,战士们都很兴奋。我们获得了一挺崭新的重机枪。那挺重机枪发着蓝幽幽的光亮,战士们都爱不释手。

这次战斗我们牺牲了两个人,张团长那边的毕副官在转换阵地时牺牲了。我们这边,一个小战士急着要大便,他不听命令,跑出了战壕,被敌人打死了。

战士们找了个雪沟,含泪掩埋了牺牲同志的尸体,上面盖了好多的树枝。

战后,指战员们分析,为什么敌人会这么准确地知道我们的消息呢?一定是出了叛徒,由此联想到徐光海主任的牺牲,最后大家把目光聚集到一个人的身上。这个人就是交通员陈罗锅。后来事实证明确实是陈罗锅叛变了革命，他先后带领敌人"围剿"了徐光海队伍和跟踪吴玉光的队伍，所以，才有这次战斗。解放后，他隐蔽了下来，在伊春市被六军四师的战士朱学成在一列火车上认出，报告了组织，后被地方政府正法。

大旗杆这里不能久留，敌人会纠结大批的军队回来报复的。张团长和白团长高喊着"起队"，部队快速地转移了。

太阳还没落山，西北风嗷嗷地刮着，天地间一片灰蒙蒙。战士们还是早晨喝的那一碗谷糠粥，一个个冻得浑身瑟瑟地发抖。顶风冒雪部队向东北方向转移，我们要去"青山老道庙"找陈绍宾师长。

青山老道庙

那一夜，没有月亮，星光也很惨淡。后半夜我们才赶到"青山老道庙"。老道庙里只能容纳十来个人，部队只好在野外露营了。赵军需官看了一眼我和朴英善厂长，就说女同志进屋里休息吧。朴英善厂长说："我不进去了，小李子有病，让她进屋吧。"

赵军需官把庙门打开，屋里漆黑一片，我一脚迈了进去。这一下可不得了啦，也不知道绊到了什么，一下子就趴在了那里。耳边只听得有人在嚷嚷："谁啊？真缺德，踩到我脑袋啦。"我嘴里一边说着对不起，一边想爬起来，可到处都是人的胳膊和大腿，我咋也爬不起来，只听得不断地有人喊："大半夜的，谁啊？"

"我啊，我爬不起来了……"

这时，我听到有人在小声喊我："往这来，往这来。"我顺着声音从人身上爬了过去，用手摸到了锅台和炕沿，我坐到了炕沿边。那个喊我的人又问我:"你是谁啊,哪来的,是不是小凤啊?"

啊?在这碰上了熟人,我赶忙回答:"是我啊,你是谁啊?"

"哎呀!真是小凤啊,我是老苗啊,快,快过来。"

哦,我想起来了,是苗司务长。夏天在梧桐河开联军会议的时候,他随陈绍宾到过梧桐河,我们在一起联欢过,我还给他补过衣服,因为他和我哥哥李云峰在一起呆过,所以别人都喊我小李子,唯独他喊我小凤。

在这遇到了苗司务长,我俩都很高兴。他和我说:"你快爬上来,躺我这儿,我去熬饭。"说着话,他就起身下了地。谁知道,我刚想在他躺过的地方躺下,两边的人一翻身,就一点地方都没有了,我再也躺不下去。没办法,就只好坐在了炕沿边,把两只脚,搭在了灶台上。

过了一会儿老苗也拎着水和柴火进了屋,外面的天蒙蒙亮了。老苗往锅灶里加了水,点燃了柴火。水开后,他又"咕咚、咕咚"地往锅里倒些冰块样的东西。

哎呀!锅里是什么东西啊,怎么满屋子又腥又臭!

这时,天也更亮了。我看到炕上挤了七八个人,他们是七军的女战士金哲(她丈夫是和崔石泉一起创办松东模范学校的南老师,已经牺牲了)和八岁的儿子南征策;七军姜国臣团长和夫人刘淑清;七军女战士柳明玉,伤员李排长和护理员;还有一个人,五十多岁,大家喊他刘四爷。

地下横七竖八地也有十来个人,陈绍宾睡在墙角,身下铺着厚厚的蒿草。借着窗外射进来的冬日晨光,我又一次看到了陈绍宾师长。这是一个五十来岁的个子不高的小老头,留着两撇小胡,穿着一套缴获日军的黄色旧军装,他用有些发尖的嗓音喊着大家:"都起来啦,都起来啦。"

大家起来后,开始分饭了,分的就是锅里炖的那又腥又臭的东西。

原来这里也断了粮,战士们上雁窝岛(雁岛)去捞鱼,天寒地冻没有工具,发现鱼亮子上有打鱼人堆的垃圾,垃圾堆里有秋天他们吃剩下的鱼头,鱼尾和鱼下水,几个战士给刨了回来。老苗往锅里倒的就是这东西,他还加了不少咸盐，说是去腥。

每个人分到了一碗臭鱼汤。这汤实在是太难吃了，鱼鳞咬在嘴里咯吱、咯吱地，有的人吃了一口就吐了出来。

可怜金哲带着的那个八岁男孩，也得吃这个。那个男孩长得很可爱，瘦瘦的，两只大大的眼睛一眨一眨的，非常机灵。

吃过饭以后，吴玉光主任、张团长、白福厚团长都进屋来开会了。

吴主任先发言叙述了徐光海和裴大姐他们牺牲的经过，大家听了心情都十分地沉痛，半晌没有人说话。

接下来讨论今后部队的去向问题。陈绍宾和周云峰的意见是，就在这一带活动，坚持游击战。

白福厚不同意他们的观点，他认为这一片是七军的地盘，我们在这里活动缺乏群众基础，再说这里是平原，不好隐藏，不如回宝清、双鸭山、集贤，那里山连山，适合游击战。

吴玉光基本赞成白福厚的观点，他认为实在不行就过松花江回汤原、萝北一带，那里是六军老区，群众基础好，和省委联系也方便。

陈绍宾还是不愿意走，他又提出来，这里离苏联比较近，咱们先和七军联系一下，看他们是什么意见，咱们再做决定。他和吴玉光说："七军军长崔石泉（崔庸建）是你的老师，你去找找他，看他怎么说。"

吴玉光想了想，同意了陈绍宾的建议，先去找七军，看看是否能联合行动。白福厚团长还是不太同意这一做法，最后的决定是，吴玉光带队先去找七军，等他回来后，再决定部队的行动方向。

吴玉光主任在这里碰见了下江特委书记黄成植，黄成植是我的好战友金碧荣的丈夫。吴玉光的妻子李桂兰，黄成植的妻子金碧荣，都在战斗中被俘。那天，我看见他俩坐在了一起，想起生死未卜的亲人，都流下了眼泪。黄成植还把我喊了过去，让我再给他讲讲小金子是怎样被抓去的，我又详细地给他叙述了一遍，我们大家的心情都十分地沉重。

黄成植同志曾是北满团省委书记,后到下江任特委书记。1937 年他去佳木斯视察工作,被敌人发现追击时负伤。受伤后,他住在佳木斯市第一任市委书记董仙桥家里养伤。他伤得较重,又是枪伤,没办法留在佳木斯。后来,由董仙桥同志的夫人把他打扮成个女人模样,然后赶着马车把他送出了佳木斯。出了佳木斯以后他找到了徐光海部队,徐光海将他护送到七军崔石泉那里,1937 年冬去苏联治病,伤好后回到七军,七军派姜国臣将他送到了"青山老道庙"。他准备重返下江,继续开展工作。

第二天,由姜国臣团长和警卫员带路,吴玉光和张团长各带一名警卫员,金哲同志要归队,她带着八岁的儿子,他们一行八人上了路。

几天后的下午,阴霾的天空飘着清雪。姜国臣团长带着警卫员回来了。他带回来一个令人悲痛万分的消息,吴玉光主任、张团长、两名警卫员、金哲同志和她八岁的儿子全部牺牲了。

听到这一消息,我们全都震惊了。

据姜国臣讲,那天他们先到了饶河县境内的"十八垧地",七军原先的驻地,扑了个空,又去了暴马顶子。在那里遭遇敌人,除他带警卫员跑出来外,其他人员全部牺牲。

群山垂首,松涛悲咽,我们又失去了一名优秀的师级干部。

我们忘不了,不久前他还作歌悼念徐光海和裴成春,没过几天他自己也变成了烈士,而且连遗体都没处去找……

青山老道庙也不能再呆了,敌人随时能追踪到这里,部队又立刻转移。

太阳落山后,部队绕过了雁窝岛(雁岛)。这里离敌人的驻地大和镇不远,所以我们要快速通过一片冰雪地。

冷风飕飕地刮着,人站在冰面上都能刮跑,飞雪像细沙一样扑打着人面,顶风冒雪的好不容易我们钻进了一片疙瘩林。

树林子里,风稍微地小一些,这时部队已经断了两天粮,再也挺不下去了。

陈绍宾师长有一匹马。人都没吃的,那马也饿得只剩下皮包骨,走路直打晃,重机枪都驮不动了。在这种情况下,白福厚团长提出杀马,陈绍宾也同意了。

战士们含着眼泪用战刀杀死了那匹瘦弱的战马。我们几个女同志和苗司务长、邓司务长一起给大家分马肉。

一百来号人分一匹瘦马,实际上分到手里的只有可怜的一小块。马的内脏和好一点的地方都分给了伤员。我们用三块石头架起了一个脸盆,底下点上柴火,化了半盆的雪水。水开后,战士们把自己分到的那小块马肉放到开水里浸一浸,等不冒血水了,就捞出来放到自己的盐口袋里,一会儿啃一点点。

给指战员们分完马肉后,我们几个女战士、司务长和军需官已经没什么可分了。后来苗司务长给我们女战士每人鸡蛋那么大一块的疙瘩肉,一边把肉递到我们手里,嘴里一边嘀咕:"这是好地方,没骨头,给你们吃吧。"

最后还剩了四个马蹄子,赵军需官、苗司务长、邓司务长和一名警卫员各分一个。他们把那四个马蹄子在火上烧胡了,又放在开水里浸了浸,也都放到了盐口袋里,饿急眼了,用刺刀削一点,舍不得多吃。

部队就在这个疙瘩林子里露宿了一夜。第二天,天刚蒙蒙亮,我和朴厂长到疙瘩林边的一条没封冻的小河边想洗把脸。风还在刮,雪还在下,迷茫的雪雾中我忽然发现远处有几个小黑点,我们跑回来报告了白团长,白团长立刻命令部队:"点数!"

经过人员查点,发现丛排长、李班长和一名战士不见了。大家明白,这三个人是开小差走掉了。战士们都高喊着要去追,其实雪大风狂,又没有马,想追回来是不容易的。这时,站在旁边的黄成植书记说了:"让他们走吧,他们是秋天的落叶,要落就让他们落吧,我们是高山上的青松,天塌下来,我们顶着!"在这艰难的时刻,黄成植的话,极大地鼓舞了士气。

一九三八年的冬天,严寒、饥饿、危险,考验着每一名抗联战士。

我清楚地记得，那个姓丛的排长，有一支崭新的马盖子步枪，带着三棱刺刀，真可惜，他把那支枪也带走了。

队伍开始分批出发了，有战斗力的指战员随陈绍宾师长和白福厚团长往东南方向奔完达山。杜指导员带着伤员、年纪大的和女同志去锅盔山，等他们打完仗与我们会合。

我们的队伍里有：杜指导员、黄成植书记、七军姜国臣团长、周云峰主任、苗司务长、伤员大个子李排长、伤员黄龙吉排长（他枪打得好，外号叫黄炮）、小个子李排长（外号李炮）、战士老温、小战士小刘和刘四爷，女战士有朴英善厂长、柳明玉、刘淑清和我。

我们这十几个人的小队伍向锅盔山走去⋯⋯

劫车

湖面上刮起了大烟泡，风声像野兽一般的号叫，狂风卷着雪雾形成了一股一股的雪浪，刮得我们直转圈，睁不开眼睛，张不开嘴，对面看不见人。

眼前是一片连着一片的大小湖泊，没有一点能挡风的地方。冰湖光得像一面镜子，人上去站不住脚，一迈步就咕咚、咕咚地直摔跟头。大家的头都摔得嗡嗡直响，倒下去时还要尽量护着枪，怕把枪摔坏了。

好像是到年跟前了，天上没有月亮，冰湖泛着深蓝的微光。正是三九、四九打骂都不走的时令。天气那个冷啊，冷得心好像都要冻住，脸冻木了，手脚冻僵了，棉帽子上、眉毛上，都挂满了厚厚的白霜。

这里的冰湖是从七星峰山上流下来的水形成的，当地叫作七星泡子。大大小小的泡子遍布在草原上，到了冬天就变成了一望无边连成了片的大冰湖。

队伍在风雪中艰难地行进着,战士老温和小刘是尖兵,走在队伍最前头,杜指导员带队走在队伍的中间,我们要照顾着几名伤员,走在后面。大个子李排长伤势最重,他伤在了腿部。寒冷的天气,缺医少粮,好人都顶不住了,更何况是伤员。出发前他又患上了重感冒,发着高烧,开裂的嘴唇上,起了一层厚厚的白皮。我们在冰面上走出不多远,李排长的腿就不听使唤了,他倒在了冰面上,再也起不来。战士们这时也都十分的虚弱,李排长还是个大块头,谁都背不动他,同志们只好换班架着他走。李排长和同志们说:

"不行了,实在走不动了,你们不要管我了,就把我放这儿吧……"

同志们都说:"说什么呢? 说啥也不能把你扔下,你挺着点,走过这片冰湖就没事啦。"

前面出现了一条小溪,溪边长着一人高的柳树。战士们已经累得筋疲力尽,大个子李排长的腿更是一步也挪不动了,大家几乎是拖着他在冰面上滑。这时杜指导员说:"大家原地休息,来几个人跟我砍柳树,咱们扎个爬犁,拉着李排长走。"

大家一想,这真是个好主意。

战士们用刺刀砍了好多柳树条,又都解下了绑腿,费了好大的劲终于扎好了一架爬犁,我们在小溪边拔了一些蒿草垫在爬犁上,把李排长抬了上去。

现在轮到我们女同志来拉爬犁了,爬犁前面拴了两根绑腿,朴厂长、柳明玉、刘淑清,我们几个换着班拉。

这爬犁好沉啊,尽管风狂雪大,我们还是累得一身都是汗。李排长在爬犁上断断续续用微弱的声音和我们说:"求求你们,别拉着我了,就把我放这儿吧……"

我们几个安慰着他:"李排长,别着急,咱们快到家了。"接着又用手摸了摸他的额头,发现他不怎么发烧了,李排长听了我们的话,也再没言语。

小队来到了一片草甸子,爬犁拉散架了。这里可能离人家不远,草甸子上有老乡割的羊草,一捆捆的竖在那里,还没运走。

杜指导员安排大家休息,他又领着人去找树条了。我们发现李排长有一会儿没说话了,就又上前看看。怎么感觉不对劲啊,用手一摸,他浑身冰凉,不知道什么时候已经停止了呼吸。

悲痛弥漫在寒冷的冬夜,又一位战友牺牲了。冰雪仿佛冻僵了人们的眼泪,大家默默无语,低头致哀,风还在吼,雪还在刮。

没有工具,没有柴火,我们无法安葬李排长。大家抱来了一捆捆老乡存放在这里的羊草,在李排长的遗体上堆放成三角形的草垛。如果部队再能返回来,就当作是记号了,若是当地的老乡来拉草,看到了身穿抗联服装的战士,他们也会帮助安葬的。

终于走过了冰湖,我们踏上了草地。哎呀,这下可好了,脚下不滑了,腿也觉得轻快了好多。这时,杜指导员和大家说:"前面不远就是大山,咱们现在休息一会儿,准备爬山。"

听说休息,我把背包往上一掀,一下子倒在了雪地上,真是又累又困啊!感觉自己好像一忽悠就睡着了……

一阵刺骨的寒风把我吹醒,我浑身冻得直打哆嗦,睁开眼睛向两边看了看,这一看直惊得目瞪口呆,我的旁边没有一个人影。同志们!同志们呢?

我扯开嗓子大喊:"朴厂长——,柳明玉——,刘淑清——,"

只有风在刮,听不到一点回音。我吓傻了,几乎要疯了,害怕得心咚咚直跳。我把枪大背上,分不清东南还是西北,我知道,队伍一直是往南走的,抬头看了看天上的北斗星,看到了北斗星,就找到了方向。我又低下头去看雪地上的脚印,顺着脚印我跑步去撵队伍了。

我一边跑,一边骂自己:"小凤,怎么就你没出息,谁让你睡觉啦?"我太害怕掉队了,那三天两夜孤零零一个人的日子,真是太可怕了!

就在我跑步追赶队伍的时候,队伍里的黄龙吉排长突然问大家:"哎,小李子呢?"因为他也是伤员,行进时,我们都走在一起。

听到他这一问,朴厂长他们都哎呀一声,"不好了,小李子一定是睡着了,没有听到口令。"这时,大家赶紧把我掉队的消息告诉了杜指导员,杜指导员忙喊:"前面的都停下,小李子掉队了。"

这时,黄龙吉说:"我回去找吧。"小刘说:"还是我去吧,我比你跑得快。"杜指导员说:"好,小刘去吧,注意安全,别迷路。"

小刘顺着原路往回走,一边走,一边喊:"小李子,你在哪——?"

由于我俩的方向都没错,终于他听到了我的喊声,我也听到了他的喊声。看到了小刘,我像看到了久别的亲人,顾不得说什么,我俩快步跑着撵上了在前面等我们的队伍。

赶上了队伍,心里一块石头落了地,见到了领导还没等他们说我,我的眼泪扑簌簌地流了下来。看我这样他们也就没说啥,只说:"可不能掉队啊,这大黑天的,要是睡着了,不冻死也得让狼叼了去!"

我赶上来以后,队伍开始了急行军,杜指导员喊着:"大家跟住了,快进山了,谁都不许掉队!"

我们开始爬山,翻过了这座山是一片矮树林,前面的尖兵传来了信号:"注意,前面有公路"信号一个接着一个传到了后面。果然,穿出了树林,一条公路横在了面前,我们快速地跑了过去,钻进了公路对面的柞树林子。

大家正在休息时,东边的岗哨李炮跑过来报告:"报告,远处有响动还有光亮!"

杜指导员忙喊:"大家不许说话,就地卧倒!"我们透过树林能看到公路,不大一会儿,七八辆卡车轰隆隆地开了过来。看到了卡车,战士们都急着要打。

杜指导员说:"不能打,咱们火力不够。"

汽车走远了,老苗和小刘打着"咳"声:"咳,送到眼前的粮食放走了。"

正在这时,东边的岗哨又来报告:"报告,后面还有一辆车!"

估计这辆车,是路上出了故障,所以落后了。这次可不能再放走了,小队的人员马上做了部署。我们分成了六伙。

这条路是从一个小山包穿过的,山包被劈成了两半,姜国臣、老温和小刘迅速地跑到了两侧的山包上,杜指导员带着李炮和周云峰在公路的左侧,黄成植带着黄炮、老苗在公路右侧,我和朴厂长在车前面,柳明玉、刘淑清和刘四爷在车后面。

汽车亮着车灯,远远地开了过来,这是一辆敞篷的拉货车。我们都埋伏在道路的两边,就在汽车开过山口的一刹那,姜国臣、老温、小刘猛地从山包上跳上了汽车,他们把枪支在了车窗上,高喊着:"不许动!快停车!"

汽车"嘎吱"一声停了下来,战士们从四面包围了上去。车上的三名伪军举着手,乖乖地走下车来,我们立刻下了他们的枪。

车上装的是成箱的手榴弹、子弹还有帆布帐篷。虽然没有吃的,但手榴弹和子弹也都是好东西,我们指挥着俘虏把手榴弹和子弹都扛到了一座山脚下,对那三个伪军进行了教育,告诫他们中国人不打中国人,不许残害老百姓。他们点头哈腰说着是,我们就把他们放了,并让他们向相反的方向走。

伪军们走后,我们把手榴弹和子弹做了小转移,放到了一个山沟里,用树枝盖好。我们每个人都尽量多装上几颗手榴弹,因为它比口粮还重要。此时,天已开始放亮,怕敌人来搜捕,急匆匆地队伍又出发了。

除夕夜的靰鞡汤

队伍又翻过了一座山,山下是一条大沟,沟里长满了刺梅树。刺梅果是夏天开花,结了的果红红的挂在枝头,在雪地的映衬下十分的艳丽。同志们看见了刺梅果兴奋的不行了,一把一把地摘下来往嘴里填。刺梅果已经没有浆了,里面还带着毛,一下子(东北方言,"满满的")的籽,酸酸的,有点甜,有点涩。

同志们一边吃一边摘,准备带走。老苗拎着一个铁桶,招呼着大家,都放这里,我给你们拎着。

杜指导员看看吃得差不多了,就喊大家:"同志们别摘了,敌人随时能追过来,抓紧转移!"

在杜指导员的连续催促下,同志们才恋恋不舍地离开了那个山沟。

又翻过了几道山,太阳没有落山时,下起了大雪。尖兵小刘爬上了一座山顶,他高兴地回过身来向我们欢呼:"有房子啦——找到房子啦——"

奔波了一天一夜的队伍终于回到了六军一师被服厂。

被服厂的地窨子在我们走后已被敌人烧毁,房盖没有了,但是框架还在。地窨子里面灌了满满一下子的雪,泥墙上挂满了厚厚的白霜。

同志们清除了里面的积雪,砍来些树枝搭上了房盖,点起了篝火。

终于有一个背风的窝了,泥墙上的白霜开始化成水流顺墙淌了下来,战士们已经好久没有进屋睡一宿好觉了。

我们在地窨子里住了两天,吃光了仅有的一点马肉,苗司务长每天领人去砍桦树,然后劈成小块放到桶里,架到火上给我们熬桦树汤喝。

两天后的晚上,北风呼啸。小刘高兴地说:"嗨,真不错,这鬼天气,要是在冰面上还不把咱们都刮跑了啊,住上房子真好啊!对了,今天是什么日子啊?"

只见苗司务长左手握成拳,用右手在左手的拳头上查数。忽然他"哎呀"了一声:"今儿啊,今天是三十啊!"同志们都"哇"的一下喊了起来:"哈哈,过年啦!"

小刘又说了:"怪不得我们今天能住上这么好的房子,年三十应该吃饺子啊,咱们吃啥啊?"大家都不言语了。

杜指导员看到这个情景,从背兜里掏出了一双牛皮靰鞡鞋交给苗司务长:"把这个给同志们煮煮吃了吧。"

火上架起了一个小铁桶,桶里装满了雪,我们把那双靰鞡鞋在雪地上蹭了蹭,就放到桶里炖了起来。

水开了,咕嘟、咕嘟地冒着热气。大家这个着急啊,一会用树枝去捅捅,可那双鞋还是硬邦邦地躺在桶里。

就在大家等着吃靰鞡的时候,杜指导员说话了:"同志们,咱们开个会吧,主要讨论苗司务长和小李子入党的问题。"

同志们立刻都静了下来。杜指导员说:"老苗同志的工作大家都看到了,他一直是吃苦在前,和我们一样地行军打仗,还要管大家吃饭,每天最早起来,最晚休息。他申请了多次要求入党,这阵子,咱们连个窝都没有,就没讨论他入党的事儿,今天有这么个地方,大家说说,有什么想法?"

同志们都十分敬重老苗同志,他对战士们也特别好,有一口吃的,也得分给大家,宁愿自己挨饿。党员和群众都发了言,一致同意他成为一名党员。

接着杜指导员又提到了我。他说:"小李子到部队已经快三年了,已经是一名共青团员了。她挺勇敢,能吃苦,虽然年纪不大,但是从来不要什么特殊的照顾,还能主动帮助战友和伤员,看看大家有没有什么意见,把她由团员转为共产党员。"

当时的共青团员,可以直接转为党员。大家又一致通过我转为党员。同志们都热烈鼓掌向我和老苗表示祝贺。

没想到幸福来得这样突然,我高兴得都发晕了,我是一名党员了吗?我是和裴大姐、李在德姐姐一样的党员了吗?想什么办法把我入党的消息告诉爸爸和哥哥呢?他们要是知道了,该有多高兴啊!

正当我沉浸在喜悦之中时,杜指导员的语调变得沉重了起来:"同志们,还要告诉大家一个不幸的消息,其实这个消息早就应该告诉小李同志了。

小李同志如今已经是一名共产党员,我希望她能坚强一些。她的父亲,六军一师后勤处处长李石远同志为了给我们筹集粮食已经在八月份就牺牲了。"

好像是晴天响起了一声霹雳,我被震惊了,一时缓不过神来。大喜和大悲都来得这样突然。片刻以后,我"哇"的一声哭了起来。

爸爸,爸爸,女儿从上山以后就再也没有见到你,你知道我有多想念你吗?你在我的心里一直是无所不能、顶天立地的英雄。为什么不等女儿看你一眼再走啊?爸爸,女儿已经没有了妈妈,怎么能够再失去你啊?

朴大姐把我搂在了怀里,自从裴大姐牺牲后,她又像妈妈、又像姐姐一样地照顾着我。这时,她也流下了眼泪,泪水一滴一滴落在我的头上。朴大姐和我的父亲曾在地方上一同工作过,他们也是战友。杜指导员接着向同志们讲述了我父亲牺牲的经过。

就在我随抗日宣传队演出时被敌人冲散,在板场子屯跟李升爷爷上山后不久,刘忠民书记决定,我的父亲李石远同志也由地方转入部队。

在部队父亲被任命为六军一师后勤处处长。他带着几个人以窦家围子为中心点,从附近的李京围子、杨荣围子、柳树围子等几个敌人"归屯并户"的村庄为部队筹集粮食和咸盐。这是一项十分危险的工作,日寇为了掐断抗联和老百姓的血肉联系,在"归屯并户"的围子里,采取了"集团部落"似的管理,实行保甲连坐,多少人都死在了筹粮和送粮的路上。

一九三八年八月,父亲李石远、曹副官,还有六军一师被服厂的老王(参军前是猎民),在一次运粮中被敌人追捕,老王一人跑出来带回来消息,父亲和曹副官都壮烈牺牲了。敌人把父亲和曹副官的尸体扔进了七星泡子,多天以后,尸体肿胀浮出了水面。

同志们听了杜指导员的讲述都义愤填膺,振臂高呼:"我们一定为小李子的父亲报仇!为牺牲的同志报仇!"

黄成植书记看到这些情景,站起来对大家说:"同志们,我刚从苏联回来。在那边看到了报纸,我们的毛主席和朱总司令要带领红军来到热河,很快就会打到沈阳,把日寇赶出中国,抗战胜利的一天就快到来了。今天是年三十,大家化悲痛为力量吧,我写了一首歌曲《何日熄烽何日还乡》,现在我把这首歌教给大家。"黄成植书记站了起来,打着拍子,一字一句地教着我们,大家围着篝火,在歌声中度过了传统的春节。

夜深了,连日的行军使大家十分疲惫,没等靰鞡鞋炖烂,同志们就挤在一起睡着了。苗司务长一边看着炖靰鞡,一边带岗,凌晨四五点钟,他把我喊醒了。

"小李子,小李子,该你上岗啦——"我迷迷糊糊地爬了起来。爬起来后,我首先想到了那双靰鞡鞋,又去看了眼桶里的靰鞡。靰鞡鞋已经涨了起来,胖乎乎的了,我用根树条去捅了捅,捅了个窟窿,靰鞡鞋烂了,可以吃啦。

苗司务长小声地和我说:"小凤,我先给你割一块吃吧。"我说:"不用,等着和大家一起吃吧。"

迎着刺骨的寒风,我去接岗了。岗哨的位置是在地窨子上方的一个山崖上,站上一班岗的是小刘。以前人多的时候,女同志上岗可以安排两个人,如今人少伤员多,就一个人站了。小刘伸手把我拽上了山崖,自己蹦下去,一跑一颠地回地窨子去了。

黎明前的夜,格外地黑,黑沉沉的夜空布满了星星,风吹树枝唰唰地响。忽然,我听到远远的山下有咯吱咯吱脚踩树枝的声音,我摘下帽子,又仔细地听,咯吱咯吱的声音更响了,而且不是一个人踏雪的声音。

是我们的大部队回来了吗? 我使出浑身的劲,冲山下大喊了一声:"口令!"

没有人回答我,脚步声更响了,不好! 敌人摸上来了。我拉开枪栓,咔! 咔! 咔! 连放三枪。

枪声划破了黎明前的黑暗,枪声迎来了大年初一的一场战斗。

小刘下岗,刚进了地窨子,听到枪声,他第一个冲了出来。这小子跑得飞快,不一会儿就来到了我的身边。敌人的脚步声更近了,小刘和我说:"别害怕,听我指挥。"

他冲着山下敌人爬上来的方向,大声地喊着:"一连抢占南山,二连抢占东山,机枪赶紧架上。"这时,杜指导员领着同志们也都跑了上来,我们迅速地抢占了山头。

忽然,苗司务长"哎呀!"了一声:"糟了,靰鞡忘拎上来了。"他返身就往回跑,大家喊他:

"别去,快回来!"

他好像没有听见一样,飞快地跑回了地窖子。这时,我们和敌人已经接上了火,两边的火力都很猛。

苗司务长拎着个铁桶向我们跑来,桶上还冒着热气。大家开枪掩护着他,子弹嗖嗖地从他身边飞过,一颗子弹打中了他手中的铁桶,桶里的水冒着热气,从子弹洞里流了出来。二米、一米,老苗终于跑到了我们跟前,大家赶紧伸出手来把他往山崖上拉。就在这时,一颗子弹打中了他的后背。

老苗脸色苍白地倒在山崖上,手中还紧紧地攥着那个铁桶的提梁。我喊了一声:"老苗!"眼泪就扑簌簌地落了下来。

苗司务长用微弱的声音说:"小凤,别哭,你们将来去看毛主席和朱总司令别忘了带上我啊……"我一边哭着一边点着头。

"还有,还有,我两个孩子……孩子……"苗司务长话没有说完就停止了呼吸,我悲痛地呼喊着:"苗司务长,苗司务长……"他再也没有睁开眼睛。

同志们高喊着:"给苗司务长报仇啊!"愤怒的子弹射向了敌人。

敌人离得更近了,能看到走在前面的伪军和跟在后面的日本指挥官。我们开始撒手榴弹了,多亏转移途中截获了敌人汽车上的手榴弹和子弹,一排手榴弹打下去,敌人往下撤了一截。

过了一会儿敌人又组织了第二轮的进攻,又一排手榴弹扔了下去,他们又撤了回去。如此反复了几次,我们的手榴弹撒得差不多了。

许是敌人在研究怎么进攻吧,这时他们没有发起新一轮的进攻,趁着这个当口，黄成植同志领着我们唱起了《劝亲日士兵反正歌》，唱完了这首又唱了《抽丁叹》。

山下顿时鸦雀无声，半天再没发起进攻。我们的歌声打动了山下伪军们的心。后来据一位哗变过来的伪军士兵说："你们的歌声比那大炮、机枪都厉害，把我们的心都给打透了。我们回去合计合计就把日本军官杀掉，投奔你们来了。"

这时，日本的指挥官不干了。他们虽然听不懂歌词，但也明白了什么意思，他们挥舞着战刀，督促着伪军继续往上冲。

我们的手里已经没有手榴弹了，子弹也没多少了。看到敌人又冲了上来，黄成植书记领着我们唱起了《义勇军进行曲》。

这时，小刘突然发现了对面的山上出现一面红旗，他激动地喊："大家快看，红旗！红旗！"

我们向对面的山上望去，啊！真的是红旗，在白雪和白桦林的映衬下，十分的鲜艳。看到了红旗，我们看到了希望，感觉到好像有千军万马向我们走来。

同志们欢呼了起来："我们的队伍，我们的队伍来了！"

这时对面的山上响起了枪声，敌人发现自己的后路被人抄了，拽着尸体，架着伤员往南撤退了。

大叶子沟部队休整

正当我们准备和敌人最后拼命的时候，大部队过来了。

空旷的大山里，白福厚团长他们打老远就听到了地窨子这边传过去的枪声。知道我们这边的战斗力很薄弱，白福厚团长指挥着部队，赶紧抢占了对面的山头,并打起了红旗,为的是先震慑住敌人,为我们小队解围。

看到大部队来了,黄成植、小刘、李排长和黄排长都从山崖上跳了下去,这时,后面的敌人已经往南撤了,前面的敌人不知道咋回事,还在嗷嗷叫着:"捉活的啊——"往上冲,小刘迎面碰上了一个拿着战刀的日本军官,这时这个日本军官才发现自己的队伍已经撤走了,他双手捧着战刀说:"我的货币大大的有,死啦死啦地不要……"小刘想起牺牲了的苗司务长,举起刺刀就刺向了鬼子的心脏,一边刺一边说:"你看看我这个大货币吧!"其余的敌人吓得扭头就往回跑。

战斗结束了,同志们含着眼泪把苗司务长的遗体抬下了山崖。山崖下有一个山窝,我们把他放在了那里,又从附近捡来了石头,垒了一座石头坟。

老苗原是东北军的战士,家住沈阳附近,家中有妻子和两个孩子。后来他辗转来到黑龙江省找到了抗联部队,因年纪偏大,做了一名司务长。苗司务长眼睛不好,常年做饭烟熏火燎,两只眼睛总是红红的淌着眼泪。他还患有严重的雪盲症,到了冬天疼痛难忍,他嘴里总是念叨着失散的两个孩子。据老乡讲,他的妻子早就不知去向了,两个孩子也流落街头……

老苗同志,你没有完成的抗日救国大业由我们来完成,我们一定要为你报仇,你就在这大山里安息吧。等将来革命成功了,我们一定回来给你立碑。

部队会师后,我们转移到一个山沟里露宿了一夜。第二天早上,赵军需官带领着大家先去背粮,粮仓的地点只有他一个人知道。一听说背粮去,大家都高兴得不行了,原来我们还有粮食啊?

翻过了一座山,赵军需官领着我们来到了一座山脚下,这里的粮仓也像四师被服厂的粮仓一样,是用石头垫了起来,依山而建的。粮仓上面盖了不少树皮和树枝,野兽够不到,人不到跟前也很难发现。

粮仓里存放了四百多斤的小米和半袋子咸盐。一百来号人,每人分到了三四斤的小米和一捧子盐,大家都宝贝似的装进了自己的口袋。

就在大家分粮的时候,赵军需官说话了:"同志们,大家千万不要忘了,这里的粮食是李石远处长和曹副官用命换来的啊!"

啊?原来这里的粮食是爸爸他们弄来的啊!我心里一阵酸楚,泪水一滴一滴地洒落在手中的小米上……

盐分没了,邓司务长又宝贝似的把装盐的麻袋折起来,用绳子捆好背在了肩上。行军打仗,跋山涉水,每个人都嫌自己的背包太重,多背一根针都觉得是负担。同志们都问邓司务长:"那个破麻袋死沉死沉的,你背它干什么?"邓司务长呵呵笑着说:"你们知道啥?这个破麻袋煮一煮、熬一熬能出好多盐呢,等没盐吃的时候你们就知道找我了。"

真是这么回事。当时,咸盐有的时候比粮食都金贵。伤员们要用它洗伤口,我们断粮时,嘴里含一粒盐,补充点钾,就又能顶一阵子了。

我父亲当时以窦家围子为中心点,曾经冒险赶着大车去佳木斯买回来一袋咸盐,分给了当地老百姓半袋,给部队送去半袋。由于买的量大,怕暴露目标,后来就发动当地老乡去佳木斯少量购买,再从老乡手中用双倍的价钱收购回来。

分粮时,我突然发现,杜指导员、小刘和白团长还有好多人怎么不见了呢?他们去哪里了呢?部队是有纪律的,我也没敢打听。

有了粮食,我们终于吃了一顿小米饭,我的胃早已经饿得没有知觉了。

吃了顿饱饭,战士们都有了精神,部队开始往西向双鸭山七星峰方向转移。这一天,按苗司务长推算应该是大年初二了。

踏着没膝深的积雪,迎着料峭的春寒,走啊,走啊,走了一天一夜,我们来到了一个叫大叶沟的地方。

这里,两山夹一沟,山上长满了密密麻麻的柞树。风雪把大片的柞树叶扫落在山冈上,人走上去,厚厚的暄暄的,落叶上布满了暗红色的橡子。在这里我们找到了抗联四军的密营。木刻楞的营房挺宽敞,有挖好的战壕和现成的锅灶,部队准备要在这里休整了。

我们住下的第二天，杜指导员、小刘、白团长带着好些战士也赶到了这里。原来，他们是去取我们在公路上缴获的那辆汽车上的弹药去了。由于行动是保密的，直到他们回来，我们才知道。看到背回来这么多的手榴弹和子弹，全体将士都兴高采烈。

自打从青山老道庙出发，部队就没进屋子睡过一夜安稳觉，如今住进屋子里，破了的衣服，该缝的缝，该补的补。女战士的头发都擀了毡（东北方言，意为毛发一类的东西粘在了一起），长满了虱子和虮子。我们烧了一锅热水，用草木灰过滤后的碱水洗了头发。男战士们也在篝火旁脱掉棉衣服，在火上一阵抖落，抖落掉的虱子，在火上发出噼啪噼啪的响声。

李排长（李炮）、黄龙吉排长（黄炮）和付炮（赫哲族）带领一些战士去打野猪了。炮手们真是厉害，两三天的工夫吧，他们打回来七八头野猪。原来这里满地都是橡子，野猪在冬天不好找食儿，就都聚集在这里。

看到打回来这么多口野猪，大家急的直流口水。这时，意见又不统一了。嘴馋的人要把猪皮也一起吃掉，白团长、杜指导员和孙国栋等人不同意这一做法，他们主张把猪皮都做成靰鞡鞋。经研究，最后的决定还是得做鞋。

邓司务长、白凤林司务长领着大家剥下了整张的野猪皮。女兵们又找来了桦树皮，裁成了鞋样子。靰鞡鞋的制作过程是，把剥下来的猪皮用木头楔子钉到地上，趁着猪皮还软的时候，就要用鞋样子比照着裁出来，一张猪皮也就能裁四五双鞋吧，剩下的边角料也要拼起来。裁好的猪皮趁软还得赶紧缝制，风干了就没法做了。缝好的鞋要用羊胡子草楦起来，还要用一根结实的树枝前后支撑住。鞋做好了，谁需要就发给谁自己背着，我领到一双小号的。

邓司务长在炸野猪肉，每口锅里都放了一块带盐的麻袋片，邓司务长背着的麻袋片终于派上了用场。野猪肉炸熟了，大森林里飘荡着野猪肉的香气，连汤带肉的每人分到了一碗。大家吃得非常开心。

篝火晚会开始了，大家首先合唱了《救亡进行曲》，紧接着金指导员、黄龙吉排长和赵军需官等人齐唱了几首抗战歌曲。

女兵们起头唱起了一支抒情的歌曲《红叶锦秋》：

枫叶树，叶乱流，红树青山一片秋，
战友们来牵我的手，深山里头慢慢走，
……　……

这支歌曲调优美，也是一支舞曲，伴着歌声，战士们跳起了集体舞。这个舞蹈是沈英信（沈泰山的姐姐）教给我们的。地上的落叶随着舞步飞旋，唰唰唰、唰唰唰的响声在为我们伴奏。围着篝火，大家手牵着手，一直跳到了深夜……

野猪肉吃得差不多了，大锅里整天咕嘟咕嘟地熬着骨头汤。骨头汤熬了一锅又一锅，直到把骨头熬成了清水，一点油星都没有了，才不要了。即使这样，有的战士还把骨头捞出来，砸巴碎了，吃进肚子里。

邓司务长整天琢磨着吃喝，他又发动同志们漫山遍野地去捡橡子。那东西虽然不怎么好吃，又苦又涩，可关键时候也能充饥啊。

通过七八天的休整，部队恢复了元气。

双鸭山战斗

冬日的阳光透过树空把星星点点的金光照射在我们身上，部队正疾步穿行在林海雪原上，我们要去攻打双鸭山了。双鸭山在七星峰的东北侧。

双鸭山因有两座远看像鸭子一样的高山而得名。这里有着丰富的地下煤炭,日本人在这里建了大大小小的煤矿和煤窑,从关内和关外抓来了大批的百姓进行人工开采。他们不仅疯狂野蛮地掠夺着我们的资源,还残暴地虐待和镇压着矿工,矿工们都过着暗无天日的悲惨生活。

去往双鸭山的路,山高坡陡,雪深路滑,途经张家窑时,我们找到了遇难的徐广海、裴成春等人的尸体。

东山脚下,首先找到的是裴大姐的遗体,裴大姐身中数枪,倒在雪地上,她衣衫褴褛,破碎不堪。

在裴大姐的旁边,看到了战士老李和老王的遗体。我们又爬到山上,找到了小马和刘昌友排长的遗体。

同志们流着眼泪砍来了树枝,把五位烈士火化了。

我们又向东山走去,在一个小山坡上,看到了一具无头的尸体,身上穿着日本的军大衣。泪水再次模糊了双眼,这就是我们尊敬的徐主任啊。他那天到我们被服厂,正是穿着这件大衣,衣服前襟烧了个大洞,还是我给缝起来的,现在我透过泪光看见了那个洞仍旧在那里。当同志们看到徐主任连头颅都没有了,悲愤交加,高喊着:

"为徐主任报仇! 报仇! 报仇!"

松涛在呜咽,雪山在颤抖,震耳的吼声久久地在山间回响!

我们走了两天一夜,天大黑时,才来到双鸭山地界一个叫尖山子的煤矿。

到了这里,部队兵分三路。第一队由白福厚团长和孙国栋副官、刘副官(外号刘寡妇)、徐副官(外号徐镐头)带队,李炮、黄炮、付炮和有战斗力的战士都在那边,他们去攻打并封锁敌人的"讨伐队"。

第二队由赵相奎军需官带着白凤林司务长、邓司务长、战士朱学成、周云峰主任等人去找给养。

第三队由杜景堂指导员、黄成植书记和赵指导员带着朴英善、柳明玉、小金子和我,还有几名轻伤员。朴英善同志打着一面"东北抗日联军第六军一师"的大旗。

这一天好像是正月十六,大大的月亮又圆又亮,尖山子煤矿的景物都看得一清二楚。因为提前派了侦察员,各队很顺利地进入了目标点。

我们的任务是到煤矿工人居住的工棚进行抗日救国宣传和教育,利用这种形式来稳定局面,让矿工们安心,为其他队伍的行动赢得时间。

明晃晃的月光下,我们看到这个工棚挺大,是顺着一座大山搭建而成的,里面住着近百名矿工。当我们推门进去时,他们已经躺下了。看到我们这些不速之客突然闯了进来,都惊慌失措地坐了起来。

杜指导员赶忙招呼大家:"矿工兄弟们,我们是抗日联军六军一师的队伍,是打日本救穷人的队伍。今天到这里来看看你们,慰问你们,大家不要紧张。"

听了杜指导员的开场白,矿工们都安静了下来。有的人知道抗联部队是咋回事,脸上露出了惊喜的笑容,工棚里很快点起了蜡烛和马蹄灯。

为了这次行动,我们每个人都戴上了平日里舍不得戴的袖标,军帽上的红五星也在烛光里闪着红光。没有红五星的也遵照张寿篯政委的规定,用桦树皮剪了五星。

接下来,杜指导员说:"大家把衣服都穿好,别冻着,下面我们先给大家唱几首抗日歌曲。"杜指导员的话音刚落,外面忽然枪声大作,机枪声和步枪声响成了一片。

听到枪声有的人又露出了惊恐的神色,黄成植赶忙说:"大家不要害怕,这是我们的大部队在打日军'讨伐队'。"紧接着他就指挥我们唱起了《全东北工农兵学联合起来呀》。

激昂的歌声稳定了矿工们的情绪,他们都睁大了惊奇的眼睛,静静地听我们唱歌。歌声结束后,叫好声和掌声响成了一片,没有人再去理会外面的枪声了。

这支歌唱完后,黄成植同志又开始了演讲:"矿工兄弟们,我们都是中国人,小日本欺压我们,不把我们当人待,我们能甘心当亡国奴吗?我们能眼瞅着大好的河山被小日本糟蹋吗?"听到这话,有的矿工喊了起来:"不能!"

"对!不能!怎么办?只要我们全体同胞团结起来,就一定能把小日本赶出中国去!现如今,朱总司令和毛主席已经到了热河,马上就要到沈阳,我们胜利的一天不远了,矿工兄弟们准备迎接胜利吧!"

黄成植的话音刚落,我们紧接着又唱起了《九一八事变》和《归屯并户》等歌曲。听了这几首歌,不少矿工都流下了眼泪。他们说:"你们的歌,真是唱到我们的心里去了,从来也没听过这样的歌呀,没见过这么好的兵啊……"

屋里的情绪越来越高,不少人报名要参军。这时,白凤林过来报告杜指导员,说他们那边给养已经弄好了。

原来就在我们唱歌、演讲的时候,赵军需官他们打开了敌人的一个仓库,库里面有成袋子的冻馒头,他们又从马棚里牵出了两匹好马,把馒头等物品都放到了马背上。

有个工人耳朵尖,听说我们只找到了馒头,就告诉我们,还有一个仓库,他自告奋勇地领我们去起那个仓库。白凤林说:"没东西装了。"一名矿工当时就拽出来一条印花床单扔给了我们,旁边还有一个工人打趣他说:"咋把你老婆给你的花被单都捐出去啦?"那个工人说:"人家打鬼子命都豁出去了,一条床单算个啥?"

第二个仓库打开了,里面装的是冻豆腐和大酱,大家七手八脚地把东西用花床单包了起来。

这时,传令兵过来通知我们撤退,我们依依不舍地告别了矿工,愿意参军的就和我们一起上队了。

出了工棚往西南是一条大沟,过了沟就开始爬山了。我们抬头向山上望去,第一批驮馒头的队伍已经到了山顶。大部队还在掩护着我们,他们边打边撤,枪声一直没断。

不知道前面哪个面袋子没扎住,山坡上滚下来不少馒头。我们一边走一边捡,捡到的馒头都冻得硬邦邦的,大家把捡到的馒头赶紧往嘴里送。馒头一啃一道白印,我们把啃下的馒头渣含在嘴里,好久没有尝到白面味了,那个香啊……

东方露出了一抹白光,天放亮了。我们打了一个大胜仗,既解决了给养,又宣传了抗日,而且没有人员伤亡。驮着胜利品,迎着初升的太阳,我们走向新的战场。

攻打柳木营

部队一直在往西南运动,进入了勃利、七台河地界。乍暖还寒的早春天气,向阳坡地的积雪开始融化了,可一早一晚还是寒气袭人。

这个地区的百姓生活都很贫困,我们六军在这里的群众基础比较薄弱。七台河地区仅有几家小煤窑,规模都不大,给养很难解决。这里的群众都不太知道六军一师的部队,这里是第五军、第八军的游击区,百姓们都用怀疑的目光打量着我们。他们大门紧闭,看来在这里很难开展工作。

我们在茄子河北、泥鳅河一带转了有一个多月,就又返回了双鸭山。这时已经到了农历三月初,扑面而来的风变得潮乎乎的了,绿草开始泛青,小河水带着冰凌哗啦啦地流淌着。

上一次缴获的食品早已吃光,部队决定二打双鸭山。可是,这一次由于侦察工作没做好,战斗失利了。

漆黑的夜晚,伸手不见五指。我们从南面的山上下去,绕过兵营,悄悄地向工棚摸去,战斗前定的暗号是吹口哨就冲进去。可没等到跟前,敌人的枪声就响了,噼噼啪啪的枪声从不同的方向射向了我们。看来敌人这次是早有防备,密集的子弹下,杜指导员、白凤林司务长、机枪手杨凤鸣和战士小曲都负了伤。看到敌人火力挺猛,部队只好边打边撤。敌人此时不知道我们的底细,这么黑的夜,也没有追出来。

我们没敢停脚,架着伤员走了一宿,天放亮时,才在一个老林子里歇了下来。

双鸭山是不能再去了,部队决定转向窦家围子。窦家围子是我们的根据地。

春雨不停气地在下,哗啦啦、哗啦啦,战士们从里到外淋得透心凉。日本人正在窦家围子修警备路,没修好的路泥泞不堪,每个人的脚上都粘着一大坨子的泥。遇到泥水深的地方,两条腿陷进去后,脚拔出来了,鞋留在了泥里。野猪皮做的靰鞡鞋都泡软了,不少战士把鞋脱掉扔了,宁可光着脚走。邓司务长跟在后边不停地捡,一边捡一边说:"等天晴了,晒一晒还能穿啊,没粮食还能当饭吃,这么好的东西哪能说扔就扔。"就这样我们一跳一滑地走到天大黑,才进了窦家围子。

队伍到了窦家围子以后,我们进了地下联络站窦掌柜的家。他家有三间房子,房子都挺大,正房是南北大炕,地下有两口大锅灶。窦掌柜看到部队来了,紧张罗着,给我们做了小米干饭,粉条炖豆腐。

窦掌柜是我们的地下联络员,部队收缴的大烟,装在黑坛子里埋在他家的地下。那时,大烟可以当货币流通,他用大烟给我们收粮食。部队还可以在他家用伤马换好马,病伤的马,他找人给医治。

在窦家围子我们还听到了金碧荣、张玉春、金凤淑、沈英信等同志的消息。据老乡讲,敌人曾经把她们押到过这里,就在老乡家的北炕上住过一夜。老乡们说:"几个女兵不停地唱抗联歌曲,第二天早上就让敌人押到马车上拉走了,在马车上还在不停地唱。"

趁着窦掌柜做饭的功夫,我们去各家各户地进行了抗日宣传。

饭菜做好了,香气飘散在屋中。战士们好多天没正经吃过一顿饱饭了,闻着饭菜的香气,急得直咽口水。

正当大家准备开饭的当口,东边围子突然传来了啪啪的枪声。枪声就是命令,大家赶紧提枪冲了出去。

经过了解,原来是这个围子的伪保甲长孟光春,给东边围子的"讨伐队"打了电话,把敌人引来的,我们立刻把孟光春抓了起来。孟光春,四十左右的年岁,皮肤挺光滑,穿得也挺齐整,一套藏蓝色土林布的裤褂干干净净,一顶黑缎子的瓜皮帽扣在头上,帽子上还有个红疙瘩,不像是农村人。

部队和敌人接上了火,天黑雨大,敌人也不敢贸然进村,就在围子边上进行着拉锯战,战士们开始换班回来吃饭了。

战士朱学成一脚迈进了屋子,一看菜热得吃不进嘴里,就摸起一个柳条大笊篱,捞了一笊篱菜,放到了水缸里,菜顿时就凉了。他也不用碗,就着笊篱唏哩呼噜地都划拉进肚子里。一边吃还一边说:"心急吃不了热豆腐,你们想吃,就都和我学。"三口两口吃完后,又跑了出去换别的战士回来吃。

战斗一直进行到了后半夜,害怕天亮敌人的部队增援,我们押着伪保甲长孟光春撤出了窦家围子。临行前,我们告诉孟光春的家人,给他们一个戴罪立功的机会,准备好粮食来交换人。

连阴的天,连阴的雨。已经十多天了,孟光春的家人还没有送来粮食。部队准备攻打柳毛沟村了,也有人把那地方叫柳木围子。

我们三个女同志,还有周云峰,年纪比较大的石副官和被炮声震聋耳朵的战士杨聋子留下看管孟光春,做饭的家什也都留在我们这里,几个司务长都上了前线。司务长上前线,主要负责解决口粮的缴获、运输和保管。

早上,攻打柳木营子的队伍还没撤回来,这时,我们三个女的在割草,准备搭个遮雨的棚子,周云峰、石副官和战士杨聋子在砍树,想拢一堆火。孟光春跟在我们身边,他和我们几个说要去解手。我们三个女人跟着也不方便,就说:"那你去吧,别走远了。"他嘴里答应着,就在离我们十几步远的地方蹲了下去。半天没看见他站起来,朴厂长说:"不好,这家伙是不是跑了?"

我们几个抬眼一看，果然远处的树丛上露出了他的瓜皮帽，还在一蹿一蹿地向前跑。

我们大声喊着："站住！不站住开枪啦！"他没听吆喝，还是一直没命地在跑，我们赶紧开枪，由于有树丛掩护，只打掉了他的瓜皮帽，人还是跑掉了。

我们几个人都十分地懊恼，跑了人犯我们犯了大错误，更可怕的是，他会领来敌人，暴露我们的目标。正在这时，攻打柳木营的队伍撤回来了，我们赶紧背上做饭的家什，跟部队会合后向山顶冲去。

那天，部队是半夜发起进攻的，雨还在下个不停。

柳木营修有工事，村子外面是一人多高的护城河。连日下雨，护城河里灌满了雨水。战士们蹚水过了护城河后，在城墙边上搭人梯翻了过去，因为是雨天，敌人的哨兵也放松了警惕，翻进墙的战士用刺刀结果了他。

部队摸到了"讨伐队"的营房，他们正在里面睡觉。我们用机枪封锁住大门，喊他们出来投降。敌人在屋内死命地顽抗，就是不出来，他们也支上了机枪，从窗户里还伸出了不少步枪，两边的机枪"嘎嘎嘎"地响个不停。由于我们这边没有掩护物，战斗中，徐副官（外号徐寡妇）牺牲了。

敌人还是不投降，白福厚团长下令让几名战士跳上房去，往房子上泼了一桶汽油，点上了火，天上下着雨，火势也不旺。敌人算是和我们靠上了，就是不肯出来。天马上就要亮了，部队只好撤了下来。

撤出来的队伍刚到西山头，发现敌人从三面包围了上来，部队就地和敌人又接上了火。

这是一场硬仗，从早晨一直打到晚上。在这场战斗中老付头（赫哲族，付炮）立了不小的功，他的枪法好，百发百中。只见他瞄准了敌人，一枪一个。可是，打着打着就听他嘴里念叨着："不行了，不行了……"

这几天老付头一直发烧，肚子里又没有一点食儿，难怪他顶不住了。这时，白团长急中生智给他揪了一块大烟，老付头吞进肚子里不一会儿就来了精神，他嘴里又嘟哝着："好啦，好啦，看我的吧……"枪声下，又有敌兵倒了下去。

敌人来了两架飞机，飞机个头不大，看情形好像是侦察机，它在我们的头上一遍一遍地转圈。

由于部队抢先抢占了有利地形，敌人一直攻不上来。我们倒是打死了不少敌人，还打死了一名机枪射手，缴获了一挺机关枪。这边也有几名战士负伤，机枪手杨凤鸣旧伤没好，又添了新伤。

太阳偏西时，敌人不敢恋战，他们把尸体装上马车撤退了。

看到敌人撤退了，部队也赶紧转移。我们顺着七星河往南走，钻进了一片老瞎塘。老瞎塘里的小树十分密集，敌人的马队钻不进来，就是人到了里面也不好走。塘里面根本没有路，上面的树枝刮脸，下面的树枝绊腿。磕磕绊绊地我们走了一宿，天放亮时我们来到了一条河边，部队才传令休息。

两宿一天没合眼了，战士们又困又累又饿，一宣布休息，立刻东倒西歪地睡着了，我枕着背包也睡了过去。

睡梦中，忽然听到好像有敌人的一群马队跑了过来。呱嗒呱嗒呱嗒，马蹄踏落叶的响声十分震耳，这声音由远而近，越来越响。我一骨碌爬了起来，同志们也都惊醒了，把枪抓在了手里。我一想，完了，这个时候敌人的马队上来了，我是说啥也跑不动了，干脆不跑拼了吧！

声音更近了，突然出现的一群动物把大家惊得目瞪口呆。原来是二三十成群的马鹿穿林而过，马鹿个个肥壮，它们比马小点，比驴还大点。

几个炮手赶忙架枪射击，就在马鹿穿行疾跑的瞬间，三匹肥壮的马鹿被击毙了。整个部队立刻欢腾了起来："有肉吃啦！有肉吃啦！"

几个司务长赶忙剥皮剔肉，把肉卸成小块分给大家。这时，指战员们分析，马鹿很可能是受了什么惊扰，才纷纷逃窜，也许敌人就在附近，我们必须立刻转移。战士们背上马鹿肉，顾不得疲劳和饥饿，又向西南走去。

七星峰突围

农历五月,天气暖和了,田野终于拉起了青纱帐。

部队先在孟家岗、小五站一带转悠,后来又进入到桦川县,来到了申家围子。

申家围子的保甲长是一位五十多岁的小老头,留着两撇小胡子。他的家境也不错,有三间大草房。这个保甲长多少有些文化,知道很多事情。他给我们讲了八军军长谢文东一九三八年的秋冬下山了,九军的李华堂部队也下了山。特别令人震惊的是八军政治部主任刘曙华同志被他们残忍地杀害了。

当时所谓的下山就是叛变投敌,老百姓把叛变投敌的部队称之为下山。

抗联第八军的前身是一九三四年土龙山(原吉林省依兰县,今黑龙江省桦南县)农民暴动组织起来的民众救国军,后来在中国共产党领导的抗日武装帮助下,走上联合抗日的道路。一九三六年九月改编为抗日联军第八军,全军达两千余人,游击区扩展到依兰、方正、延寿、勃利、富锦等县,为东北抗日游击战争做出一定贡献。一九三八年以后,东北抗日斗争进入艰苦时期,在日伪的军事"讨伐"和政治分化的双重压力之下,谢文东思想动摇,一九三九年三月,谢叛变投敌致使全军瓦解。

抗联第九军的前身是自卫军李华堂支队。后来在中国共产党抗日民族统一战线政策感召下,走上了与人民抗日武装联合抗日道路,活动在牡丹江下游地区。一九三七年初,在共产党的帮助下,改编为东北抗日联军第九军,转战在依兰、方正、通河、汤原、勃利、宝清等地。一九三九年七月,在残酷斗争中李华堂思想动摇投降日军。

我们听了申家围子保甲长的讲述后,震惊、气愤和悲伤充满了胸膛。我们知道刘曙华烈士是受周保中军长派遣到第八军担负重要工作的,他是我们党优秀的干部之一。一九三八年六月,刘曙华率领二十九名战士在桦川县七星砬子与第八军三师师长王子孚率领的部队会合。他发现了王子孚策动叛变的阴谋,同王子孚进行了坚决的斗争,利用各种机会向三师的干部战士宣传抗日,讲解我党的抗日政策。他说:"中国人不应甘作亡国奴,中华民族只有抗战到底才是出路。"叛徒王子孚认为刘曙华是他们投敌的障碍,就把刘曙华绑在大树上,惨无人道地割下了他的舌头。刘曙华威武不屈,挺立在大树下。最后这伙穷凶极恶的家伙,竟用刀子一点一点地割下刘曙华的皮肉,直到把他割死。没想到,他没有牺牲在日本人枪口下,却死在了叛徒们的刀下。

这时,师长陈绍宾在不住地唉声叹气,部队的情绪有些紧张和低落。黄成植和白福厚团长站了起来:"同志们,我们要为死去的烈士报仇,谢文东和李华堂都是民族的败类,他们不抗日,我们抗日!我们坚决不作亡国奴!"战士们的情绪又激昂了起来:"对!我们抗日,给刘曙华主任报仇!"

参军后我第一次感到革命队伍里出了叛徒的可怕,我们这支队伍的前途会是什么样呢?我想,我们这支队伍不可能发生这种事情,因为六军的队伍里工人和农民比较多,基础好,战士们觉悟高。

部队在申家围子住了一夜,第二天早上我们怀着沉重的心情离开了这里,告别保甲长的时候,他把装在炕琴里(一种放在炕上的柜子)的小米全部送给了我们,每个人分了有两斤多吧。

离申家围子不远,有一条小河,过了河是一片草甸子。蹚过了草甸子,我们爬上了一座秃顶子山。到了山上,我们向申家围子望去,这一望惊出了一身的冷汗。我们看到敌人的马队从围子里出来,正向草甸子跑来。

天刚麻麻亮,晨雾弥漫着山岗。我们从秃顶子山上,顺着山脊一直在往北走。从山上向山下望去,日寇"讨伐队"的马队,人和马显得都很小,我们的枪够不上打他们,他们也打不到我们。部队这时不敢下山,只能在山上走,这样我们就占据着有利的地形。

顺着山脊,我们从秃顶子山一直走到了七星峰。这时,天已接近了晌午,太阳火辣辣地照在头顶,大家跑得浑身是汗。

七星峰险峻陡峭,大大小小的山峰像是一把把利剑直指青天。到了这里我们无路可走了,只能依靠这里的天险来阻击敌人。

部队上了七星峰,峰顶上数不清的石砬子高矮错落,参差不齐,石砬子缝隙间山泉水淙淙流淌。这座山的北面现在属于双鸭山,南边属勃利、桦南。我们站在高处向山下望去,看到山根底下有条河,河边有敌人修的警备路。这时,敌人从南边和西边,兵分两路紧追了上来,北面有座高山遮住了我们的视线,那面的情形看不清楚。公路上有马队和马车跑来跑去,敌人在河边支起了帐篷。

天黑了,敌人只是部署,没什么动静。到了第二天,他们还是围而不攻,这时北边也发现了敌人,北边的敌人是从西边过来的。

第三天了,敌人开始试探性地进攻了。这是一个响晴天,万里无云,我们都隐藏在石砬子后面,上面传令,敌人不到跟前,不许开枪。

敌人开始爬山了,前面是伪军,后面跟着日本关东军。敌人越来越近,能听到脚踩石头和落叶发出来的咔咔、唰唰的声音。女战士柳明玉离我不远,她用手在向我比画,示意准备开枪,我已经能看到一个伪军了,他穿着一身黄衣服,脖子上围着一条白毛巾。

就在这时,我和柳明玉的手枪同时响了起来,敌人哀号了一声,倒了下去。与此同时,我的四周也响起了噼噼啪啪的枪声,冲上来的敌人被我们撂倒了不少。剩下的敌人拽着尸体掉头就跑。

就这样,敌人每天两三次向山上发起进攻,但是,都没有攻上来,我们靠着有利的地形和敌人顽强地对抗着。他们好像也不急着进攻,像是要把我们困死在这里。从申家围子带出来的小米吃光了,这光秃秃的山上什么都没有,饿急眼了,也只能灌一肚子山泉水。

敌人的包围圈在逐渐地缩小，赖以生存的山泉水也被他们占领了。夜间，前哨站岗的地方都能听到敌人打呼噜声。而我们又不能出去打击他们，情况变得越来越危急。

第五天，上午还是又大又圆的太阳烧烤着山岩。头顶上太阳照着，身边山石烤着，大家的嗓子直冒烟。我们隐藏在石碴子后面警惕地注视着山下，由于肚子里没食儿，太阳底下眼前乱冒金星。到了下午，东边的天上忽然飘来了云彩，云彩翻卷奔涌着，越来越密。

没过一刻钟的工夫黑云滚滚，惊雷阵阵，瓢泼般的大雨从天而降。从来没有看见过这么大的雨，从来没有听见过这么响的雷。闪电咔啦啦地撞击在山岩上，发出耀眼的红光。雷声就暴响在我们的头顶，轰隆隆、轰隆隆，好像要把整座大山炸碎。

雨不停地在下，山洪咆哮着顺着山石滚滚地流淌。天黑了，传来了压低声音的口令："准备，撤退。"口令一个一个地传了下去。

撤退开始了，我们从东南往西撤，敌人是三面包围，西面那个方向没有敌人。

石头碴子在雨水的冲刷下溜溜滑，一迈步直摔跟头。没走出几步，一个像刀剁斧劈般的山石裂缝横在了面前。白福厚团长率先一个箭步跳了过去，身高腿长的徐排长紧随其后也蹦了过去。他的后面是身材矮小的安班长，迈步前他脚滑了一下，这一滑，他没能跳过裂缝，只听"啊——"的一声，他从山石的裂缝处滚落了下去，哗啦啦——，山石和他滚落的声音持续了好久，山下敌人的枪声顿时响了起来，大家惊得浑身一战。

白福厚团长马上发出命令："停止前进，停止前进！"走在大后边的战士还不知道发生了什么事情，直打听："咋地啦？咋地啦？"

这时，白福厚团长，在石缝那边摸到一棵碗口粗的小桦树。小树因为长在山岩的缝隙处，根没有多深，白团长和徐排长两个人同时撼动，不一会就连根拔了起来，他俩把那棵小树搭在了裂缝上，同志们陆续过去了。轮到我了,我听到徐排长在那边喊:"迈右腿,迈右腿。"我战战兢兢地迈出了右腿,就在我右腿迈上小树,刚抬起左腿的时候,对面一双有力的大手一把拽住了我,原来是白福厚团长和徐排长在那边一个一个地接着我们。

我的身后又过来几名战士,哗啦啦——,又一阵响声传了过来。像是有什么铁器,撞击山岩,响声持续了好久,一直响到山脚下。敌人的枪声更猛烈了。

后来我们才知道,原来是邓司务长拴在背包带上的铁桶绳子开了,就在他往山岩上跳跃的时候,铁桶顺着山夹缝滚落了下去。

这个时候大家只能前进,不能后退,有天大的事情也不顾了。

部队开始下山,山太陡了,人很难站住脚,大家几乎是叽里咕噜地在往下滚。雨还在不停地下,连泥带水的,每个人都骨碌得像个泥猴。

终于来到了山脚下,一条湍急的河水又横在了面前。有人说这条河是八虎力河,有人说是小虎力河,不管是哪条河,最后都流入到下游的倭肯河。山上的洪水带着泥石不停地像万马奔腾一样冲入河中,激起巨大的浪花。水流太急了,人下去根本站不住脚。这时,白团长和孙国栋副官领着大家砍倒了两棵树。岸上大家拽住树的一头,几个人把着树走到河心,再把另一棵树送到河对岸,他们在河中间死死地抓住这两棵树,我们再依次下河,扶着树干蹚过河去。

过了河有人带路,开始向东南方向转移,就这样没停气地走了大半宿。天亮了,雨也停了,我们拐进了一个山口,在两座山的夹空里穿行。走出了十多里地后,眼前豁然开朗,我们走出了山口。一条清澈透明的小河,出现在面前,河里的石头和水草看得清清楚楚,一大片一尺来高的燕子尾草长在了河两岸。

看见了河水和燕子尾草,大家好像饥饿的羔羊遇见了大草原,什么都顾不得了,赶紧趴在河边咕咚咕咚地喝水,掠下大把大把的燕子尾草,往嘴里填。燕子尾草刚长出来的时候,略带蓝色,像小燕子的尾巴,长大了以后像大菠菜,这种草不苦,有点清香味,人可以吃。

看到战士们如此的饥饿不堪,白福厚团长说:"各班拢堆火,用水焯一焯再吃吧,如果发生情况就到后面的山顶集合。"

大家也实在累得不行了,听了白团长的话,就各班拢火,准备连休息带焯燕子草吃。

这时,金指导员的侄子小金子忽然瞪大了眼睛喊着:"敌,敌人来了……"他的话音还未落,大家发现敌人马上就要到跟前了。一个日本军官已经冲到河边,还没等我们反应过来,敌人的机枪"嘎嘎嘎"地响了起来。枪声中立刻倒下了好几名战士,大家也顾不得去拿盆子,赶紧就地卧倒,有的奔向河套子里的小树林,以树木为掩护进行还击。

徐排长就在我的身边,我看见他一个趔趄倒在了草地上,膝盖处不停地往外冒血。我赶紧爬过去扯块衬衣布给他包扎,他连说着:"别包了,别包了,我的腿拿不动了,我掩护你,你快撤。"这时,他爬起来跪在草地上,不停地向敌人开枪,又一颗子弹飞了过来,打中了他的胸膛,徐排长倒在血泊中牺牲了。这个时候白福厚团长端着机枪也跑了过来,看来机枪手也牺牲了。他端着机枪边扫射边跑,掩护着大家。他喊我:"小李子,怎么还不撤退,快跑!"我顾不得悲痛,赶紧拽几把草,给徐排长盖在脸上,转身向山上跑去,耳边是呼啸而过的子弹声。

好高的山啊,我已经跑不动了,跑不动也得跑啊,我咬着牙坚持着,快到山顶的时候看见了地上的草有被踩过的痕迹,我想方向没错,就继续往上爬。终于到了山顶了,啊!同志们都在山顶上了。

大家看到了我,都惊讶地张大了嘴:"啊!小李子,你没死啊?"

"没有啊,谁说我死啦?"

"我们看见你倒在草地上了,以为你牺牲了呢。"

他们这一说,我想起了牺牲了的徐排长,泪水立刻流了出来,我哭着说:"不是我,是徐排长牺牲了。"大家的头都垂了下去。

这时，白团长提着机枪也爬上山来，他一直在掩护大家，最后才上山。我们的白团长从来都是冲锋在前，撤退在后。

这次战斗牺牲了好几名同志，这时，陈绍宾师长坐在山坡上一直唉声叹气。看到白团长上来了，他开始说话了："人也回来得差不多了，我就和你们说说吧，我这个师长是不能干了！你们都走吧，去自谋生路吧，愿带枪走的可以带枪走，带枪走还能混碗饭吃。我这里还有点钱，可以每个人给你们两元钱（伪满币）。"说完了他又重复了一遍："不行了，不行了，我这个师长不能当了，你们都走吧……"

他一边说着话一边解开了上衣，我们看到在他的上衣里面有一个像子弹袋一样的钱袋子，里面一格一格地装着钱。那时候，部队的经费都是由最高领导保存着。

听了他的话，大家全部都惊呆了。战士们的脸上立刻表现出吃惊和紧张的神色，这是一个师长说的话吗？我们立刻联想到不久前下山叛变投敌的谢文东和李华堂，我们要去缴械的陈云升，还有被叛徒残酷杀害的刘曙华烈士。大家都把手放到了自己枪上，互相都用猜疑的目光巡视，看看究竟事态如何发展。

我一听到陈绍宾要解散部队的话，顿时像是一片乌云压在了头顶，像是一个惊雷爆响在了耳边，头皮簌簌地发麻，大脑一片空白。等明白了他的意思以后，我沉不住气了，放声大哭："我们是奔着共产党领导的革命队伍来抗日救国的，现在咋能让我们走呢？我是个没有父母的孩子啦，我没有家啦，我哪儿都不去，哪儿都不去，我就是死在战场上也不走啦！"我边说边泣不成声……

好多小战士也哭了，林占才、王德、王玉春（机枪手）、柳明玉等人也哭着说："我们没有家呀，归屯并户，家都烧没啦……"

林占才，一九二一年生于黑龙江省桦南县靠山屯一个贫苦的农民家庭，连同伯父、伯母、兄弟、姐妹共八人，房无一间，地无一垄，靠给地主扛活，放牛维持生活。他五岁丧母,七岁给地主放猪,十三岁给地主放马。一九三五年七月,东北抗日联军来到了他的家乡,年仅十四岁的林占才参加了东北抗日联军,从此同家人失去了联系,便以部队为家。他听说要解散部队,怎能不哭呢?

战士马云峰也说:"这叫啥事儿啊?……"

就在这紧要关头,白福厚团长站出来向大家高喊道:"不怕死的站出来,跟我走!我领你们去找张政委(李兆麟)、冯省委(六军政委冯仲云)!谁愿意继续抗日救国的站出来跟我走!咱们中国人剩下一个人也要抗战到底!决不向敌人投降!"白团长的这一番话,让我感到太阳一下子出来了,我头上的乌云散了,有人带路了!

白团长的话音刚落,孙国栋副官、杜景堂指导员、黄成植、赵军需官等人"唰"的一下站起来走到白福厚团长的左侧自觉地排上了队,共产党员站出来了,共青团员站出来了,革命战士站出来了,就连陈绍宾的警卫员杜宝祥都站了出来。杜宝祥的父亲是七军的战士,已经牺牲了。

大家站好队后,白团长宣布:"同志们,我们前面虽然困难和危险重重,但我们要团结一致,排除万难到西荒(黑嫩地区的统称)找省委和军部,现在马上下山过江。"

陈绍宾看大家都随白团长走,他也无可奈何地耷拉着脑袋站到队伍里来了。

脱险黑鱼泡

艰苦的抗战岁月,有时候危险就发生在内部。一九三九年在严酷的形势下,东北抗联第八军、第九军解体了,而陈绍宾身为一师之长,挺不住了,关键时刻是一些优秀的共产党员挺身而出，稳定了大局。

正当白福厚团长准备带队离开之时，西边山顶上的岗哨下来报告："报告团长，北边警备路方向又开来十几辆汽车，车上的敌人正分散开往这边走。"

白福厚团长思索了一下说："同志们，敌人这是实行的拉网战术，咱们怎么办？"大家一起高喊："拼了！咱们和他们拼了！"

白团长摇了摇头说："不行，咱们人少，他们人多。再说，咱们的子弹也不多了，硬拼咱们吃亏。他们实行拉网战术，咱们给他来个漏网战术。"

"漏网战术？怎么漏啊？"战士们问了。

"听我指挥，一连、二连往西走，三连、四连往东走，大家赶紧分散开，能隐蔽的隐蔽，能撤退的撤退，等敌人过去了，大家去张家窑的平顶山集合。"

敌人就快上来了，我决定先猫起来再说。一棵横七竖八长满枝叶的大树下，有一团乱蓬蓬的蒿草，我身子贴地爬了进去。

等啊，等啊，四周鸦雀无声，二十分钟左右的工夫吧，敌人过来了，他们都是拉开距离，横向走着的。离我最近的伪军走路"唰啦、唰啦"的响声听得一清二楚。就在走到离我几步远的时候，听到远处一个伪军在喊话："哎——咋样啦？看到什么了没有？"

这边的伪军回答："没有啊——"这时，一个日本关东军发话了："说话地不要，说话地不行。"

听到他们的对话，我的心里好像揣着一只小兔子，耳朵都能听到"怦怦怦"的心跳声。我屏住呼吸，一动也不敢动，感觉时间过得好慢好慢。

终于，一点声音也听不到了，敌人过去了。我忙从草棵子里爬了出来，慢慢试探着走了几步，没有什么动静，我撒开腿就往树密的"老瞎塘"里跑。跟头把式地好不容易钻出了这片树林。出了树林一看，朴厂长和柳明玉正在这转悠，她们看到我忙说："哎呀，我们到处找你，你猫哪了？"

我告诉她们自己猫在了一棵大树下。朴厂长一连声地说："躲过去就好，躲过去就好，咱们快走吧，我认识路。"

朴厂长带着我们翻过了几个山头。我们已经累得一步都不想走了，枪也扛不动了，两条腿发软，像面条一样，一条小树枝都能把我们绊倒，一阵风过来也能把我们吹倒。

好不容易一步一步地挪到了张家窑附近的平顶子山。山上已经有不少战士陆续地来到了这里。我们互相对望着，大家的脸都透着绿色，浮肿得变了形。

这时，机枪手王玉春正拖着机枪往山上爬，看来他连扛机枪的力气都没有了。王玉春是个年轻的小伙子，两只大大的眼睛已经肿得成了一条缝。他走一步歇两步，眼睛向上翻着，好像随时都会倒下去。我和柳明玉在山上嘀咕："机枪手好像是不行了。""嗯，部队要是没有机枪可咋办啊，咱们得想想办法。"一边说着，我俩一边跑了下去。

我俩连拖带拽地把王玉春拉上了山，他一下子就躺在了山上，我忙着在盐口袋里翻着，看能找到什么吃的东西。嗨，真是不错，我竟然翻出来了大拇指一般大的一块肉。我赶紧把肉撕成细丝，送到王玉春的嘴里。他躺在那里闭着眼睛使劲地吃着，一块肉下了肚，不大一会睁开眼睛坐了起来。他十分感激地和我说："哎呀，哎呀，心口窝憋得慌，现在好点了，小李子，太谢谢你了，你这一块肉可把我救了，我都不行了……"

我们大家寻思，这一小块肉顶不了多大的事儿，兴许是肉里的咸盐起作用了吧？我们用手摸着自己的心口，胃都饿得缩成了一个小包，再摸摸肚子，一根根的肠子好像都能数得清。

人都到得差不多了，开始点名。有三个战士没有答应，大家估计可能是他们跑了，再就是倒了下去爬不起来了。部队从青山老道庙出发时有一百多人，现在连五十人都不到，如果再没有粮食，这支小部队也要垮掉了。

这时，白团长安排金指导员带着战士小萧(徐光海警卫员)和战士小王去附近的炭窑，想办法买点粮食。安排黄炮(黄龙吉)和李炮(李排长)出去转转,想办法打点野兽回来。其他的人员就地休息、等待。

我们心急火燎地等待着,心里想着,哪怕是有一伙人能弄来吃的也好啊。我们等着,等着,过了大约两个时辰,金指导员连喘带吁地跑了回来,他脸上直冒虚汗,嘴上起了厚厚的一层白皮,大家急得忙问:"咋地啦? 咋地啦?"

"哎呀,哎呀,别提了,他们两个把我给缴械了,他们两个带着枪跑啦……"

"啊——"

原来是小萧和小王,走到了一个没人的地方把金指导员的枪给缴了。金指导员带着一支大枪和一支手枪,他们把手枪缴了去,把大枪里的子弹退了出来又还给了金指导员。临走时,他们和金指导员说:"金指导员,对不起啦,你别怪我们,陈师长不是说让自谋生路吗? 我们实在饿得受不了啦……"

听到这一情况,大家都十分紧张,我们处在敌人的包围圈之中,如果这两个人投奔了敌人,那后果将不堪设想。这时,陈绍宾又说话了:"咳,走就走吧,好歹能出去混碗饭吃。"听了他的话,大家的脸色更加恐惧和难看。

白团长当机立断,不能等李炮和黄炮了,部队得赶紧转移。他高喊着:"部队集合,起队!"

我们又连续地翻了几个山头,最后一座山不太高,长满了柞树。到了山顶上一看柞树下面长了好些叫"山老荤"的野菜。看见这种野菜战士们啥都顾不得了,嗨,终于又有吃的啦。

"山老荤"长得既像葱又像蒜,吃起来也是葱蒜味,有黏液,还有些辣。大家拼命地吃啊,吃啊,吃得胃都生疼,直往上返酸水,受不了啦,就再含一粒咸盐,盐真是个好东西。

趁着大家吃野菜的时候队伍里的领导开了一个会,讨论这支队伍要往何处去。

师长陈绍宾和周云峰的意见是往东燕窝岛（雁岛）方向走，返回大旗杆，队伍进行休整。他俩说："咱们掏鸟蛋收大烟税也够吃够花的啦，再不用这么挨饿受累的了。"

白福厚团长、孙国栋副官、杜指导员和黄成植的意见是过松花江到汤原、萝北一带去。

两种意见争得脸红脖子粗。白团长提出了三点：

一是往大旗杆去，没有我们的根据地，那里是七军的地盘。我们应该去找六军的领导，张寿篯政委、冯仲云省委和北满省委书记金策同志。

二是现在是夏季，大旗杆那里一片汪洋，没有船过不去。再说，七星泡子和七星河一带到处都是日本"讨伐队"的兵营，空中是敌人的飞机，半路上就会被敌人给消灭了。

三是如果往北走，绥滨、汤原、萝北都有我们的根据地，有地方关系，便于活动，兴安岭里面还有我们多处的后方密营和林业工人。

最后少数服从多数，部队决定往北走，过松花江。这时，战士们已经吃了不少的"山老荤"，吃不了的就装进了背包，部队又开始出发了。

漆黑漆黑的夜晚，没有月亮。下山后，我们走进了一片大水泡子。这个水泡子太大了，像是一片汪洋大海。水泡子里的水有深有浅，我们不知深浅地走了进去。据说这个地方叫"黑鱼泡"。忽然听到有人喊："不好了！有人掉进去啦。"

原来这种湖泽地，上面的水草和底下的树根纠结在一起形成了草毡子，草毡子像毯子一样覆盖在水面上，人踩了上去，站不住脚，掉下去就上不来了。

两名战士就这样无声无息地牺牲了。口令从前面传了过来："停止前进，往回走。"我们掉转身又往回走。这时，孙国栋副官小声指挥着我们："贴边走，踩硬实地。"

早上，天麻麻亮，星星还没退去，我们行走在沼泽地的边缘。前面的尖兵传来了口令："注意,前面有警备路。"不大一会儿,口令又传了过来："敌人的汽车过来了,就地卧倒。"

我们顿时都趴在了水里,白团长小声地嘱咐大家："都藏到水里,不要露脑袋。"我在水草里找到了一棵"老山芹"含在了嘴里,身子和头也都埋在了水中。"老山芹"的颈是空的,人含在嘴里能喘气。

这时,赵军需官悄悄地摆手,把孙副官招到了跟前贴着耳朵说："你过去看着老头(陈绍宾),别让他暴露目标。"孙国栋副官心领神会地爬到了陈绍宾的旁边。

不一会儿敌人的汽车"呜呜呜"地开了过来,车前面开着大灯,侥幸的是,敌人没有发现我们。

汽车过去了好一会儿,我们才从草丛中逐个走出来。这时天已放亮,我们不敢在这里久留,赶紧钻进不远处的一个小山冈。小山冈上长满了密密麻麻的小柞树和榛材树丛。

太阳升起来了,照在人身上暖洋洋的。我们已经两宿一天没合眼了,太阳底下,大家都昏昏沉沉地在树林子里睡了过去。

午后,三四点钟的样子,白团长和杜指导员要出去搞吃的了。临走时,白团长把队伍交代给孙国栋副官说："我们去整点吃的,队伍有事你负责指挥。"

两个多小时过去了,太阳已经偏西。白团长他们还没有回来,我们开始担心了。担心着他们的安全,千万别碰上敌人啊! 我们这个队伍不能没有白团长和杜指导员这样的干部啊,只有他们才能领着我们继续前进。

太阳落山了,但天还没有黑,远远地我们看到了三个戴着草帽的人的身影。怎么回来了三个人? 正在我们纳闷的时候,他们来到了我们跟前。白团长高兴地喊着大家："快,快准备去吃饭,吃小米饭!"

一听说吃小米饭,大家都"嗷"的一声高兴得喊了起来,刚才的紧张情绪一扫而空。白团长领着附近修警备路的老乡来接我们了。大家过了警备路往北走,也就是两里来路吧,我们看到了草甸子上有两间草房。门口的大锅灶里,飘出了小米饭的浓香。

邓司务长给我们分饭了,每人分到一小碗,大家三口两口地就划拉进了肚。怎么办?没吃饱啊。白团长看到老乡还有半袋子亚麻籽,可能是准备下种的种子,就商量着买来分给大家。老乡很爽快地就答应了,每人又分了一碗亚麻籽。

老乡们都不富裕,三天才能上关东军那里领一次粮,这次老乡们把粮食都给我们吃了。分完亚麻籽后,白团长向陈绍宾说:"我们今晚吃的小米饭和买的亚麻籽钱得给老乡。"

不料,陈绍宾脱口而出:"你买的,你给他们钱吧,我没有钱!"白团长气愤地对陈绍宾说:"今天这顿饭钱和亚麻籽钱必须得给,我们的钱都归你保管,你怎么没有钱?"孙国栋副官、赵军需官接着说:"你昨天还说,每人可发路费回家嘛。"这么一说,陈绍宾自知理亏,才从他军衣里挎着的黑绒布挎袋子里取出几张钞票(伪满币)交给了农民。

老乡们都很高兴,没见过当兵的吃饭还给钱。这时,他发现了我们几个女兵,就拉着白团长的手说:"你看看,妇道人家都出来抗日了,俺还有个儿子,让他跟你们上部队去打小日本吧,这里的伪军三天两头地来抓兵,俺可不能让他拿枪去打中国人啊。"

白团长说:"好啊,下次来,我们一定带上他走,这次我们有任务急着转移。"杜指导员也讲了话:"老乡们,我们共产党领导的抗联部队,一定能把小鬼子赶出中国去,谢谢老乡们对我们的支持,我们一定还会回来的。"

天大黑了,部队又出发了。一碗小米饭根本没够吃,大家一边走一边又把那碗亚麻籽吃进了肚,吃完了又喝了不少的凉水,这下不好了,到了半夜,我们都一个一个地蹲了下去,大家开始拉肚子了。

拉肚子也得走,这次走的是草地,寂静的夜晚,战士们蹚草的声音唰唰地响。

日本强盗凶似狼

天亮了,我们来到了松花江边的一个围子。围子里静悄悄的,没有人烟,成群的老鸹盘旋在上空,"呱呱、呱呱"地叫着。进了围子,到处都是烧毁的房屋和蒿草,房前屋后的蒿草里夹杂着韭菜和大葱。这时部队宣布休息,战士们急着拔韭菜和大葱充饥。

老鸹还在天上"呱呱"地叫着。这时,战士朱学成发现,围子里有好多的杨树,树上有不少的老鸹窝,出壳不久的小老鸹,张着黄黄的嘴丫子,在等着大鸟来喂它们。看见了这一现象,战士们都乐了,他们纷纷地往树上爬,去掏老鸹窝。掏下来的小老鸹还没长毛,浑身像个肉蛋蛋。大家开始拢火,准备烧着吃,这时,成群的大老鸹在天上凄惨地鸣叫着,一圈一圈地飞着,往下俯冲,不肯离去。

战士们都不忍心了,他们对着大鸟说:"咳,为了抗日只有牺牲你们了,我们是实在饿得不行了,要不也不会吃你们的孩子……"我可是一只都没敢吃,宁愿吃韭菜和大葱。多少天以后,做梦还能梦到那些鸟儿在空中哀叫着,盘旋着……

正热闹的时候,杜指导员过来宣布站队集合。他说:"咱们先不过江,我领你们去个地方。"

杜指导员带着我们奔村西头而去,来到了一个大院子前,院子里的房子挺大,没有门,房盖和房框子都烧毁了,院子里长着没膝深的蒿草。

我们进了屋,顿时,一幅惨绝人寰的景象呈现在了面前。

只见十几具烧焦的尸骨躺在地上,尸骨的锁骨上还拴着铁丝。最小的一副骨架看样子像是五六岁的孩子。一副副头骨上黑洞洞的眼眶面对着我们,嘴上的黑洞好像是在向我们哭诉。

大家的心里一阵战栗，这是我们的同胞啊，泪水不由自主地涌出了眼眶。

杜指导员开始讲话了："同志们，这就是日本人'归屯并户'，把我们的同胞都残忍地杀害了，中国人当前正遭受着前所未有的苦难。同志们，没有国家，哪来的个人家啊？如果我们要回家，就是这个遭遇，就是这个下场，所以我们不能下山，我们一定要把小日本赶出中国去！为死难的乡亲们报仇！"

这时，黄成植带头领我们唱起了《日本强盗凶似狼》：

> 日本强盗凶似狼，强占我地方。
> 抢夺屠杀后再烧我村庄，
> 可怜我们同胞们千万民遭殃。
> 不打倒日本强盗，国家要灭亡。
> …… ……

歌声一遍遍地在空空荡荡的围子里回响，战士们怒火在胸中燃烧，热泪在眼中流淌……

告别了无人村后，部队继续行进，中午来到了松花江边。这里是蒲鸭河流入松花江的入河口，由于河水常年带着泥沙下来，在这儿形成了大大小小的柳条趟子，也叫夹芯子。夹芯子里面长满了树，以柳树居多。江边有大片的沙滩和野草，江对岸，隐隐约约地能看到一个鱼亮子。鱼亮子上有两间草房，我们赶到时，白团长已经先带着部分战士弄来了两条渔船。

部队分两批，先后来回好几趟，划船横渡了松花江，过江后都来到了江边的鱼亮子。这时，赵军需官、邓司务长和白凤林等人从老乡手里买了不少的大鲤鱼。看到大鲤鱼，大家都高兴得有说有笑，好久没有吃过鱼了。

部队以班为单位，分成了七八伙，沿着江沿用树枝架起脸盆开始炖鱼了，锅里的水刚放滚，大家就急不可耐地把鱼捞出来，狼吞虎咽地吃了起来，一边吃一边下第二锅。

吃鱼的时候,我向西面不远处蒲鸭河的柳条趟子望去,只见水面上成群的野鸭子在欢快地戏水,锦色的羽毛在阳光下闪闪发亮。这时,黄成植书记正在最东边的一伙人里面写东西。

松花江水轻轻地拍打着堤岸,江风送来了野草的芳香。吃着江水炖的江鱼,我们暂时忘记了重重的艰险和危机,沉醉在祖国的大好河山里。

正在这时,岗哨过来报告:"报告团长,有情况,蒲鸭河柳条趟子里的野鸭子突然起飞了。"

听到报告,白团长高喊:"赶紧撤退!"话音还未落,江面上机关枪"咔咔咔"地响了起来,一艘敌人的汽艇从柳树趟子后面开了出来。

白团长指挥着我们向蒲鸭河北面的疙瘩林子里撤,赵军需官和孙副官撤退时,从鱼亮子上拿了几把铁锹,白团长带着机枪手王玉春在后面做掩护。我们顺着柳树趟子往前跑,柳树趟子边上都是沙滩地,沙土软软的,直陷脚,跑不起来,周边没有任何的掩护物,在机枪的扫射下,我身边的孙永彬指导员和一名战士负了伤。

终于撤进疙瘩林子里了,大家赶紧在林子边上唰唰地挖战壕,林子边上都是沙土地,几锹下去就往上冒水了。我和柳明玉忙着在给伤员孙永彬和另一名伤员进行包扎。

敌人已经上了岸,占领了鱼亮子,他们也就十来个人。

有了掩体,安全多了,敌人在鱼亮子那边向我们开着枪,他们人少,也不敢贸然地向我们发起进攻。这时,有战士报告说:"黄成植书记在敌人机枪扫射时牺牲了。"

我不敢相信自己的耳朵,那么勇敢、坚强、富有才华的领导怎么能说牺牲就牺牲了呢。同志们的心情都十分沉痛,那首《何日熄烽何日还乡》的歌声回响在我们的耳边,黄成植书记难道再也回不去家乡了吗?白团长狠狠地拉着枪栓,高喊着:"给黄书记报仇!"一颗颗仇恨的子弹射向了敌人。

由于中午吃了鱼，大家都渴得不行了，疙瘩林子里没有水。咳，守着松花江竟然喝不到水。有的战士直接就在战壕里用手捧着挖出来的泥汤水喝，我们几个女的用毛巾把水吸到里面，然后在吮着喝。

战斗一直持续到天黑，敌人撤退了。部队原计划是沿着蒲鸭河奔都鲁河，从都鲁河进树林子到老等山，再从老等山去宝泉岭和兴安岭一带去找省委。看来敌人已经封锁了所有的河流区域，我们只好转头往北走了，领导们是怎样做的决定和部署，战士们都不太清楚。

部队急行军走了一夜，一会走在沙土地上，一会钻树林。夏日的东北昼长夜短。三四点钟时，天就蒙蒙亮了。

这时，白团长安排我们进入了一片柞树林休息。他说他的家就在这附近，他回家去给我们搞点吃的。

白团长带着一名战士走了，他没敢直接进村，在一片苞米地里找到了他的叔叔。他和叔叔说："让我老婆把孩子抱过来看一眼，顺便带点吃的东西。"

叔叔说："村里有保安团和'讨伐队'，看得可紧了，你就别找事儿啦，也别连累了他们娘俩，你自己也快走吧，都知道你参加了抗联，让敌人知道了，命就没啦。"白团长只好失望地返了回来。

部队在树林子里藏了一天，采了点野菜和草根充饥，天黑了以后就又开始出发了。走到后半夜，我们来到了一个叫三间房的地方。

赫然出现在眼前的是一条波涛滚滚的大江。同志们都纳闷了，这是啥地方啊？又转回到松花江了？这时，我们忽然发现了江对岸星星点点的灯光。有人说："你们知道啥？这是黑龙江，江那边是苏联，老毛子待的地方。"

啊？苏联？苏联是社会主义国家啊。如今，隔着大江看见了苏联，我们都兴奋不已。

战士们纷纷议论："还是社会主义好啊，你看人家有电灯，嗨，这辈子看见了电灯死了都不冤了。"

有的战士还说:"啥时候,咱们能像人家一样,也点上电灯啊。"

有人又说了:"等赶跑了小鬼子,建设了新社会,咱们也能点电灯。"

到了这里,白福厚团长命令我们原地休息,他和杜指导员、孙国栋副官说:"我带个人去东边看看,想办法弄条船。"转过身来又和我们说:"这里是国界线,大家不要说话了,就地等着。"说完他悄没声地走了。

我们怀着兴奋、期盼的心情焦急地等待在这里。过了一段时间,东边忽然传来两声"啪、啪"清脆的枪声。

大家的心,一下子凉了,是不是白团长牺牲了? 有的战士小声嘀咕着:"完了,完了……"

这时,杜指导员、孙副官和赵军需官也毛了。他们估计白团长凶多吉少,敌人随时会跟踪追击过来的。

杜指导员开始下命令了:"大家做准备吧,咱们往最坏的地方想,会游水的游水过江去苏联,不会游水的和敌人拼了,就是剩最后一个人,也决不能投降!"

听了杜指导员的话,我们都准备英勇献身了,大家整理一下衣服,检查了一下枪支,没有一个人跳下黑龙江。

这时,江面忽然传来了动静,是"唰——唰——"的划船声。有人说:"我们被敌人三面包围了吧? 看样子,江面也下不去了。"

正当大家猜测敌情,准备决一死战的时候。

"快! 快,快上船——"一个磕磕巴巴的声音从江面传了过来。

啊! 是白团长,白团长回来了! 原来白团长一遇到紧急情况就磕巴。

这时,一艘运羊草的帆船划到了江边。没等船靠岸,战士们都嗖嗖地跳上船去。杜指导员和孙副官站在水里,把船推离了岸边。

原来,白团长摸到了江边的"江防警备署",里面有值夜的警察,他原想进去找人弄条船,进去一看不对劲,一句话没说,就赶紧退了出来。这时,值夜的警察不知道咋回事儿,追了出来,啪啪地开了两枪。

白团长和那名战士跑到了江边,江边正巧有一艘拉羊草的帆船,羊草已经卸下去了,只留下一个看船的船工。他俩急忙跳上了船,指挥着船工开船来接的我们。

这艘船分上下两层,上面是甲板,下面是底舱,底舱的一头有一张床,床上还有被褥。上了船后,白团长安排我们都进了底舱,他戴个草帽在上面帮着船工摇船连带着观察情况。

底舱十分狭窄,四十多个人挤在里面,气都喘不上来,我们三个女同志挤在了里面的小床上。帆船这时行驶在江面上,上下颠簸,左右摇晃。不一会儿,我就晕了船,肚子里上下搅动,想吐又没啥好吐的,说啥我也不在底舱待着了。

我从人头上爬到了底舱的入口处,那块有几个小木梯,我身子在底舱,把头伸到了船面上,江风一吹,这下子好多了。

这时天已放亮,江面上白雾蒙蒙,我放眼往我们来的江边看去,隐隐约约江边怎么有一个一个的小包?

我和白团长说:"白团长,你看江那边怎么有一个一个的小包,好像是,好像是……"

"像什么? 我怎么没看见,你快说,像什么?"

"像,像迫击炮。"

"在哪儿? 在哪儿? 我怎么没看到?"

"团长,好像,好像还有个日本旗,上面画个圆圈。"

白团长揉了揉眼睛,仔细一看"哎呀! 真是的,船老大,快,快点划!"

正说话时,机关枪"哒哒哒"地响了起来,三槽子枪声过后,帆船上的白布被打烂了。紧接着,敌人的机枪又冲着底舱开了火。

底舱很快就漏了水,一开始,大家还七手八脚地用被褥去堵,后来越漏越多,越漏越大,水流太急堵不住,杜指导员指挥大家都上了甲板。

船这时已经到了江心，进入苏联国界了，机关枪也不响了。

我们的船在慢慢地下沉。杜指导员说："同志们，我们已经到了苏联的国界，把咱们的红旗打出来，有红军帽的把帽子戴好，有袖标的把袖标都戴上。"

我们三个女战士还有王玉春等七个人还有帽子，我们和打旗的站到了队伍的前面。船还在下沉，杜指导员带领我们唱起了《国际歌》。

歌声中我们准备就义了，能和战友们死在一起，我没有害怕，只感到自豪。

"突突突"苏联方面的江面上忽然开来了一艘汽船，汽船后面还挂着一串小木船。同志们欢呼了起来："有救了，我们有救啦！"

汽船很快就开到了我们跟前，从船边的小窗户里，一个蓝眼睛的苏联小伙子把头伸了出来："打歪，打歪，别斯得勒，别斯得勒。"

大家都傻眼了，一句都听不懂。有的战士说了："怎么的，要打我们？"

这时，老付头（付炮）说话了。他懂点俄语，老付头说："那个苏联小子喊咱们快上船呢！"

大家高兴了，噼里扑通地都跳上了汽船后面的小木船上。汽船带着木船向江岸开去，这时，我们来时乘坐的帆船完全沉入了江心，消失了……

日本强盗凶似狼

1 = E 4/4

(5 1 5 5 3 2 1 | 5 1 3 2 1 -) | 1·5 1 2 3 6 5 |
　　　　　　　　　　　　　　　　　日　本　强盗 凶似 狼

i i 6 5 3 5 - | 3·1 2 3 5 6 6 5 3 | 5·1 3·2 1 - |
强 占 我 地 方　抢　夺 屠杀 后　　再 烧 我 村 庄

3 3 2 1·2 3·2 1 | i·2 6 5 3 5 - |
可 怜 我　同 胞们 千 万 民 遭 殃

6·6 5 6 5 3 2 1 | 5·1 3 2 1 - | 5·1 3·1 3·6 5 |
不 打 倒 日本强盗 国家 要灭亡　兵 和 民　不 要 分

i i 6 3 5 - | 5·1 5 5 3 2 1 | 5·1 3·2 1 - |
齐 心 打敌人　联 友 军杀敌 人　敌 和 友 要 认 清

5·1 3·1 3·6 5 | i i 6 3 5 - | 5·1 5 5 3 2 1 |
穿 枪 林　冒 弹雨 不 怕 水 火 深　弟 兄们 向前　进

5·1 3·2 1 - | 5·5 5 5·1 2 | 5·3 5 3 5 2 |
冲 破 敌 中 心　不 后 退不 投降 敌 军 火虽 猛 强

5·3 5 6 3 - | 3·5 6 5·3 2 | 1 6 5 5 3 5 2 |
我 们 心坚强　震 山 河守 四方 雪 国 耻复边 疆

2·3 2 5 1 - ‖: 5·5 5 | 5·1 2 | 5·3 5 6 |
万 古 把名扬　　前 军仆 后 军上 攻 上 前

3 5 2 | 5·3 5 6 | 5 6 3 | 5·3 5 6 |
交 一 仗 任 把 碧血 洒 光 任 把 碧血

5 6 3 | 3·5 6 | 5 6 3 | 1·6 5 |
洒 光 拼 一 死 在 战场 夺 回 我

5·3 2 | 2·3 2 5 | 1 - :‖ X - | X 0 ‖
失 地方 为 民 族自 强　　（杀）！！

赴苏

一 上苏联

江水在小汽船两侧翻滚,江风吹拂着我们兴奋而憔悴的脸庞。黑龙江上,苏联人的汽船一直往上游开,到了中午,我们才下船。

下船后,几个苏联士兵带着我们钻了好几个柳条趟子来到了一片沙滩上。到了这里,那几个苏联人示意我们把步枪都枪口向上支到沙滩上,把背包也都放在一堆。这时大家你看看我,我看看你,最后把目光都集中到白团长那儿,谁都不肯行动。白团长说:"既然到了这里,就守人家的规矩吧。"他带头把枪放到了沙滩上,战士们极不情愿地也把枪都架到了一起,大家说了:"这是啥社会主义啊?咋还缴咱们的枪啊?"

"咳,这是对咱们不信任啊。"

枪放好后,我们开始列队往西北前进。眼前是一望无边的大草原,草原上长着没膝深的羊草,风儿吹过,绿草翻涌,像是江上的波涛。这里的天显得格外的高,格外的蓝。

走出了草原,看见了一条沙石公路,我们就在这儿休息了。不一会儿工夫,一辆帆布吉普车从远处开了过来,咯吱一下,停在了我们跟前。车上下来几个苏联大兵,开始发食品了。

我们每个人领到了一片黑列巴(面包),一条小咸鱼,那鱼还是生的。大家都饿坏了,三口两口都进了肚。就这么点东西,没吃饱啊,怎么办?战士朱学成和陆荣觉又伸出手去跟那几个苏联大兵要,只见他们摊开双手端着肩膀一连声地说着:"捏度,捏度。"("没有,没有"的意思)

这是我到苏联学会的第一句话，战士们又七嘴八舌地说了："啥社会主义国家啊，吃饭都不管饱。"

吃了一片列巴，肚子里多少有点垫底的了，苏联人让我们原地等待。太阳高高地、暖暖地照在我们身上，就在这异国他乡的大草原上，我们都睡着了。

天黑了，又开来两辆带帆布篷的大卡车。我们都上了车，车被挡得严严实实的，外面的景物一点都看不到。外面下雨啦，"噼啪噼啪"的雨点打在了车篷上。卡车颠簸得挺厉害，我开始晕车了，肚子里没有多少东西，就吐起了苦水。车上还算干净，我不好意思吐在车上，就脱下了自己的胶鞋，往鞋里吐。没想到鞋也破了好几个洞，吐进去的苦水又从洞里钻了出来。

这边的天好像亮得更早，也就三四点钟吧，天色发白，我们终于下了车。眼前是一栋一半地下一半地上的木头房子，房子挺大，能装一百多人。远处还有几幢小一点的木头房子。

这是一座兵营，里面搭着板铺，铺上铺着厚厚的干草。我们三个女的，住到了大铺的紧外边。

刚住下，就来两个苏联士兵把我们三个女的带走了。我们被带到不远处的一座木头房子里。我是第一个被带进屋子的，屋子里面十分的干净，地上铺着深红色的地板。我穿着漏了洞的破胶鞋，呱唧、呱唧地走过去，地板上留下一串湿湿的脚印。

一名苏联军官坐在一张桌子的后面，旁边还有一名挺帅气的混血翻译。翻译挺年轻，也就二十岁左右吧。审查开始了，他们问我多大了？参军前家在哪里？我刚准备回答问题，可一紧张我就急着想上厕所了。

我小声地咕哝着："我，我想上厕所。"那个军官诧异地看着我，翻译把我的话翻给了他。他摆了摆手，让门口的士兵带我出去。

那个士兵把我带到房子的另一头，一伸手，示意让我进去，我推开门进去。

好白的屋子啊！到处都光溜溜的,里面还有好几个小门,我又推开了一扇门,里面还是白白的瓷器。

我要上厕所,咋把我领到这里来了?转身就想出来,一抬头,门口还有一面镜子。我抬头看着那面镜子,镜子里面的丑丫头是谁啊?脏乎乎的小脸,瘦得皮包骨头。咳,这是我吗?我咋变成这样了?我第一次看到这么大的镜子。

厕所没上成,那个大兵又把我带了回来。进了门,那个军官又开始问话了。可我还是想上厕所啊,憋不住,都快尿裤子了。我带着哭腔说:"我要上厕所!"

翻译和那个军官都吃惊了,那个混血翻译问我:"不是带你去过了吗?"

"没有啊,没有,他就把我领到一个白屋子里。"

那个军官喊来了士兵,一顿滴里嘟噜的话,我一句都不懂。这次,换成翻译带我上厕所了。

还是把我领到那个白屋子前,翻译告诉我:"进去吧。"我和他说:"我要去厕所。"他说:"这里就是。"我犹犹豫豫地进去,终于把问题解决了。

回来的路上我在想,还是社会主义国家好啊,连厕所都这么讲究。什么时候我们的国家也能变成这样啊?我暗暗地下着决心,等赶跑了小鬼子,一定要好好建设一个新社会,让我们国家的老百姓也能用上这样的厕所。

回到屋子里,那个翻译向年青的军官说明了情况,我看到那个军官笑了。

他们问了好些问题:多大了?什么时候参的军?父母都做什么?在部队什么职务,我的领导是谁?团长叫什么名字?师长叫什么名字?

我一一做了回答,回答完就让我出来了,接下来是柳明玉和朴大姐。等三个都回答完了,就把我们都送了回来。

回到那个兵营以后,大家都好奇地问我们做什么去了,我们说明了情况,同志们都说:"哦,过堂去啦,下一个该谁啦?"

"啥过堂啊，人家那叫审查，到了人家地盘，还不得问问清楚啊。"

就这样，在这里被审查了七八天后，又最后核实一遍，我们坐上来时的帆布大卡车又被转送到了西边的另一个地方。

这里还是一片大草原，零星地长着几棵柞树和菠栌棵子。草原上放牧着大群的马匹，我们住进了一栋长长的木头房子。这所房子，很可能就是冬天里的马厩。

房子里铺的是地板，地板上铺着干草。干草厚厚的、暄暄的，人躺上去十分舒服。我到部队已经三年多了，冰天雪地、风餐露宿早已经习惯了，到了这里忽然睡不醒了，战友们和我一样，也是整天地呼呼睡大觉，睡了七八天才过了劲儿。

在这里发生了两件事情，一件事情我们称为"面包事件"。

我们每天的伙食，主食就是黑列巴，菜是一位苏联老大妈用土豆、白菜熬的苏泊汤，装在喂大罗（铁桶）里。

熬菜的老太太五十多岁，头发全白了，满脸慈祥的皱纹。每天吃的面包由苏联人开车送到老太太那里，我们每个连再派人去领。

每个连可以领到两个长方形的大列巴，回来后再切成片分给大家。同志们都吃不饱，总是在发牢骚："这社会主义国家也不咋地啊，咋还不给吃饱饭啊？"

有一天，一连领回来两个面包，二连就领回来一个。大家都不知道什么原因，两个面包都吃不饱，一个咋分啊？没办法，大家只好把那一个面包切成了小薄片，分了下去。吃完面包，我们去给老太太送装汤的小铁桶。去往老太太那里时，要路过一片小柞树林。就在大家过小柞树林子时，看见了战士陆荣觉正在那里吧嗒嘴呢，嘴角和手里还有没吃完的面包渣。

大家一下子全明白了，原来是这小子多吃多占啊。陆荣觉看见大家，嘴里嚼着列巴说："对不起啊，对不起啊，我实在饿得不行了……"

战士们七嘴八舌地数落他："你饿，别人不饿啊？你咋那么好意思啊？"

陆荣觉也不分辨，就会说："对不起啊，对不起啊。"

白团长也来了气，这还了得，自己就敢偷着吃了，怎么办？罚他举棍吧。

陆荣觉站在了门外，两手向前伸直，举着一根木棍，他也不生气，也不说话，就这么一直举着。大家看着又可气，又好笑。

这时，门口的苏联哨兵看见了，忙问咋回事？老付头比比画画地告诉他，这个人偷吃了一个面包。

那个哨兵听明白了，赶紧去打电话。他们用的是手摇电话机，也不知道那个哨兵都说些啥，就听到一句："啊罗，啊罗。"两个多小时后开来一辆吉普车把陆荣觉拉走了。

领导和战士这下都毛了，杜指导员埋怨白团长不该罚他举棍。白团长说："不罚他，以后再出现这种事情怎么办？"

战士们埋怨老付头不该说了实话，老付头说："我也没想到会给带走啊！"

埋怨归埋怨，大家都在猜想，这苏联人会咋处理这事呢？老付头又说了："咋处理，人家的法律可严了，听说偷个麦穗都要蹲笆篱子（监狱），那一个面包还能少判了？"

听了老付头的话，大家又都替陆荣觉担心了：一个麦穗都要判刑，那一个面包得用多少个麦穗啊？得判多少刑啊？

第二天，吉普车又把陆荣觉送回来了。大家赶忙围上前去："老兄啊，你可回来了，咋样？咋样了？他们对你咋处理了？蹲没蹲笆篱子啊？"

"咳，别提了，别提了，都白吃了，都让他们给掏出去啦！"

"啊！？"

原来是那帮苏联人，一听说他一个人吃了那么多的面包，怕他撑坏了，拉到了医院，又是洗胃又是灌肠，好顿折腾，都给折腾出去了。

大家这个笑啊，笑得肚子都疼。不过，打那以后，苏联人给的面包一天比一天多了些，勉强能吃饱了。其实，苏联方面也是为我们的健康负责，因为我们在国内经常饿肚子，如果一次性地吃得太多太饱，容易发生危险。

第二个事件是电影事件。有一天，来了一辆大卡车，几个苏联士兵从车上卸下来一大块白布和一台机器。他们把白布挂在了外面的墙上，把机器支了起来。我们看着他们，都不知道是咋回事，不知道他们在做什么。

不一会儿工夫，白布上出现了人影。大家都惊讶地看着，忽然白布上的火车"轰隆隆"地向我们开了过来，这下可把大家吓坏了，有的人竟然跑出了好远。有的战士说了："怕啥，这就相当于咱们的驴皮影。"几个苏联士兵看到我们这样，也都笑了。

有的战士把跑出去的战士又喊了回来："别怕，别怕，是放驴皮影呢。"

"啥驴皮影，这叫电影，你们也太'老赶'（外行的意思）了。"

这时，大家都说了："还是这社会主义好啊，有电灯有电话，还能看电影。"

"等咱们回去，赶跑了小鬼子，也建设社会主义新国家！"

这就是我在苏联看的第一部电影，影片的名字叫《夏伯阳》。

转眼，在苏联呆了快有两个月了。农历七月中旬的一天，开来一辆大卡车。卡车给我们送来了好多东西，每个人发了一套藏青色的帆布列宁服，一个带遮的列宁帽，一把新枪。子弹随便拿，还有像小米一样的穄子米（糜子），也是随便拿。

没有子弹袋，但是他们拉来了布匹。做饭的老太太有台缝纫机，我们三个女兵，白天黑夜地给每个人做了一个子弹袋和一个背兜。

当一切都准备好后，一天，开来了两辆帆布篷的大卡车，我们带着东西，全部上了车，卡车风驰电掣般地向黑龙江边驶去。

回国途中

在苏联经过两个月的休整后，我们准备重返东北。第六军第一师由代理师长陈绍宾和第三团团长白福厚率领。

大家乘帆布篷大卡车来到黑龙江右岸。当夜幕笼罩了整个黑龙江面时，我们摸黑上船，被安排在船的底舱。

大家刚刚坐下，就听有人扯着大嗓门宣布："我们是赵尚志部队的，我叫刘凤阳，我身边这个大个子是张祥，还有尚连生、姜乃民、赵有才。"

听说是赵尚志部队的同志，有人迫不及待地问道："赵总司令回来了吗？"

话音刚落，就听到一个粗壮的声音回答："嘿嘿，赵总司令早就回来了，他正率领部队在国内打日本鬼子呢！"答话的人就是张祥同志。他一边用小纸条卷着马合拉（旱烟）烟一边回答着，他还像寻找什么人似的从东到西扫视了一番。

听了他的回答，好几个人急不可耐地发问："这是真的吗？赵总司令是什么时候回国的？"有人还兴高采烈地呼喊："噢，太好了！赵总司令又回国打小鬼子啦！"接着又有人诙谐地说："咳，这下子日本鬼子该遭殃了，又得叫喊'小小的满洲国，大大的赵尚志喽！'"

看到大家如此高兴，张祥更为神气地说："赵总司令一回国，头一仗就狠揍了乌拉嘎警察所，接着干掉三四个日本军事测量队，缴获了不少武器和一些测量仪器。那些仪器么，咱们还用不上啊，这不，派我们送到那边（苏联）去了。那些个玩意儿'贼沉'（很沉的意思），老毛子还挺高兴呢。"

听了他的话，大家都乐得合不拢嘴，张祥又乐呵呵地说："真没想到咱们坐上一条船回来了，有缘啊。"

大家都被张祥的话语吸引住了，一下子把他围在中间。有人问："赵总司令是为了咱们抗联的事儿去苏联谈判的吧？结果咋样啦？"又有人问："这次发给我们的枪支是谈判得来的吗？"此时，张祥只是默默地看着大家。他没有马上回答，收起笑容只顾一根接一根地卷着马合拉烟吸个没完。

他不回答，在座的可等不及了。有人既像发问又像自语地说："赵司令为啥才回来呀？听说苏联把赵总司令关起来了,说苏联不承认请过咱们,不承认书面邀请过赵总司令。"又有人发问:"还听说苏联把赵总司令和戴军长都关进笆篱子啦,这是真的吗?"有人立即反驳说:"那不可能,那么大的司令,谁敢那样慢待呀。"这时,有人揭底说:"确实是苏联捎信让咱们派一位高级领导去苏联谈判援助咱们的事儿,所以啊,一九三七年冬天在依兰杨木岗开会研究了派谁去谈判的问题,最后决定派赵尚志总司令去苏联,由戴军长护送他到萝北县江边的。这件事大家都知道。可是他们把赵司令一关就关了一年半,误了多大的事儿啊,真是想不通啊。"

听到这话,刘凤阳团长也"呼"地站了起来说:"千真万确,不发信,咱们能去吗?"

白福厚团长也过来证实说:"大家都知道信是陈绍宾师长捎来的,这还能是假的吗?!"大家正七嘴八舌地纷纷议论时,白福厚团长见陈绍宾过来了就大声喊道:"好啦,都别吵了,都听陈师长的吧。是陈师长亲自捎的信。陈师长对这事最清楚,他完全可以作证。"

话音刚落,大家顿时静了下来,都把目光集中到陈绍宾的脸上,等待他的回答。陈绍宾注视了大家片刻后,把手一挥说:"这种事与咱们无关,是上头的事,是共产国际的事,你们管这种事干啥?都快去睡觉,夜里还要行动,该抓紧休息啦。"师长这么一说,大家也只好服从命令各自去休息了。

这中间只有一个叫尚连生的没有说话,他是个二十四岁左右的青年,看上去很沉稳、成熟。他一直少言寡语,有空就和陈绍宾俩嘀咕,似乎他们比较熟悉。

夜里没能够过境,第二天直到太阳升得老高,我们也没有过江。据说,黑龙江对岸关东军有情况,大家只好在船上等待。

轮船终于启动了,但还是走走停停,大家都觉得心里闷得慌。于是,又把张祥的铺位围了起来。有人要求他讲讲战斗经历,有人得知张祥参加过著名的冰趟子战斗,请他讲讲那次战斗的情况。"好吧!"张祥大方地答应了，他开始详细地讲起了那次战斗。

我们听到张祥所讲在赵尚志总司令的指挥下，一仗消灭了敌军三百多。日本鬼子被打得麻爪（不知所措的意思）了，我们缴获了好多的武器，真是很过瘾……

轮船终于启动了。这天夜里，我们趁夜深人静，从萝北县和嘉荫县交界的山区登上黑龙江左岸，踏上了祖国的大地，终于又回到了苦难深重的故土，大家都很兴奋。

我们走过一段草地进入森林时，天亮了，就在树林深处暂时休息。一路上，我们女同志和男同志同样背着五六十斤的口粮（苏联给的小米），外加步枪、手枪、手榴弹等。背着如此沉重的东西，大家走起路来腿脚都不稳，速度还很慢。尤其是坐下就站不起来，需要互相帮助才能都站起来。所以，女同志休息时先选好一根粗大的倒木，将背兜放在倒木上面。这样，背起时，就不用别人帮助了。

这天，因我们还没有进入安全山区，行进中每次休息的时间只有三五分钟。在一次休息时，张祥、刘凤阳走过来说："哎呀！你们女同志都背这么重的东西怎么得了，这要是遇上敌人，你们还能打仗吗？来，把你们的东西分给我们一些，减轻你们点负担吧。"说着就动手分东西。

其实，他们背的东西比我们多得多，张祥除了背四五十斤的粮食外还扛一挺机枪、四百发子弹，还有手枪、手榴弹等挂满了腰带。他虽然身材魁梧、膀大腰圆，可也是超负荷了。我和柳明玉憋不住笑了起来说："不行的，你是突击队长，有紧急情况，你得带头冲锋，你的心意我们领了，你可别为了我们几个人误了大事，这可不成啊！"

朴英善厂长看他满脸的汗水，就把自己的水递给他说："小张，你喝一口水吧，你的东西比我们还多好几十斤，不能再给你加压了。"我和柳明玉也都忙说："谢谢二位首长了，这些东西自己背着，心里踏实。"

"可别逗我了，啥首长啊，我以前当过马倌，管过许多的马群，说是马首长嘛还差不多。嘿嘿,可惜现在连一匹马也没有了,要是能有几匹马,你们这些东西不就全包下来了吗?"

一席话说得大家都很开心,忘记了疲劳。虽说我们相识没几天,可大家都觉得张祥非常朴实,憨厚大方,是一名吃苦耐劳的好同志,是一名冲锋在前的勇敢战士。

又见冯仲云政委

背着沉重的东西我们每天要走二三十里路,一连走七八天后终于来到了目的地——下江地区抗联部队总部和下江特委驻老白山下的汤东密营(位于伊春地区老白山北侧,萝北县西南侧,西梧桐河畔)。

当我们准备宿营时,白福厚团长下令整队,说是有首长来看望我们,大家赶紧列队站好。过了一会儿,就见到抗联第三路军政委冯仲云在下江留守团团长夏振华、萝北县委书记王永昌的陪同下向我们走了过来,我们感到可找到了北满省委,心情一下子轻松了。

"立正!"白福厚团长"咔"地向冯仲云行军礼,高声报告:"报告冯政委,东北抗日联军第六军一师全体指战员,感谢首长前来看望,请首长指示,团长白福厚。"

冯仲云同志身材高大魁梧,戴着一千度的近视眼镜,他举手还礼后深情地说:"同志们辛苦了!我知道你们一师在江南与敌人进行了顽强的斗争,你们勇敢地克服了艰难险阻,突破了敌人的封锁,坚持了战斗。"他接着说:"在国内,党中央、毛主席在延安建立了根据地,中国工农红军已改编为八路军、新四军,在朱总司令的率领下来到华北、热河,很快要反攻了;在国外,东欧的一些国家如南斯拉夫、捷克斯洛伐克等,也都组织武装队伍投入了反法西斯斗争。当前,国际形势非常有利于我们。"他又说:"我们抗联的形势也很好,今年,北满部队组建了第三路军,总指挥是张寿篯(李兆麟),政委由我担任,北满省委书记是金策同志,我们三批西征的部队在张寿篯总指挥的率领下,开辟了新的游击区,形势一片大好。"

最后,他说:"赵尚志同志在今年夏天从苏联带队回国了,你们会很快和他们会师,在他的领导下开展游击战争。过几天,你们的陈师长就能和赵总司令会面。总之,形势大好,胜利一定属于我们……"

我离开军部、省委一年后,今天终于又见到了冯仲云书记(而今是政委),我们感到又有了依靠。想到不久,又能在赵尚志总司令指挥下去打鬼子,心里十分激动。

这时,杜指导员喊道:"请大家注意了,咱们今晚是六军一师三团、留守团同志,还有三军的刘团长队伍和咱们的冯政委会师联欢会,现在欢迎三军同志出节目啦,大家呱唧呱唧!"立刻大伙跟着呼喊鼓掌。

刘凤阳团长说:"张祥,你先唱一支歌好不好?"张祥也不推辞,大大方方地站起来,唱了一首赵尚志作词的《从军歌》:

黑水白山被凶残日寇抢占

我男儿无辜备受摧残

血染山河尸遍野

贫困流离怨载天

想故国庄园无复见

泪徒然

争自由誓抗战

效马援裹尸还

看男儿拼斗疆场军威赫显

冰天雪地矢壮志

霜夜凄雨勇倍添

待光复东北凯旋日

祝联欢

歌声嘹亮,振奋人心。接着又有人开始唱起民歌:"建设新社会呀……"边唱边扭起秧歌来了,联欢达到了高潮。

冯仲云政委站起来说:"同志们表演得很好,充分体现了革命的乐观主义精神,这是我们革命战争中不可缺少的动力,也是我们中华民族的优良传统,要努力发扬,用我们的血肉去赢得中华民族的独立和解放。"

夜已深了,该休息了。这时,冯仲云政委对我说:"小李子,你说说这几年你们的情况吧。"我在篝火堆旁坐下,不知怎么的,我的思绪一下子又回到裴大姐等人牺牲时的场景。我强抑住内心的悲痛说:"去年十月,我们师政治部徐光海主任和裴大姐他们都牺牲了……"我把战斗经过详细汇报给他听,一边讲一边止不住地流泪,冯仲云政委也很悲痛,不时地摘下眼镜擦泪。他难过地说:"战争! 战争啊! 夺走了多少战友的宝贵生命啊!"

此时,张祥、刘凤阳、王永昌等同志也走过来,边烤火边听我讲。听完我的汇报,话题转到了张祥那里:"你们什么时候回总司令部?"冯仲云问。

"我们明天就到赵总司令那里报到。"刘凤阳、张祥一齐答道。

"好啊,我准备去和赵尚志同志面谈。你们回去告诉赵总司令,我叫陈师长过几天也去和赵总司令商量下一步活动。就这样吧,大家都休息吧。"冯仲云说。

大家各自找了一个火堆,在旁边划拉些树叶铺在身下,躺下和衣而睡了。

第二天,刘凤阳、张祥特意来向冯仲云政委道别,请示冯政委还有什么指示。冯政委说:"转告赵总司令,过些时候我会去见他,向他问好!"

刘凤阳、张祥等就要动身了。刘团长握着白团长的手说:"不久咱们就能迎接关内朱总司令率领的红军来东北打日寇了。白团长,那时咱们一同打回奉天老家去好不好?"刘白二人都是辽宁人。白团长说:"好! 一言为定!"张祥插了一句说:"我是兴安岭老山沟里长大的,但我要打到哈尔滨,把抗日胜利的大旗插到哈尔滨火车站的大楼上,这件事算是我包下来了!"

就在他们要走的时候,尚连生突然说:"刘团长,我不跟你们回去了,我原本就是六军的人,我还是想留在老部队。"

刘团长想了想说:"那好吧。"

送走刘凤阳、张祥后,陈绍宾对冯仲云说:"冯政委,我们下一步的行动,我有个想法。"

冯政委说:"有什么想法,你说。"

陈绍宾说:"我们队伍先不到赵总司令那里为好,他是三军,我们是六军,六军有你领导就够了,为什么非要和他在一起呢? 再说赵尚志左倾路线还没有纠正,他说北满省委是右倾,是执行奸细路线……你听听尚连生给你介绍介绍。"尚连生向周围望了望,吞吞吐吐地说:"我不敢讲,我怕赵尚志知道了杀我头,陈师长一再叫我说……"尚连生一副为难的样子。

冯仲云感到很突然,惊奇地问:"你是什么意思? 快讲。"

尚连生看看大家,然后对冯仲云说:"我是从赵尚志那里出来的,给的任务是叫我把你骗到他那里去,说是中央来人了,接中央关系,他说你把冯仲云整来就是成绩,还不准叫我提赵尚志的名字。"

陈绍宾接着说:"冯政委,这个事可得三思而行啊! 咱们先不到赵尚志那里,我率三团队伍先到江南(松花江)去找那些失掉联系的部队,归你领导,等都找回来到江北统一研究一下怎么活动。你不知道赵尚志把十一军军长祁致中都杀了,这是大事啊!"

尚连生讲的这一突如其来的消息,使大家沉默了。过了好久,白福厚团长说:"江南六军队伍没有了,其他队伍咱们又没有联系,我们怎么知道他们都在哪儿? 我们还是去赵总司令那儿后再说。"

陈绍宾还是坚持自己的观点:"再说,赵尚志也没有中央的介绍信……"

冯仲云沉思了一会儿说:"那你们先到江南(过松花江)把江南的队伍找回来也好。你们早去早回,时间不多了,天气还没冷的时候把这事办了,等我们回来再研究其他问题。"

这天中午时分,下江特委书记高禹民、团政治部主任马克正、国际交通员栾继洲来了。他们带来了上级的指示,请冯仲云马上动身。临走,冯仲云召集中层干部开个会,简单做了指示说:"可以按陈师长的意见去江南寻找那里余下的部队。"说罢,他匆匆离开了。

冯仲云走了,一场风暴即将来临。

缴枪

冯仲云政委和高禹民等人北上后,我们的队伍也向西南转移了。夜晚,秋风阵阵,我们来到一座高山顶上宿营。大家感到冯政委走得太匆忙,没能和干部、党员仔细地研究分析形势,特别是下一步的行动没能明确下来。比如昨晚说要到赵尚志那里具体研究,今天却听陈绍宾的意见马上过江去寻找江南部队。对此,战士们都感到很迷惑。

冯仲云走了以后,陈绍宾在党员干部动员会上讲:"今天,我们开党员、干部大会,研究一个重大的问题,也就是我们对赵尚志的问题怎么看?他,赵尚志是一个什么样的人呢?"看看大家没有什么反映,他又接着说:"首先赵尚志回来时没有组织关系,没有介绍信。二是,他过去的'左倾'毛病没改,而变本加厉。他说,要把所有的队伍都无条件地编入到他的军里,归他领导。三是,赵尚志说:'北满党执行的是奸细路线,要杀张寿篯、冯仲云、金策、还有陈绍宾。'就是说要杀我。他还说吉东省委的周保中等人也都是奸细,也要杀。他是威胁我们北满省委的布尔塞维克党。你们知道,这是我们眼前的大事,全体党员、干部要好好考虑考虑,要好好讨论,应该怎么办? 这是件大事啊,这绝非草芥,也非皮毛小事。"

大家开始交头接耳地议论起来。陈绍宾站了一会儿,用激愤的眼神来观察大伙。警卫员杜宝祥端来杯水给他,他喝了几口接着说道:"你们考虑考虑,如果我们采取退守政策,那等于坐以待毙了,我们能等他们来引颈受刑吗? 我们能等他们来把我们队伍拆编到他那里去、受他领导吗? 你们要懂得,退守即灭亡之道啊! 我们面前就是生与死的两条道路。那么究竟怎么办呢? 那就是先下手是上策。冯政委要我们上江南找江南的部队,我们不去了,只派几个人去找就可以了。我们大队就在这里等,等冯仲云政委回来,我们不能离开这里的后方根据地。现在,我命令:三军、六军系统的队员都马上归队。若是如果有人拉拢,或想到赵尚志那里去,一律以叛徒论处!"

陈绍宾最后说:"现在请尚连生指导员讲,揭破赵尚志的阴谋、黑幕,使大家警惕,提高觉悟。"

尚连生(叛徒、奸细)站起来面无笑容,用眼角扫视着战士们的表情,咳嗽了一下,清清嗓子说:"我原来也是六军的,不知道赵尚志的问题,受他欺骗到了他的部队。今天听陈师长一说,才逃出赵尚志的迷魂阵了。我也参加过赵尚志召开的会议,是旁听的,参加会议的人有卢阳春副官和于保合等人。会议上,赵尚志说'卢阳春副官过去受过陈绍宾的欺骗,被他拉拢。你知道不知道陈绍宾受过江东(苏联)布哈林派的领导,今后你就不要和他接头了'。"

陈绍宾插话道:"你们听听,赵尚志对我是什么看法? 啊?! 我这个老头好歹也是老党员、老革命了,我是抗日救国老将军,他对我怀疑呢,你们看看赵尚志是什么人? 好啦,请尚连生接着讲。"

尚连生继续说:"赵尚志在会上又说'张寿篯、冯仲云、周保中、谢文东、李华堂等都参加了托洛茨基派,他们专门反对赵尚志,因为赵尚志是坚决打日本的。赵尚志又说'现在第五军、第九军、第八军、第四军都垮台投降了，只有冯仲云、张寿篯还硬撑着，我一定要抓住他们,杀他们的头!'赵尚志给我的任务是,到冯仲云那里说,有中央代表从草地过来了,要和冯仲云接头,把他骗来。赵还告诉我说:'你到冯仲云那里不要提我赵尚志的名字,你把他骗来,这是你的任务,也是你的成绩。'这些是我亲眼看到的,亲耳听到的。祁致中被赵尚志杀了,六军的后方伤员也被赵尚志杀了。还有一个战士怕被杀逃跑时脚冻掉了。"沉默了片刻,尚连生接着说:"今天,我如实地说出来了,我再也不敢回赵尚志那里了,因为,我回去会被杀头的啊! 我是一个有志救国的青年。我如果被杀,死也要喊'革命万岁'。今天我听了陈师长一说,才猛醒过来,敬献忠诚,并希望多加指点迷津……"尚连生边说边抹鼻涕眼泪。

大家听了,一下子惊呆了,被尚连生的话打动了。对陈绍宾的动员,很多人相信和激动了,赞成去缴赵尚志械的人增多了。其中包括党员、中层干部。但是,有的战士心里仍然存着很多问题和疑虑。

原赵尚志部队的排长车廷新霍地站起来大声质问:"你说脚都冻掉了? 赵总司令是六月份过来的,还没到冬天,冻掉什么脚啊?! 我可没听说过有这种事。"尚连生急忙说:"啊,这是以前的事,不是今年的,我没说清楚。"

这时,陈绍宾说:"大家回去多议论议论,我们该不该去赵尚志那里受他的领导? 下一步到底该怎么走呢? 这是件大事,是事关我们全体指战员生死存亡的大事,请大家认真考虑。好,会就开到这儿,散会!"

夜晚,大家都忐忑不安地围坐在篝火旁,继续议论赵尚志的问题。

"赵尚志是老党员,是黄埔军校毕业生,他怎么能那样呢?"

"那可难说,把人家骗到苏联下大狱了,能不急眼吗?"

"可也是,这种冤枉谁能想得开呀? 想不开了,就得报复。"

"不过,赵尚志真的把这些领导全杀了,往后谁领导抗日救国呢? 他是总司令不假,可只留光杆总司令还能打日本鬼子吗?"

有个叫小金子的小战士猛地站起来说:"要是我呀,谁把我骗了,我就报仇,决不饶他!"

大家七嘴八舌,说什么的都有。有的甚至怀疑说:"闹了半天,赵尚志是个杀人狂啊,他是不是想投靠日本鬼子呀?"

"去你的! 他是老革命,说抗日,人家吃的盐可比你喝的凉水都多,他能投敌吗?!"

"那咋的,九军的李华堂、八军的谢文东,不是都投敌了吗? 谁能保证赵尚志就不会投敌呀?"

"赵尚志是黄埔军校毕业的老党员、老将军了,绝不可能投敌。"

"黄埔军校毕业咋的,蒋介石不是黄埔军校的校长吗? 日本人来了不还是出卖东三省,不准抗日吗?"

话扯到这个地步了,孙国栋副官坐不住了。他拍了下大腿起身大吼说:"你们瞎扯什么! 不要再乱议论了! 闹不闹心啊!"他边说边狠狠拍自己的脑门,仰望夜空长叹了一口气。然后,他愤愤地说:"白团长,我去查岗!"他在夜幕中走进了密林。

夜里,林涛在低吼,战士们都在篝火旁蜷身入睡了。中层干部们都心事重重,白福厚团长、杜指导员、金指导员、赵相奎军需长、车排长等人议论到深夜。

几天后临近中午时,刘凤阳和张祥等人来到了我们的营地。到了师部驻地火堆旁,刘凤阳向陈绍宾行军礼说:"报告! 陈师长,我们是赵总司令派来送信件的,报告完毕!"

陈绍宾接过信看完后,对刘凤阳说:"好吧,请坐,我们好好合计合计。"

同来的张祥、李有才和姜乃民站在一旁待命。陈绍宾对常副官说:"你把他们几位安排到团部先休息一会儿。"

张祥向陈绍宾行军礼表示谢意:"谢谢陈师长。"

陈绍宾抬头看张祥,凝视片刻后说:"呵,个头可真不小。你是赵总司令的机枪手,据说你是从敌人手中夺来一挺机枪的英雄,多么了不起呀!我身边要是也有你这么个家伙该多好哇!"

听陈绍宾这么一夸,张祥跨前一步立正说:"多谢师长夸奖,如果您需要,我愿意从命为你效力!"

"啊!不敢不敢!你是赵总司令一手培养的贴身警卫,又是呱呱叫的机枪手。我这个代师长哪敢用你呀!"说这话时,陈绍宾拉长了语调,语气中酸涩得已经让人听出了讽刺的味道。

这时,刘凤阳马上解围说:"陈师长爱开玩笑,特别幽默。好,张祥你们三个先到团部休息吧,我随后就去。"

张祥他们走后,陈绍宾起身说:"刘团长你在这稍坐一会,我去去就来,待会儿咱们再好好唠唠。"说完,朝连队驻地走去了。

刘凤阳坐在火堆旁对我和朴英善、柳明玉等女同志说:"我回总司令部后,谈了你们三位女同志,结果没承想赵总司令和于保合、李在德他们都认识朴大姐和小李子你呢。"

"怎么?李在德也在你们总司令部?"朴英善十分惊喜地问道。

我也急不可耐地问:"在德是我们六军的,后来调到三军去的。现在她怎么又在你们那儿了呢?她怎么样?还好吗?"

"听说你们在这里,李在德也很高兴。这次我来,还特意让我给你们带好呢。"刘凤阳笑着说。

这时,陈绍宾领着孙国栋副官和尚连生等七八个人回来了。我们以为他们是一起来研究问题的,所以让出火堆旁的位置,回到我们自己搭的小草棚。

我们三个女战士刚回小草棚不一会儿,突然听到刘凤阳的吼叫声:"你们,你们干什么?陈师长,你这是干什么?这是怎么啦?为什么下我的枪?啊?!为什么绑我?"

我们赶紧跑回现场一看,刘凤阳已经被五花大绑了,用的是绑腿搓成的绳子。

这时，又听到团部那头也传来大喊大叫声，我们都吓出了一身冷汗。

不一会儿，常副官、马云峰、王德等人押着张祥、姜乃民、李有才过来了。

一路大喊大叫的张祥，见了陈绍宾就怒不可遏地质问："陈师长，你演的什么把戏呀？你们可别听信坏人胡说八道，将来会明白你们是上了奸细的当！"

刘凤阳高喊："我们是奉赵总司令的命令送信的，是执行总司令部命令的，赵总司令还请你去共商救国大事呢。可是，你怎么就翻脸不认人呢？也许你们真是上了奸细的当。"

这时，陈绍宾迫不及待地大声说："听听，你们都听听，他俩和赵尚志唱的一个调调，开口一个奸细，闭口一个奸细，哪来的那么多奸细呀？到底谁上了谁的当，会有公道结论的，来！把他们带走！"

陈绍宾一声令下，常副官、王玉春、陆永甲等人生拉硬扯地把刘、张等人往北押走了。

目睹了这突如其来的场面，我们一时惊呆了，再看看周围人人都板着脸，一个个沉默不语。

陈绍宾指着刚缴下的武器说："把这些武器分给大家好啦。"说着，把刘凤阳的马盖子步枪和一支小手枪发给我。

他说："这枪不错，小李子枪也打得不错，这两支给你，把你的长枪给别人好啦。把匣子（张祥的）给宝祥（陈绍宾警卫员），机枪给王玉春（机枪班射手）……"

要分给我的是日本新式马枪，这枪短小便于携带，还带有三棱刺刀，当时我们抗联队伍中很少有带刺刀的步枪，尤其三棱刺刀是日本新式的。另外，还有一支很精巧的"花牌"手枪。这两支枪都很好，但我实在不情愿也不忍心拿从我们自己同志手中"缴"的枪，若是枪也能说话，它不得痛骂我呀！于是，我说："我不要，我用的枪已经很好啦。"但是，不知我此时心情的白福厚团长却劝导我说："给你了还不要，拿着吧。短小精悍，女同志用它再好不过了，拿着。"他硬把枪塞给我，并把我原来的长枪给了别人。

我无可奈何地收下了枪，但心里暗想，有朝一日能见到刘凤阳，我一定把枪还给他，现在当是替他保管好啦。

缴了刘凤阳、张祥的械，陈绍宾又开始算计怎么收拾赵尚志了。

把刘凤阳、张祥他们押走后，陈绍宾召集了全体指战员参加的紧急会议。会上，陈绍宾说："事到如今，我们就得研究如何去缴赵尚志的械的问题。大家已经知道了，赵尚志是反党、反革命分子。他要杀我们的高级领导，他是一个最危险分子。他那里早已磨刀霍霍，我们不能坐等他来杀我们，绝不！我们不能坐以待毙。赵尚志不是派刘凤阳他们送信请我去共商所谓救国大事吗？好，我们就来他个将计就计，我们可以有备而去，借机先下手为强。"

这时不知是谁，高声喊道："师长说得对，咱们得先下手为强。"陈绍宾接着说："就这么办！我和赵尚志谈话的时候，你们就动手，把赵尚志绑起来。理由是：赵尚志要杀我们的陈师长。"

"把他绑起来以后怎么处理呢？"白福厚团长问。"怎么处理？咱们把他交给张寿篯！"陈绍宾回答。

"从这到西荒（指兴安岭以西指挥部驻地海伦、绥棱县）要二三十天的路程，赵尚志他们能干吗？"孙国栋副官问。

"他不干？他不干，你就没办法啦？"陈绍宾反问，没人回答他的话。陈绍宾又接着说："你们怎么就没办法了呢？嗯！"这时，原第二师师政治部主任周云峰（1943年叛变投敌，带日伪军警宪特疯狂地捕杀中共地下党和抗联战士，1945年"八一五"光复后被人民政府公审处决）说："到那个时候，你就给他一个子儿（指打一颗子弹）。"陈绍宾笑了笑，满意地瞧了瞧周云峰，继而把目光转向尚连生说："就这么办！就是这个办法！"

赵相奎军需官说了："赵尚志是苏联送回来的，把他枪毙了，苏联知道了能让吗？"我接着说："不要枪毙了，还是送苏联去算了，这儿离苏联还近。送去了叫斯大林对他好好帮助教育教育，他为什么要杀自己人呢？"陈绍宾看了我一眼说："你这个丫头真傻！送去苏联，他不会还回来吗？"周云峰也训斥我说："你真幼稚，送去了，再回来的话，更不得了啦！"

"这么大的事，得研究，要慎重。他赵尚志是总司令啊！对他采取行动，得中央批准！"指导员杜景堂提出不同意见。大家又沉默不语，杜景堂接着说："再说这么大的问题，咱们也得拿到文件呀。没有凭据，光凭听一个人说的为证据可使不得，要慎重处理！"

陈绍宾见中层干部提出异议，有些急了。他指着杜指导员的鼻子骂道："现在他妈的上哪找中央？你知不知道赵尚志那个总司令早就被撸下来了？他早就不是什么总司令了！你们还不知道吧？北满抗联总司令部也早撤销了，现在叫第三路军指挥部，总指挥是张寿篯！是张寿篯！你他妈还装什么糊涂！"

我们谁也没想到这个问题。那是在冯仲云政委来看望我们时讲过成立了第三路军指挥部，总指挥是张寿篯。可没说撤销了北满抗联总司令部和赵尚志总司令职务的事，当时没流露过一点迹象。现在听陈绍宾这么一说，大伙都惊呆了，不知这到底是怎么回事。

陈绍宾跳着脚说："你说什么要慎重，谁不想慎重啊？那要看是什么情况。现在，是人家要来杀我们北满布尔塞维克的党、我们的领导人。人家已经把矛头指向我们的领导啦！还慎重什么？难道等着人家把刀架在脖子上，把枪口对准我们的脑门才能还手吗？啊？！"

陈绍宾气急败坏地大喊大叫，谁的意见也听不进去了。他把手一挥，独断地下令："白团长！给我集合整队，准备出发！"

当队伍到达梧桐河上游李把头碴营(即梧桐河金矿的西侧)树林北侧一座小房子前停下时，已是下午了。忽听岗哨喊："站住，口令！是哪个部队的？"

"六军一师的!"前面哨兵答话,陈绍宾示意让队伍散开。队伍从东、南、北三个方面形成了包围圈,很快进入了临战状态。战士们个个依树持枪,紧张待命。北侧留下赵相奎军需官、邓司务长、朴英善等人看管炊具及其他物品。我和柳明玉则紧随杜指导员和孙副官,在树林里待命。

不一会儿的工夫,西南方向走来三个人。走在前面的两人各扛一个袋子低头走路,看不清是谁。等他们来到开阔地时,发现紧跟在后面的是一名身材弱小的女同志。他们三人径直从开阔地里穿过走到树林边,把袋子放下了。这时,我认出他们是抗联第三军司令部宣传科长、后任第三军四师政治部主任的于保合和他的爱人李在德,另一位是曾任抗联第六军组织科长兼军部教导队政治教官的陈雷同志。

放下袋子后,于保合大声地向我们喊话:"同志们,我们是赵尚志总司令派来向你们表示欢迎和慰问的,你们不要这样对待自己人。"

尽管于保合再三说明来意,但是,我们这边只是冷眼相对,未做任何呼应。

"同志们,你们是怎么了? 是不是有什么误会呀? 啊?"于保合笑呵呵地说,看来心里很坦然。

树林边又传过来李在德清晰的话语:"同志们,赵总司令是来领导我们抗日救国的,请你们不要误会呀! 你们千万不要轻信一些谣言,可能有些人有意造谣离间,但我相信你们六军的同志们不会上那些坏人的当!"与此同时,陈雷拎起袋子往前又走了几步,到了跟前他把面袋子往地下一摞,对持枪怒视的战士们大声喊道:"你们这是干什么? 我们都是中国共产党领导的队伍,你们为什么把枪对准自己的阶级兄弟? 你们的枪,应该去对准日本鬼子……"陈雷的话还没说完,马云峰和王德等人上前,把枪口对准了陈雷的胸口。

我们在林中听到陈雷拍着胸膛继续喊道:"我们都是抗日的队伍,我们不是来和你们打仗的,我们是好心前来表示欢迎和慰问的。可你们倒好,用枪口回报我们的好意！如果要打，你们就朝我这里打吧！我倒要看看你们哪个敢向我开枪?!"

在这千钧一发的关头，白团长、杜指导员、孙国栋等人上前，叫马云峰他们把枪收回，到林中待命。等他们这些人返回林子里时，陈绍宾咬牙切齿地吼着："你们想干什么？你是师长，我是师长？"

白团长说："这个团归我指挥，出了差错我就要负责。你没听出来人家早有防备吗？既然赵总司令要和我们谈谈，咱就先谈谈再说嘛!"随后跟来的陈雷、于保合大度地说："赵总司令欢迎陈师长一同去共商救国大事。"

这下倒把陈绍宾将住了，这时的他不便说去，也不便说不去。他只是狠狠瞪了白团长一眼，没说一句话。于保合和陈雷再次说："请陈师长前去见见赵司令，赵总司令欢迎陈师长去。"但陈绍宾没有表态，也不动。

后来，据说白福厚自行带领杜指导员、孙国栋去了赵尚志那里。

我们的队伍先撤离那片恐怖的树林，来到了北侧的小房门前集合。

陈绍宾对常副官说："队伍先住下，让大家都去扛木头拢火堆，多拢几个!"

"怎么？在这住下?"有的战士发问。

陈绍宾不耐烦地说："叫你干你就干！快点拢火堆做饭，还要住一夜。多弄点木头，快去，快去!"

天快黑了，战士们到树林里扛来木头生火做饭了，折腾一天了，肚子也实在太饿了。过了好长时间，白团长、杜指导员和孙国栋副官他们几位从赵尚志总司令那里回来了，他们在陈绍宾那里说了些什么，好像是和他争吵了起来。

天已经大黑，篝火照得周围通明，烤得我们周身渐暖，睡意一阵阵袭来。突然，陈绍宾下令："赶紧起队（出发），火就让它烧着，把所有木头都压上，快动手!"我们感到莫名其妙，无可奈何地跟着队伍朝北出发了。

在路上有人议论："可能赵尚志要派队伍来缴我们械了?""也可能陈师

长听说赵尚志队伍一百多人,咱们才四十多人,怕整不过,才决定撤走了吧。"战士朱学成说:"这老头,有点魔怔了,一会儿这么的,一会儿那么的。"后来有人说:"拢火,这是给赵尚志看的计,使他认为我们在这里过夜。"

队伍离李把头碴营越来越远了,我走在白团长的身边,这时,孙国栋副官走过来小声跟白团长嘀咕:"这叫啥事啊,我看这老头不对劲儿,把他干了吧。"白团长四下看了看也小声地说:"不行,我们没有上级的指示,我的任务是把这支队伍带到张政委(张寿篯,此时已经是第三路军总指挥)那里去,到那再说吧。"孙副官再没吱声,远处的陈绍宾向孙副官招了招手,他跑了过去。

过了一会儿孙副官又来到柳明玉身边说:"我们另有任务了,不要等我,过几天再回来。"孙国栋和柳明玉是在恋爱中的朋友。

一路上我们再也没见到孙国栋和杜指导员、闫副官、车排长等人。

他们去哪了呢?

革命队伍里的叛徒

自从陈绍宾率队打赵尚志的"闹剧"草草收场后,大家的内心都很复杂,对前途也十分担忧。但当前的燃眉之急还是得解决队伍的棉衣和口粮问题。那时,唯一的办法就是攻打梧桐河金矿局伪警察所。

决定攻打伪警察所后,队伍北上并在通往金矿的路上设了卡,欲拦截敌人的军需车。说来也巧,设卡不久就有几辆马车赶过来了。白团长带前哨连把那些马车截获。

车队由十几个伪军和一个日本军官押车,他们是往矿里押送做冬装用的布匹和棉花的。我们的部队都埋伏在公路的两侧,当车队过来时,白团长喊话:"中国人不打中国人,缴枪投降就饶命!"当看到王德和王玉春的那挺机枪支上后,十几个伪军立刻乖乖地举枪投降了,不肯投降的那个日本军官被当场刺死。

这一仗没费一枪一弹,缴获了不少的布匹和棉花,还有伪军和那个日本军官的武器和装备,由于大家需要背着布料和棉花上山,多余的武器只好暂时埋在了河边。

我们把棉花和布料背到了一座大山的山顶上,那里有一幢伐木工住过的木营。木营挺大,能容一百多人,里面有一个大通铺,我们就在这所木营里动手做起了棉衣。

没有缝纫机,没有裁剪师傅,只有我们三个女兵会做针线活,四十多套棉衣得做到啥时候啊?好在随身还带有针线,为了能让同志们尽快地穿上棉服,就在这大山里面,我们又办起了临时被服厂。

缴获的布料是黑色、藏蓝色的斜纹布,质地还不错。我们先是把旧棉衣拆下来做剪裁样本,由朴英善指挥,柳明玉裁剪。我再把裁好的布料分发给男队员们,并教给他们如何缝制,朴英善还专教他们如何絮棉花。因为没有缝纫机,只能完全用手工缝制,这回可真是难为了这些拿枪杆子的男同志了。他们缝了拆,拆了再缝,就这么做了好几天,终于每个人都穿上了一套粗针大线做成的新棉衣。

穿上新衣服的战士们都挺高兴,可是有几个人往地下一蹲,哎呀!可不好了,裤裆开线了,白花花的棉花露了出来,引来大家一片笑声,最后还得我们女同志帮他们修理修理。这下子男队员们服气了,他们说:"这回呀,才真正体会到女人的辛苦,没想到这玩意儿这么难呀!我们的队伍要是没有女战士的话可就惨啦!"

有了冬装我们又继续踏上了漫漫西征路。队伍一直向西南方向行进,我们要去找张寿篯总指挥。

三四天以后的傍晚,顺着一条小河,我们来到了一座大山前。山高坡陡，我们踩着积雪费力地爬上了山顶。山顶上是一片开阔地，我们向四面望去，只见好几条河都从山下流过，大河水还没结冰，在冬日阳光的余晖下，闪耀着点点金光。

前面的哨兵跑过来报告："报告！雪地上有脚印。"

顺着脚印我们来到了一座土房子里。房子不大，能容三十来个人。房子里还有一些热乎气，地下有木炭烧过的痕迹，这说明，房子的主人离去不久。白团长命令："继续搜索。"就在这时，从远处一瘸一拐地走过来一位老人。

原来，这位老人藏在了不远处的一个树洞子里观察我们，发现我们不像坏人就走了出来。通过和老人唠嗑，我们知道这里是牛把头碓营。他这儿还有一些苞米粒、土豆、山菜，都被我们用来充饥了。

第二天，天气晴朗，部队准备在这休整一天。老人这里还有几张兽皮，我们缝了几双靰鞡鞋。

太阳升起老高的时候，顺着我们的脚印，走来了三个人。

原来是下江留守团团长夏振华、萝北县委书记王永昌、国际交通员栾继洲。他们一直在追赶我们，若不是下雪留下脚印，他们一时半会还找不到我们。

到了这里王永昌极力劝说我们留在这儿，他说："当初冯政委安排这支部队留在下江和老区坚持斗争，如今，你们却要去西荒。就是去，也要等到冯政委回来再说。"

陈绍宾还是坚持要去西荒，白团长、赵军需官和常副官等中层干部也急着去西荒。是啊，自从上次部队去缴赵尚志的械，这支部队就人心不稳，大家都想到张总指挥那里，好有个说法。

王永昌看说不动大家，就又动员老朴留下，他说："我们坚持敌后斗争，萝北不少朝鲜族，我身边特别需要一名朝鲜族翻译，为了工作需要，你就留下吧。"

可老朴不愿意留下，大家都想跟着部队走。这时，夏振华又来劝我："小李子，要不，你留下吧，这里的工作需要人。"

我一听，吓得不行了，我更是不同意，死活都要跟着部队走。

这时，王永昌又来说我了："小凤，你怎么不听话了，地方工作真是太需要你们了。"

听了王永昌的话我犹豫了。他是我爸爸生前的战友和好朋友，十一岁那年我被狗咬伤时他救过我的命，还背过我，看见他，就像看见自己的父亲一般。

周云峰倒是愿意留下，他说："冯政委让咱们留下是有道理的，我本人同意留下。"

王永昌马上说："好，伙计，咱们一起干。"

最后经领导研究决定，我们三个女的都留下了，周云峰、杨聋子也留了下来。

从这以后，我就再也没有看到陈绍宾和尚连生了。

那么陈绍宾、尚连生究竟是什么人呢？

陈绍宾，中共党员。一九三六年六月抗联第六军第四团团长张传福负伤，陈绍宾代理团长。一九三七年二月部队改编为抗联第六军第二师，师长张传福。一九三八年五月马德山师长牺牲后，张寿篯委任陈绍宾代理师长。而后，一师政治部主任徐光海和代师长陈绍宾率领一师二百余名队员在富锦、宝清活动。一九三九年七月下旬陈绍宾率领四十余名队员从苏联过境到萝北县和冯仲云会合，打赵尚志不成，十二月底回到南北河。一九四〇年四月三、六军干部联席会议（简称南北河会议）上，陈绍宾任第三路军第九支队队长。一九四〇年七、八月陈绍宾离开革命队伍逃跑，同年十二月二十九日中共北满省委决定开除其党籍。

通过种种疑点，说明陈绍宾早就叛变了革命，如果没有白福厚团长、杜景堂指导员和孙国栋副官等一批坚定的共产党员，这支队伍的前途真是太可怕了。

陈以后化名"石新"与四五名土匪,在海伦、克东一带活动。一九四二年中秋节在克东白家店西沟被手下人员打死。

尚连生后任抗联第三路军第九支队秘书,一九四〇年十月再次投敌在北安日伪机关充当特务。他效忠日伪,向日本宪兵队密报中共讷河中心县委、北安抗日群众组织情况,致使讷河地下党组织和北安抗日群众组织惨遭破坏。

尚连生具体年龄不详,日寇投降后查明尚连生是一个两次被日本特务机关逮捕,两次叛变的叛徒。他和陈绍宾到处散布赵尚志要捕杀北满领导人的谣言,致使赵尚志被开除党籍。

一九四五年八月,在潜伏于北安的原中共绥滨县委书记王永昌的领导下,由抗联战士周文喜与李殿芳屯革命群众一道把尚连生逮捕,经组织决定将其处决。

东北抗日联军十四年战斗于敌人的心脏。在那个艰苦的环境中,最可怕的是党内出现了叛徒、特务、奸细,如尚连生、陈绍宾等等。这些人挑拨离间,造谣惑众,因此发生了许多不可挽回的事件。北满省委开除赵尚志等同志的党籍,主要是听信了尚连生、陈绍宾等人从中造谣。加之由于当时通信不方便,无法及时沟通核实而做出的一个错误决定。这一次的教训是深刻的,损失是惨重的,影响是深远的。作为此次事件的亲历者,在东北抗日联军十四年的经历中,我深深体会到,没有共产党的坚强领导这支队伍坚持十四年是很难的。在那种环境中如果没有像白福厚、孙国栋、杜景堂等坚强、优秀的共产党员在危急时刻力挽狂澜,挽救了革命队伍,我们是很难看到抗战的最终胜利的。

用命去换粮食

同陈绍宾部队分手后,我们一行九人跟随王永昌转身往回走,这次是下山,速度快多了。

王永昌同志是一位机智、勇敢的地方干部,先后作过中共富锦县的特派员、中共绥滨县委书记、中共萝北县委书记。一九四〇年四月和冯仲云率领的部队一起西征,后任中共北安县委书记直到解放。

这个人长得不起眼,中等个子,有些驼背,眼睛很小,一身农民打扮。可地方上的关系却特别多,大家都不知道他的真实姓名,为了便于工作和联系,他常年挑着担子走乡串屯地卖麻花。他的担子一头放的是麻花,一头放的是姑娘媳妇用的针头线脑,老乡们都亲切地喊他"刘麻花"。他是我的父辈,小时候我一直喊他王叔叔。

同行的夏振华是下江留守团团长(后叛变投敌,东北光复后被处决)。这个人细高细高的个子,话不多。我在六军被服厂时就认识他,他当时是四师的师长。可他三天两头就往被服厂里跑,到这里总要住上几天再走。我们当时就很奇怪,他一个大师长怎么总上被服厂来呀?当时任四师政治部主任的吴玉光同志,爱人李桂兰同志在我们被服厂工作,可吴主任也就结婚时来一次,一直都在前线带队打仗。

同行的国际交通员栾继洲,个子不高,四十多岁的年纪,穿一身制服,他经常跑苏联。

周云峰因吸食大烟,带垮了队伍,一九三八年李兆麟让他停职反省。一九四〇年在北安被捕叛变投敌。一九四三年四月三日周云峰、宋一夫等叛徒、特务到兴隆镇李碗铺逮捕抗联三军特派员阎继哲、李权两名同志,关押在伪满哈尔滨警务厅。一九四六年初周云峰、宋一夫被哈尔滨市人民政府处决在哈尔滨八区广场。

杨聋子（外号），一个被炮弹震聋耳朵的战士。

再就是我们三个女同志了。朴英善，三十多岁，原第六军第一师被服厂厂长，她在地方时是我父亲战友，以前我都喊她朴阿姨。

柳明玉，原第七军女战士，她和孙国栋副官是一对恋人，孙副官去执行特殊任务，柳明玉很难与他见面。（孙国栋不幸被捕，一九四五年抗战胜利前夕在哈尔滨监狱壮烈牺牲）

八个不同部队的人，走在了一起，组成了一支新的队伍。

王永昌和夏振华他们对这里的地形特别熟悉，在他们的带领下，我们走了两天一夜，夜晚住在了一个废弃的地窨子里。

第二天太阳还没下山时我们来到了梧桐河北岸下江留守团的营地。说是营地其实就是一个大地窨子，里面能住十几个人。地窨子的四周挖有战壕。到了这里我才知道原来冯政委他们去了苏联，我们当前的主要任务是在这儿等冯政委回来。

第二天，王永昌给大伙开个会。会上王永昌说："冯政委不知道什么时间回来，我们等冯政委回来再分配工作，咱们现在得把过冬的粮食先解决了。"大家一致赞同。就这样，我们暂时休息，等过几天再出发。这里有一挺轻机枪，周云峰说："小李子会用机枪，她在机枪班呆过，给她用吧。"大家都没意见，机枪归我了。

冬日天短，天刚傍黑，夏振华看家，我们就出发了。因怕冯政委他们回来扑空，所以安排个看家的。

这天晚上，没有月亮，满天的星斗，一闪一闪的。王永昌带着我们顺着梧桐河往东北方向走去，我和柳明玉换班扛着那挺轻机枪。走了有大半夜，远远地看见前方有一点微弱的亮光，王永昌指着那个亮光说："到了。"我们径直奔向那里。

我们进了一座土屋，屋子不大，点着一盏微弱的兽油灯。屋里有一位四十多岁的老乡，王永昌喊他王马掌，他喊王永昌"刘麻花"。这个地方是炭窑，王马掌以前是给人家钉马掌，现在是一名烧炭工。

看来，王永昌和他挺熟。进了屋就张罗："王马掌，给我们弄点吃的吧。"老王高兴地答应着，给我们煮加了芸豆的苞米粒粥，还有萝卜条咸菜。好久没吃这样的饭菜了，我们吃得真是香啊。

春天的时候，王永昌曾经给过王马掌一点钱，让他买种子种玉米，留着冬天用。王马掌种的玉米今天派上用场了。他把玉米棒子都埋在了地垄沟里，上面盖了厚厚的一层雪。我们在地垄沟里刨出玉米棒子，装了三个半袋子。王永昌掂了掂袋子说："这点东西也不够过冬啊，咱们先回去三个人，剩下的人跟我去个地方想法子再弄点粮食。"

在老王的家里，我们看到了王永昌的全套道具，一件偏襟的大棉袄，一副卖麻花的挑子，还有一把冲锋号。

周云峰、栾继洲背着玉米回营地了。我们在老王的家里待了一白天，第二天晚上，天大黑后，老王套了一副马爬犁拉着我们上路了。

马爬犁奔驰在梧桐河上，天黑漆漆的。后半夜时，我们来到了一个好像是刚刚圈起来的围子。这个围子不大，场院设在围子的外面。到了这里，王永昌领我们来到看场院的老宋家，老宋家就一个老头，五十多岁了，他告诉我们现在正在打场并指点了场院的位置。

我们迅速地摸到了场院边上，王永昌安排我带着机枪在一个草垛后面站岗，他领人装粮食。

夜，静悄悄的，我耳边只听到唰唰的装粮食声。这时，从南边影影绰绰地好像走来一个人，我立刻警觉地把枪端了起来。王永昌也看见了，他迎了过来，到了那个人的跟前。

"你地，什么人地干活？"啊！原来是一名日本鬼子。

"我地，老博带（雇工）地干活。"王永昌忙答话。

"良民证地有？"

这时，老宋也赶忙走了过来对答："他地，是我地老博带地，良民证有，有啊"，一边说一边掏良民证。

王永昌也假装在掏。说时迟，那时快，只见他掏出了一把三棱刺刀，"扑"地一下就刺中了那个鬼子的心口。那个鬼子"哼"了一声就倒了下去，王永昌和老宋赶忙把他拖进了草垛里。

原来出发时，我扛着机枪，把带刺刀的马枪给了柳明玉，那把枪还是刘凤阳的。王永昌把枪上的刺刀卸了下来，揣在怀里。

刺死了鬼子，王永昌催促着："赶紧装，赶紧装！"场院上的东西不多，一共装了两麻袋。这时，老宋头从家中又牵出了一匹马，两匹马都套在了爬犁上。

我们装上了麻袋，上了爬犁，王马掌鞭子一甩，马车飞快地驶出了场院，往前跑出不远就上了河套。

两匹快马在冰面上奔跑着，天蒙蒙亮了，冰河两边的树木向后面倒去。跑着，跑着，一座大山拦住了去路，王永昌喊："停！"飞驰的马爬犁停了下来。

王永昌指挥我们把粮袋子藏到了河边的倒木下，并盖上雪。然后他说："敌人很快就会追上来，老王和老宋，你们两个赶着马爬犁往南走，我们爬山。"老王和老宋答应着，赶着爬犁飞快地跑远了。

王永昌又和我们几个说："听我指挥，咱们分散爬山，小李子、柳明玉往东奔山顶上，老朴和老杨（杨聋子）往西奔山顶，我走中间。一会儿我打第一枪，你们再开枪，等听到我吹冲锋号时，你们就往山顶上撤，到那集合。"

我们答应着"是！"开始行动了。

这座大山，东西两侧都有树，中间是放木头的路。我和柳明玉串着树空往山上爬。到了半山腰时，我们看到冰面上有几个黑点，黑点越来越多，敌人的马队果然追了上来。马队到了山跟前顺着中间放木头的路向山上爬，我的心也"突突突"地蹦到了嗓子眼。

我们躲在树后面看，王永昌已经把前面的敌人放过去六七个了，不明白他是什么意思，为什么还不开枪？突然他的枪响了，枪声响处，一个鬼子从马上栽了下去。听到枪声我的机枪也"嘎嘎嘎"地响了起来，老朴那边也打响了。

敌人的战马"咴咴"地叫着，围着那个尸体直打转，其他的战马也都在原地打转，不肯前进。冲在前面的敌人听到我们东西方向和正面都有枪声，也不敢再往前走。这时，王永昌的冲锋号吹响了，敌人听到号响，掉过头去，没命地向山下跑去。我们听到号声，也边打边往山顶撤去。

五个人，三路人马在山顶集合了，站在山顶上，我们哈哈大笑。趁着敌人还没省过味的时候，我们赶紧转移了。

估计敌人还在附近，我们没敢回王马掌那里，直接去了炭窑，在窑洞里待了两天。看看没什么动静，第二天晚上，才又回到王马掌那里。到了第三天，老王和老宋也回来了。原来那天他俩拐个弯，回炭窑拉了一车炭，进镇子把炭都卖了。在镇子里的时候，老百姓们轰轰地都在传说，说赵尚志从老毛子那儿(指苏联)带着一万多人回来了，说赵尚志带着部队打了日本子的"开拓团"，打死了不少的小鬼子。

听到这个传说，大家十分开心。我们问王永昌："在山上，为什么你不打前面的敌人啊？"他说："鬼子的大官都在中间，我那天打死的鬼子，起码也是个中队长，擒贼先擒王，把他头干掉了，他们还不乱了阵脚啊。"

呵呵，我这个王叔叔啊，别看眼睛小，心眼可不少。

过了两天，王马掌套上爬犁把我们埋在倒木下的粮食拉了回来，那两麻袋里有少量的稻子，其余的都是高粱。他这里还有一盘碾子，我们在这里拉磨推碾子，把稻子和高粱都碾成了米，高高兴兴地背回了营地。

通过这次搞粮食，更加说明了，艰苦的抗战多亏了千千万万像萝北县王马掌和老宋头这样的百姓，用身家性命对我们的帮助。如果没有他们无私的帮助，我们是过不去难关的。老百姓和我们真像是鱼和水。

二上苏联

回到营地以后,我发现国际交通员栾继洲走了,他去接冯政委了吧？我在暗暗猜测,那时候的纪律是不允许多问的。

在地窖子里的日子还是不错的,有苞米粥和高粱米粥喝,苞米芯子也不舍得扔掉,我们把苞米芯子包在白布里,用石头砸碎,拿它熬水喝。一直熬到清汤清水,一点颜色一点味道都没有了,才不要。要知道,每一粒粮食都来得不易啊,除了苞米芯子,我们还煮桦树皮水喝。王永昌说了,咱们得省着点吃,要坚持到冯政委回来。

白天不敢点火,怕冒烟引来敌人,我们几个女同志忙着给男同志补衣服。屋子里没有一丝暖和气,缝不了几针,就要把手放到嘴边用哈气暖暖手。到了夜晚,大家借着炉膛里的亮光说说话、唱唱歌。

在地窖子里,一晃就过去了一个来月。这一天,国际交通员栾继洲回来了。他捎来了冯仲云的指示,让我们过江去苏联。

去苏联？真是太高兴了,我们三个女的都蹦了起来。

太阳还没落山,在栾继洲的带领下我们就出发了。走了大半夜,来到了黑龙江边的一个柳条趟子里,这里好像是萝北县的太平沟。

我们从柳条趟子的一个豁口进入了黑龙江。栾继洲嘱咐我们:"东边有日本关东军,大家跟紧了别掉队,别摔跟头,别弄出动静。"我们在江面上分散开前行。对面的苏联一马平川,没有一点遮挡,从西伯利亚刮来的寒风像野兽一般嘶鸣。大家走两步退一步,冰面上溜溜滑,没有不摔跟头的,好在狂风淹没了一切声音,我们顺利地过了黑龙江。

过江后,栾继洲把我们领到了一个不大的地窖子营房。进去后发现营房内有二十多个人在里面,在这二十多个人里面,我意外地看到了一个梧桐河的老乡张兴德。他的弟弟和我是同学,他们哥俩都参加了抗联部队,家中扔下年迈的寡母。张兴德现在是十一军的政治部主任。一九三九年六月,他带领三旅在黑龙江省萝北县三间房一带活动,在一次战斗中胳膊被打折,泅水过江到的苏联。经过几个月的治疗伤好回国,后在返回抗联十一军的途中,于萝北县肇兴镇与敌人遭遇壮烈牺牲。

这二十多人看样子都很憔悴。本来窄小的屋子,我们进去后就更拥挤不堪了,好不容易将就到天亮,开来一辆帆布篷车把我们拉走了。

车被挡得严严实实,外面什么都看不见,篷布车晃晃悠悠地走了好几个小时来到了一个小村庄。这里有几座兵营,到了这里男女分开住了,我们三个女的住在一个兵营。

一晃又过去一个月,这次也不审查也不询问了,每天除了吃饭就是睡觉。这一天,天大黑以后,篷布车又开了来,装上我们三个女的,车就开走了。

车开出没多远又停了下来,篷布车门被打开后,一连气又上来七八个人。

啊!我们都愣住了,万万没想到孙国栋副官、车廷新排长、闫副官、王永昌、周云峰、杨聋子和一个姓辛的侦察员都跳上车来。

车厢里顿时开了锅,我们三个女的叽叽喳喳地问个不停:"哎呀,孙副官你们都上哪去啦?怎么也在这里呀?"

孙副官说了:"咳,别提了,那天咱们一起走了不到半里路,陈绍宾就把我们拉了出来。他交代任务说,你们去鹤岗,到南大营日本军'讨伐队',告诉他们赵尚志在这里的驻地,叫日本人来打他。这儿到鹤岗也就七十里路,你们快去快回,我们在梧桐河金矿等你们回来,我们在那解决棉衣。陈绍宾说这些话时,是背着白团长的。我们几个一合计,陈绍宾这老头疯了吧?怎么能给日本鬼子送信告密打赵尚志呢?这个做法才是奸细、反革命的勾当呢!怎么办?我们不敢回队伍,只好跑到苏联来了。"

听了孙副官他们的话,我们都十分惊讶,陈绍宾怎么能这么办事呢?咳,真是不理解。大家光顾着议论纷纷,都忘了孙副官和柳明玉是一对恋人了。我偷眼看了看柳明玉,只见她的眼角含着泪,再看看孙副官,他也在不断地用眼睛凝视着自己心爱的人。当时部队的纪律非常严格,没有上级的批准,是不能随便谈恋爱的,此刻重逢,他们也只能把思念和幸福都埋在心底。

一路上说说笑笑,大家都为这次意外的重逢而激动。后半夜,汽车停在了一个火车站。有人说,这是犹太自治州的车站,有人说是比罗比詹火车站。不管是什么火车站,还没等我多看几眼,我们就被带到了火车上。

这是一列拉货的闷罐车,车两旁有不大的四方窗户,车厢里两边铺着枯草,我们就在草上休息。

列车咣当当、咣当当地开了。这是我有生以来第一次坐火车,新奇得不得了。可是不一会儿就高兴不起来了,我晕车了,赶紧躺在干草上不敢动弹。列车走了有两个小时吧,停靠在一个车站。这个车站好像挺大,外面人声嘈杂,我们从窗户望去,太阳升了起来。这时,车门又被打开了,上来了四个人,大家立刻欢呼了起来。

冯仲云、高禹民、马克正、栾继洲上车来了。说啥也没想到,冯政委能上我们这节车厢。跟着陈绍宾走,心里总觉得不踏实。他一会宣布部队解散,一会儿又要去打赵尚志,我觉得真是太恐怖了。如今看见了冯政委,心里觉得又有了依靠。

冯仲云他们上了车以后,列车整整走了一天,天黑时停下了。过后才知道,我们已经来到了黑河市的对岸。下了火车,我们走进了一片柞树林子,林子里有一栋板皮钉的圆形房子和一栋长长的兵营。冯政委住在了圆房子里,我们住进了兵营。

第二天,开来了一辆大卡车,车上装着发给我们的物品。

我们每个人发了一套日本黄呢子军装、一顶兔子皮的棉军帽、一双日本军用皮鞋、一个毛朝外的狍子皮背包。和上次一样，子弹袋和背兜、手闷子都是我们自己缝制，他们提供白帆布。

随车还带来了不少日本造的武器，有马枪、步枪、歪把机关枪、子弹和日制的手雷等。

这些武器和装备在当时已属新式武器。最关键的是子弹可以通用，手雷比手榴弹亦好携带，它体积小、爆炸力大、重量轻、扔得远。

武器和装备都是苏联红军在"张鼓峰""诺门罕"战斗中缴获日军的战利品。

就在临回国的前几天，我们三个女同志借用苏军的缝纫机，白天黑夜地缝装备，给每个人缝了两个子弹袋，一个装东西的大背兜和一双手闷子。

临行前，每个人还发了一个搪瓷茶缸和饭盒。茶缸和饭盒的底部都印有俄文的字母（CCCP），上级要求我们必须把字蹭掉。

又到了要走的日子了，苏联提供给我们的稗子米（也叫穈子）和子弹，能背多少就给多少。同志们拼命地装，装进去试试背不动，还得再倒出去。

看到这么多装备和粮食，我们都对社会主义苏联对我们无私的援助万分感激。

我们的西征

夜，黑得伸手不见五指。

靠着夜幕的掩护，冯政委带着我们三十多人的队伍在苏联波亚尔科夫东侧踏着冰雪穿越了黑龙江，在逊克和嘉荫的交界处车陆村（俄罗斯族村）东侧登陆，来到了库尔滨河。顺着库尔滨河走了几天，我们钻进了一片树林开始爬山。在山上能看到一个叫松树沟的村庄，这里住着被日本人收买的鄂伦春炮手队。

太阳还没下山时，我们爬到了山顶，部队准备在这里宿营了。篝火点了起来，我们把稷子米下到锅里。我打开了一条绑腿，脱下一只鞋，在火上烤着包脚布。

突然耳边传来了"嗖、嗖"的枪响。不好，有人打枪！我赶紧就地卧倒，就在我卧倒的同时，我身边的战士老郝倒了下去，我匍匐着爬到了他的跟前，准备给他包扎。这时，交通队长姜立新把他背到了山坡下，鲜血从老郝的胸口不断地涌了出来，一句话都没说出来，他就牺牲了。

另一个火堆的冯政委他们也都撤到了山坡下，看到有人负伤他赶紧爬了过来，是谁在打冷枪？枪法如此准确。这种"嗖、嗖"的冷枪最可怕了，让人防不胜防。

夏振华倚在了一棵树后，掏出望远镜向打枪的方向望去。

"坏了，对面是鄂伦春人。"

怎么办？咱们不能和他们打，撤了。

天大黑后，我们埋葬了老郝同志，换了一个山头宿营。

又走了几天的山路，傍黑在一个密林里安营。我们刚点着篝火，"嗖、嗖"的枪声又响了起来。我们这个气啊！怎么又跟来了？

夏振华说："他妈的！不理他，还老跟着我们，教训、教训他们！"当即派了两名战士去搞侦察。

半夜时分，侦察员回来报告说，顺着脚印找到了他们的住处。鄂伦春族人有个特点，到了晚上他们都钻进帐篷睡觉。估计这伙人，是受了敌人的利用，日本人常把大烟（毒品，指鸦片）卖给鄂伦春人，以此来控制他们，不少人都有吸毒的习惯。但是，他们中也有一部分人参加了革命。如鄂伦春女战士李桂香一家，父亲、哥哥和嫂子都参加了抗联。她父亲和哥哥于一九三八年在通河县乌鸦河战斗中壮烈牺牲。李桂香后去苏联，在苏联与金永贤（金大宏）结婚，"八一五"光复后，随丈夫去了朝鲜。

侦察员带着我们立即出发,快拂晓时,来到了一个山头,山下有一条河,河边有几顶帐篷。

这伙人把用狍子皮缝的帐篷搭在了一个山岙里,钻进去呼呼睡大觉了。我们隐蔽在山上。早春的大山,寒风刺骨,黎明前的时刻,更是一天最冷的时候,俗话说"五更天,小鬼都龇牙"。我们一个个冻得直打牙帮骨,"嗝嗝嗝"的响声连远处的哨兵都听到了,他示意我们不要出声,我们一个个只好咬着袄袖子,等着领导下命令。

终于下令出击了,我们分成了三个队:一队冲锋,二队围剿,三队后备。

三个女的分在了第三队,我们趴在了山头上,任务是:有跑出来的鄂伦春人,我们负责拦截。

大家都憋着一肚子的气,领导一声命令出击,立刻像猛虎下山似的扑向了山下。战士们掀翻了帐篷,那伙鄂伦春人还在梦中就被活捉了。

我们三个女兵趴在山上,听着山下七吵八喊的。忽然我后背背的盆子"啪"地响了一下,耳边好像还有"嗖、嗖"的声音,我们也没太理会。

战斗很快结束了。我们没收了鄂伦春人的全部子弹,让他们都排好了队。冯政委开始讲话,由于语言不通,只能一边讲一边比画。冯政委讲话的大意是,"我们是抗联的队伍,是打日本的队伍,日本鬼子才是我们大家的敌人,我们是你们的朋友,你们不要再跟着我们了。"

我们把空枪又还给了他们。正在这时,我发现柳明玉走路怎么一瘸一瘸的,往她腿上一看,绑腿上渗出了鲜血。我赶忙喊她:"明玉,你的腿怎么了?"

"没怎么啊。"她低头往腿上一看"哎呀"了一声,原来是负伤了。子弹打在了小腿的皮肉上,好在没伤着筋骨。柳明玉说:"我说这条腿怎么拿不动呢,还以为冻麻了呢。"

老朴怎么也一瘸一拐的了?这时,血水从她的鞋里渗了出来,脱了鞋一看,子弹贴着小脚指头边打了过去,还好也没伤到骨头。我赶忙给她们两个包扎,老朴又发现问题了:"小李子,你的盆怎么有一个洞?"

啊? 一定是有人在我们的后面放了冷枪,想想真是后怕。

队伍又出发了,这回增加了两个伤员。因为伤在了腿上和脚上,她俩走路都一瘸一拐的,走一步一咧嘴。我只好一只手挎着一个,孙国栋副官替她俩背着枪。

在艰难的行进中,我们走到了几条河的分水岭。分水岭上的景色十分壮美。山上没有多少树,积雪还没有融化。山顶上还有几眼清泉,泉水清洌甘甜,大家尽情地喝着泉水,几天来的劳碌消去不少。站在分水岭上往南看是沾河,往东是汤旺河,汤旺河北边就是梧桐河和都鲁河了。我们在分水岭上休整了两天,两天以后下山进入了一片草甸子。

时令已经进入了阳历四月,走在草甸子上,上面是雪,下面是水,大家的脚整天泡在冰水里,都冻得又红又肿。

我们向德都县朝阳山方向走,第三路军的总指挥部在那里。一路上到处都是敌人的要塞、工事、炮楼,白天不敢行军,只能夜晚走。走走停停的,二十多天以后才到达朝阳山。

到了朝阳山以后,一幅凄惨的景象扑入大家的眼帘,这里显然经历了一场大的战斗。指挥部的营房、后方医院全部遭到破坏,所有的房屋都被烧毁了,只剩下半截的泥墙伫立在树林里。山坡上被敌机炸死的战马横倒竖卧惨死在那里。因是一九三九年秋被敌机炸死的,由于天气变暖,马的肚子都涨得圆鼓鼓的。见此景象,同志们的心情都十分难过,不知道指挥部和张寿篯总指挥的安危如何。

这时,夏振华和栾继洲开始执行第二套寻找方案。原来事先有约定,如果指挥部转移,将在一个隐蔽地点留下联络方式。他俩在一个树洞子里找到了一个瓶子,瓶子里装着指挥部留给我们的信件。信上说指挥部已经转移去了通北。

到了这里,我们从苏联背出来的稷子米已经吃没了,这时大家议论纷纷,山上的死马能吃不?

有个战士说:"不能吃,你看肚子鼓那么大,都发酵了,吃了非中毒不可。"

另几个战士说:"管他呢,总比挨饿强啊。"说着还用脚踹了踹马屁股说:"没事,肉还登登硬呢。"

听了这几个战士的话,大家迫不及待地剥皮剔肉,主要是马大腿和后屁股上的肉,放到火上烤着吃。马肉都变了味,可好歹也是肉啊,大家早就饥饿难忍了,所以吃得还是挺香。这时,冯仲云在一旁紧着嘱咐大家:"把马肉多烤一会儿,一定要烤熟了再吃。"

马克正说:"千万别碰马肚子,碰破了臭味该出来了,就不能吃了。"

吃了顿马肉,在朝阳山住了一宿,第二天早上部队又出发了。这次我们往南走,过了两条河,等到了第二条河沿河的时候,天色已晚。冯政委说:"咱们今晚就住在这里吧,大家理理发,洗洗脸,好好休整休整,明天好去见张总指挥。"大家都知道,张总指挥是特别重视军容、军纪的,部下去见他,都尽可能地收拾齐整。

第二天在通北的木沟河我们终于找到了第三路军的总指挥部。指挥部设在一个山沟里,南北都有山,木沟河水往西南流入南北河。

见到总指挥和教导队的同志,我们都十分高兴。两年不见,教导队的战友们都长高了不少,说话声音都变了。他们说我也长高了,像个大姑娘了。葛海清还说:"小李子,还记得摘黄瓜检讨的事儿吗?"

"咋不记得,你掉井里,还是夏洪年把你拉上来的呢! 哎,夏洪年和于德发呢?"一边说着,我一边拿眼睛在寻找。

听我提到他俩,同志们都把头低了下去……

现在,大个子曹玉奎当了教导队的总队长,夏凤林在支队任队长,掉井里那个葛海清在铁力方向跑交通。丁福、赵福和于连福这三福也都在这里。

教导队的战友们告诉我,于德发同志在克东县张信屯的一场战斗中牺牲了。风趣、幽默的耿殿君团长也牺牲了……

第二天,领导们开始开会。史称"南北河会议"。参加会议的有张寿篯、冯仲云、马克正、高禹民、王明贵、张光迪、朴吉松、赵敬夫、郭铁坚、张中孚、边凤祥、张文连、崔庆洙、王永昌、夏振华、孙国栋、闫副官等人。

这是一次重要会议,是与党中央失掉联系后第一次听到党中央的声音(是从苏联与中共中央驻共产国际代表联系辗转而来的)。会议上传达了冯仲云从苏联带回来的伯力会议精神,张寿篯总指挥讲了东北抗日战争的敌我形势。同时,在张寿篯主持下正式将第三路军部队改编为第三、第六、第九、第十二支队。

第三路军总指挥:张寿篯;政委:冯仲云

第三支队由六军教导队、一师十团、二师十二团、三师八团和三军三师七百余名指战员组成。支队长王明贵、政委赵敬夫、参谋长王钧。主要活动在嫩江、讷河、德都、甘南等地。

第六支队由原三军二师、十一军一师九十余人组成。支队长张光迪、政委于天放。主要以绥棱为后方基地,活动在绥棱、海伦、明水、拜泉、通北等地。

第九支队由六军一师、九军二师组成。队长陈绍宾、政委高禹民、参谋长郭铁坚。主要活动在北安、通北、克东、克山、明水一带。

第十二支队由三军一师近百人组成,队长李景荫(后为戴鸿宾)、政委许亨植兼。主要活动在巴彦、木兰、铁力、庆城、绥化、望奎、三肇一带。

同我们一起过来的王永昌任北安县县委书记、夏振华留在指挥部任副官。我们三个女兵被编入教导队留在了指挥部。

为保证全军思想统一,行动一致,以争取抗战的胜利,在抗联第三路军总指挥张寿篯的主持下,将在长期革命斗争中所形成的、体现我军性质和宗旨的一些基本原则和要求,经过共同研究归纳成十条。总指挥要求全军的指战员,把这十条作为革命军人的十大守则和行动纲领在部队中进行贯彻,并把它编成为《第三路军十大要义歌》，要求全军指战员在部队中广泛地宣传和教唱。

会后的晚上，在指挥部的空地上全体指战员开了一个盛大的联欢会。会上我们高唱为庆祝东北抗日联军成立第三路军，总指挥张寿篯亲自编写的《第三路军成立纪念歌》。

晚会一直进行到深夜。第二天早上，天色微明，各部队相继离去，他们转战在大小兴安岭及松嫩平原，捷报频传。

在第三路军总指挥部

第三路军的教导队有四十多名同志，其中女同志有李淑贞、陈玉华、张景淑、张喜淑、金伯文、柳明玉、朴英善等同志。

女同志们都住在营房里，男同志住在山前的帐篷里，能够学习和生活在指挥部这里，我们都十分高兴。

送走各部队以后，张寿篯总指挥和张中孚秘书长每天换班给我们讲课，重点学习毛主席的《论持久战》、中共北满省委制定的《东北抗日联军政治工作暂行条例草案》《东北抗日联军第三路军总指挥部训练处第一期训练班规则》。

通过学习，教导队的战士在思想和认识上都有了显著的提高。我们更进一步认识到，抗联部队是在中国共产党的领导下有组织、讲政治的正规部队。

我们训练班学员不仅在功课实习、警备、劳动、卫生、保存与管理武装和公物及遵守纪律方面，成为模范者，而且在精神与意志上、思想和行动上取得完全的一致与统一，并在学习上、研究上、一切动作方面，要以坦白诚恳的团结精神,互相爱护、互相帮助、互相批评、互相督促,以养成纯洁模范的革命军人风尚。

军人品行方面的要求,更是时时对照检查。这方面的要求是:

对人态度要端正和蔼诚恳坦白,互相信任、互相帮助、互相批评,坚决反对欺辱、说谎、耍手腕、争雄等倾向;禁止饮酒、赌博、吸鸦片及其他毒品;不得擅用任何公物,并未得别人的允准时,不得擅用他人之一切物品;不准谩骂与斗殴,不得互相攻讦;不准做伤损风尚的卑污下流的笑谑;不得乱换服装或其他物品,不徇私、不舞弊。戒轻浮、浪漫。

这些要求牢牢地记在了我的心里,使我终身受用。

过了一段时间,总指挥部的粮食又告急了。每天的学习之余,我们就上山去采野菜。春天到了,湿润润的春风,吹拂着田野和山川,河流开化了,带着冰排哗啦啦地流向远方。各种野菜都长了出来,水蒿、旱葱、明叶菜都长得水灵灵的。

尽管野菜有的是,可总吃野菜一点粮食不吃终究不行啊!何况离我们不远的后方医院里,还有十多名伤员。

听说王耀钧军医官现在这里的医院工作,我特意跑过去看他。

王医官看见我挺高兴,他笑着说:"小李子,长高了不少啊,坚持学习了吗? 字练得怎么样了?"我告诉他:"没有教员教我了,字还在坚持练。"

他嘱咐我,一定要好好学习,千万不要放弃。

到了这里十多天以后,指挥部安排我们教导队去南北河对岸的绥棱、通北交界处去背粮食。

由指挥部交通员田玉福同志带路,张喜淑、张景淑、柳明玉、老朴、丁福、赵福、于连福一共二十多个人组成了背粮小队。

天还没亮我们就出发了。一去的路上还算顺利,太阳偏西时,我们来到了南北河。南北河水挺宽,从山上下来的桃花水流入河中,水流湍急。田玉福同志的路特别熟,领我们顺河找到了一座木桥。他说,这座桥叫作"鱼鳞

QINLI DONGBEI KANGZHAN 亲历东北抗战

236

桥"。过桥后我们进入了河对岸的一片丛林,要背的粮食就在这片林子里。

　　粮食袋子分散埋在树底下和枯叶中,上面做了记号,如果不注意很难发现。田玉福告诉我们,这些粮食都是耿殿君团长生前带人从海伦、穆棱等地弄来的。看到这些粮食,我的心里非常难过,耿团长为了革命流尽了最后一滴血,他人不在了,还给我们留下了这么多的粮食。看着这些粮食,我的心里一直酸溜溜的。

　　天黑了,看不见路,我们就在这片树林子里露宿了一夜。第二天,天刚蒙蒙亮,岗哨来报告,远处传来马的嘶鸣。"不好! 鬼子'讨伐队'进山了!"大家赶紧背起粮食向南北河的上游跑。

　　敌人显然发现了我们,跟在后面紧追不舍,多亏田玉福同志路熟,他带着我们专找树林密的地方走,敌人的马队进不来。在上游一处河窄的地方,我们蹚水过了河,过了河就赶紧往山上爬。山不是很高,但是树很密。刚爬上山头,敌人的枪就响了,枪声中,张喜淑腰部负了伤。我们只好就地卧倒,和敌人接上了火。这时,天已经到了晌午。

　　由于我们抢先占领了山头,敌人一时半会攻不上来,他们的人也不是很多。但害怕敌人有后续部队增援,我们决定边打边撤。丁福领着一半人向身后的山头撤,我当时在教导队任党小组长,朴景淑我们几个留下打掩护。丁福哈腰背起了腰部负伤的张喜淑背上的粮食,在交通员田玉福的带领下向后面的山头撤去。

　　等丁福他们抢占了第二个山头时,我们这边也开始边打边撤了,他们在那个山头掩护我们。战斗一直持续到天黑,敌人撤了。我们也赶紧离开这一区域。

　　丁福说:"咱们不能直接回指挥部了,别把敌人引到那里。"我们说:"对,咱们往相反的方向走吧。"张喜淑这时脸色苍白,她一直咬紧牙关挺着。我的粮食也分给同志们背着了,由我挎着张喜淑,我们一直向西走去。找了一个山高树密的地方又露宿了一夜。第二天,天刚放亮,我们下山了,怕有敌人追击,这次是分散开走的,山上和山下都没有路,拉荒走,深一脚浅一脚的,太阳偏西时,终于回到了指挥部。看到我们背回了粮食,全体指战员都喜笑颜开,又有吃的了。

一九四〇年的红五月

一九四〇年的五一劳动节快到了,北满省委郑重号召全体同志,要广泛地举行纪念红五月的民众运动,以响应国内抗战。中共北满省委在一九四〇年三月二十四日发表了关于红五月的通告。

"五一"节这天,天气晴朗,湛蓝的天空上飘着朵朵的白云,春风吹拂着战士们的笑脸。我们坐在绿油油的草地上,指挥部将要举行隆重的庆祝大会。

上午九点,大会开始。会上,张寿篯总指挥用生动的语言给我们讲了当前国际国内的形势,从国际反法西斯战争,讲到东北的抗日斗争。他的讲话极大地鼓舞了部队的士气,我们坚信打倒日本帝国主义、解放全东北的一天一定会来到的。会上还宣读了《中共北满省委为纪念"五一"劳动节告北满全体同胞书》。

五月的大山,刚刚披上春装,满山的青翠。山风阵阵吹来,树叶哗啦啦地响。张总指挥站在一个高坡上,挥舞着手势,他的讲话慷慨激昂。他带领大家高呼口号,全体指战员们群情激奋,斗志昂扬。我们的呼声群山都在回应:

"全世界无产阶级与被压迫民族大联合胜利万岁! 万岁! 万岁!"

全体将士在《五月一日国际劳动节》的歌声中结束了庆祝大会。

一九四〇年五月到七月这段时间,张寿篯总指挥和张中孚秘书长还带领我们重点学习了毛主席的《论持久战》《五一告同胞书》和《东北抗日联军第三路军总指挥部训练处第一期训练班规则》。通过学习，我们教导队的学员在政治思想上都有了很大程度的提高。

毛主席在《论持久战》里，充分肯定了游击战的作用和重要性。通过学习，我深切地感受到，毛主席真是太伟大了，他把道理都讲给了我们。以前我们只知道打鬼子，把日本鬼子赶出中国，现在知道了国内国际的形势，知道了要坚持持久的、人民的战争，还要争取苏联等社会主义国家的援助，这样才能最后把关东军赶出中国。

学习中，张总指挥和张秘书长耐心地、细致地逐一给我们详细讲解，讲完了还要提问和考试，直到我们弄懂为止。

在紧张的学习中，我们度过了三个多月。忽然有一天，武装交通员姜立新带着陈交通员来到了指挥部。

看到他俩，我们都惊呆了。只见陈交通员衣裳破碎，脸上血肉模糊，眼睛肿得只剩下一条线。姜立新的肩上背着两个大挎包，一只手搀扶着陈交通员。我们赶紧接过背包，去喊卫生员。

"老姜，这是咋地了，你们遇到敌人了？"大家都急着问。

"咳，别提了，别提了……先给我口水。"老姜喘着粗气说。

大家赶紧递过去一缸子水："到底咋地啦？"

"咳，咋地啦，我们让黑瞎子给缴械了。"

"啊！快给我们讲讲。"同志们更着急了。

原来，姜立新和陈交通员是从南面铁力方向、北满省委书记金策那里过来的。当走到一片密林时，两个人又累又饿，决定在这片树林子里打个尖（吃饭）。老陈说："我出去转转，看打点什么活物。"老姜说："好，我烧水，你快去快回。"

老陈走了以后，老姜拾了些枯树枝，点着了火，水"咕嘟咕嘟"开了的时候，远处传了一声闷枪声。老姜寻思，不知道打了个什么野物，正好水也开了。老姜等啊，一等也不来，二等也不来。这是咋了？他赶紧顺着枪声的方向去寻找。

老姜在密林子里仔细地搜寻，走出了不多远，他透过树空，看到了一幅景象，立刻惊出了一身冷汗。林子里面有一小块空地，只见老陈躺在了地上，他的旁边坐着一个五大三粗的黑瞎子（黑熊），正在吐着血红的舌头，呼呼地喘着粗气，它的小眼睛紧盯着地上的老陈。

见此情景，老姜不敢出声，他慢慢地掏出枪，仔细地瞄准了黑瞎子的脑袋，扣动了扳机，黑瞎子应声"咕咚"一声倒了下去。

老姜赶忙跑到了老陈的身边看看，发现他还喘气。这时老陈的脸上已经被黑瞎子舔得没有皮了，露出红红的嫩肉，不断地渗出鲜血。他的胳膊也被黑瞎子给咬得血肉模糊，衣服都撕碎了。老姜把老陈扶了起来，看看还能走，就把他搀到火堆旁，喂他喝了些水。

缓过气来，老陈说："我走出不多远，就看到这个黑家伙窜了出来，我一枪没把它撂住，它'嗷'地一声，一巴掌就把我打倒在地，接着就开始摔我，我让他摔的啊，几下子就晕了过去。然后它就拿舌头舔我，脸上火辣辣地疼，也不敢动弹，多亏你来了，要不没命啦……"

老姜让老陈坐在火边休息。他把那个大黑瞎子剥了皮，卸下了一条大腿，切成肉条，放到火上去烤。剩下的熊肉都放到了一条小河里，上面压上了石头。

讲完这段惊险的遭遇后，老姜说："走，我领你们背黑瞎子肉去！"

听了老姜的话，大家都高兴得蹦了起来，"有熊肉吃了"。

老陈被送到了医院去养伤，姜队长带着我们去背黑瞎子肉，大家这个高兴啊，都争先恐后地要去背。背回来的熊肉，给医院送去了一部分，剩下的合着野菜一起煮着吃了好几天，熊油也熬了出来，用来拌野菜吃。

一条艰险的路

七月里的一天，张总指挥把我找去谈话，他交给了我一项意想不到的、特殊的任务。

我来到了总指挥部，女战士李淑贞和张景淑已经在那里了。张总指挥和我们说："根据国际、国内对敌斗争的需要，指挥部决定派你们几个去苏联学习无线电。"

啊！去学发电报？真的吗？接到这一任务我既兴奋又紧张，当时对于无线电我们一直都感到挺神奇，那东西好学吗？能学会吗？

张总指挥嘱咐我们，到了苏联要克服困难，努力认真学习，无线电就是我们的眼睛，我们的耳朵。据说，一个月左右就能学会，早去早回，我们这边的工作非常需要。同时，他还指示将有一项更艰巨的任务，务必要完成。

这项任务就是，随我们一同从苏联回来时有一名姓辛的侦察员，这次也要和我们一起同行。他沿途要侦察几个地方，张总指挥命令我们配合他的行动，必须完成任务。

我们立正回答："是！保证完成任务！"敬个军礼就退出来了。

一个晨雾弥漫的早晨，一支五人小队悄悄地出发了。后来听说，我们走后，指挥部带着教导队去德都县的朝阳山视察工作。

我们小队的向导是国际武装交通队长姜立新。他五十多岁的年纪，上中等的个子，两只眼睛挺大挺圆，十分地机警。他负责带路，同时肩负着和沿途联络点接通关系。

侦察员老辛（化名），二十五六岁的年纪，人长得文文静静，眉清目秀。穿一身黑色的中山装，一看就是知识分子。这人话不多，因为有纪律，我们也不多问。

女战士李淑贞,二十七八岁,人长得挺漂亮,是第九支队政委郭铁坚的爱人。他们两个人特别恩爱,记得有一次部队点起篝火时,李淑贞坐在篝火前,郭政委坐在她的身后,用手环抱着她,用自己的身体给她挡着后背的寒风。我们当时都很羡慕,一边偷偷地在笑,一边想,原来两口子还可以这样亲密啊。他们曾经有过一个两岁的男孩,行军打仗,孩子没办法抚养,就送给了当地的一个老乡。孩子整天在哭,后来病饿而死。李淑贞悲痛万分,当第二个孩子出生后,她狠着心,偷着给孩子灌了大烟,孩子无声无息地死去了。她哭着说:"让孩子安安静静地走吧,再也别像他的哥哥那样,遭那么多的罪了……"

女战士张景淑,二十岁左右,是指挥部总参谋长许亨植的爱人,她也刚生了孩子不久,孩子被杨交通员抱给了当地的老乡。

出了密营,小队第一站先奔南北河,到那里去解决一点给养。太阳西斜时,我们趟过了南北河,又来到了上次背粮食的那片树林。

在树林子里,我们找到了半袋子白面,用随身携带的盆子烙了二十多张大饼,每人分了四个。当天天色已晚,就露宿在这片树林子里。

第二天,在山里又走了一天,我们终于钻出了大山。打这以后,离开了大山的掩护,小队只能是昼伏夜出了。

小队下一站准备去德都县的五大连池镇。老姜带着我们先来到了绥棱县山里的一个林场,这里有我们的联络点,林区的伐木工人都认识老姜。

在林场里,老姜很顺利地借了五匹马,一个工人跟着我们。这天可能是农历的初五六吧,天上挂着半个月亮,借着稀疏的月光,六个人连夜骑马奔向了五大连池。快马扬鞭,我们经海伦,过北安,绕过了敌人的据点,天亮时,赶到了五大连池的第三池子。

到了这里,我们把马还给了那个工人,他带着马匹返回了绥棱。

到了五大连池,我们站在高处往四周一看,只见黑色的火山岩石起伏绵延,像是波涛汹涌的大海,景象十分壮观。

第三池子这地方有个"鱼亮子",这里的渔民姓刘,是我们的地下联络员。他把我们领到一个石头坑子里,这个坑子据说作过部队的营地,坑子里天然地分成了好多的单间,顺着石头还有上面流下来的泉水。真是个理想的宿营点。

到了这里,姜立新和老辛在夜间去往德都县龙镇的火车站。龙镇是通往黑河北部地区的重要城镇,是日军的官兵和装备的集结地。哈尔滨的日本关东军通过这条铁路运送武器、士兵和军需品。后来我们才知道,他俩是隐蔽在车站附近,每天记录有多少军车开往黑河。

我们在五大连池这里等他们,"鱼亮子"主人老刘给我们送饭,还把他新打的鱼炖给我们吃。

两天以后,他们回来了,老姜说还有事要向省委汇报,我们得去朝阳山。

我们离开五大连池向朝阳山走去,白天找个隐蔽的树林歇脚,到了晚上才开始行动。一天以后,我们来到了朝阳山附近的一个小村子。姜立新领着小队走进了一户人家。看到我们进来,那家人的脸色都变了:"哎呀,老姜,你们咋还在这转悠呢?朝阳山的部队听说让鬼子给包围了,打了一场恶战啊,听说咱们部队死了好多人呢。"

听了老乡的话,我们都大惊失色。朝阳山那里是总指挥部的驻地啊,张总指挥和教导队的同志们都咋样了?他们冲出敌人的包围圈了吗?

听了朝阳山遭敌围攻的消息,小队不敢在这里再做停留,趁着夜色,我们赶紧向下一个目标辰清走去。辰清是日本关东军的驻地,老辛在那里有重要的侦察任务。

这天晚上我们走到了一个山坡上,里面长满了柞树。大家都累得不行了,合计一下,就在这里宿营吧。一天都没吃东西了,我们掏出了挎包里的烙饼。烙饼已经长了一层绿毛,我们点起了一堆篝火,把饼掰碎了,熬汤喝,熬出来的汤都是绿颜色的。我们已经顾不得那么多了,每人喝了一碗,就在火堆边睡着了。

头半夜是李淑贞站第一班岗,张景淑站第二班岗,轮到我站第三班岗时,已经是半夜了。我感觉自己好像刚刚睡着就被人喊醒了一样,这个困啊,好不容易才爬着起来,背着枪站在了山岗上。这一夜,阴沉沉的,看不见星星和月亮,山风阵阵吹来,树叶沙啦啦地响。忽然远处传来了人的哭声,凄凄惨惨、呜呜咽咽地十分瘆人,我的头发立刻竖了起来。什么人在这荒郊野外哭嚎? 我赶紧去喊张景淑:"快! 快! 不好了,你听听是不是狼在叫唤?"张景淑刚躺下,她迷迷糊糊地说:"啥狼来了,那不是有人哭吗?"哭声越来越多,最后变成了嚎叫。不好! 真是狼来了!

这时,大家都坐了起来,把枪拿在了手中。狼群的嚎叫声越来越近了,老姜说:"别怕,别怕,大家赶紧添火,把火堆烧旺点,狼怕火,它们不敢过来,咱们尽可能别开枪,别把敌人引来。"

火堆烧旺了,狼群果然没过来,但是也不走,在离我们不远的地方低嚎着。后半夜,谁都没敢睡觉。

天亮了,狼群终于退了。为了赶时间,我们不敢耽搁,又接着赶路了。

天傍黑时,我们走到了一个地方,这里有一片去年伐过的树墩子。老姜说:"不怕了,这地方有炭窑。"我们跨过了一个山头,果然看到山下有一座土房,土房的烟囱里,冒出了一缕炊烟。

我们下山进了土屋。屋子里有两个烧炭工,年纪大的五十多岁了,姓王,年轻的有三十来岁。老王头给我们熬了小米粥,用咸盐拌了点山菜。大家立刻狼吞虎咽地吃了起来,一会儿就锅底朝了天,还都觉得没吃饱。

吃完饭,老姜和两个烧炭工唠嗑:"你们这里是啥地方啊? 附近有没有村子啊? 村子里有没有日本兵啊?"老王头告诉我们,离这里十八里地,是辰清,有一百来个日本兵住在那里。

老姜又问他们:"我给你们钱,能不能帮我们去买点小米啊?"两个人都说:"行。"

十八里地,来回一夜也就回来了。老姜给了他们一些钱,他俩就上了路。

他们走了以后，我们倒在炕上都呼呼地睡了过去，岗哨都忘记放了。也难怪，昨天晚上让狼群闹了半宿，白天又走了一天的山路，大家都累乏了。

喝了一肚子的小米粥，后半夜我让尿憋醒了，赶紧跑到外面去解手。外面不知什么时候下起了大雾，附近的树木和草垛在雾气里好像鬼怪似的时隐时现。参军四五年了，值班、站岗也都习惯了，这时，我不知道怎么忽然之间就害怕起来了，心里直打鼓，头皮直簌簌，我赶紧跑进屋去。

啊！老王头啥时候回来了？进了屋，我模糊地看到老王头在屋子里走来走去，我忙问他："哎呀，大爷，你回来了？路上辛苦啦。"老头没说话，打了个"咳"声，还是来回地走。我又问他："大爷，你咋啦？是不是出事啦？"

老头又"咳"了一声，连着说："别提啦，别提啦。"

"咋的啦，家里出啥事啦，看我们能帮忙不？"

王大爷这时一拍大腿说："这个，这个，咱们中国人也有败类啊！"

我一听，不好！赶紧去拽姜立新，忙着喊大家。同志们一骨碌都爬了起来。老王头还在说："咱们中国人也有败类啊！你们快跑吧！快跑！"

我们赶紧出了门，绕到了房后，房后是一座小河，过了河是一座小山，山上有一人高的树丛。我们刚到房后，就听见马蹄子的"嘚嘚"声。

敌人很快就来到了山前，他们高喊着："快出来！出来！"机关枪同时"嘎嘎嘎"地响了起来。我们拼命地跑啊，跑得上气不接下气。老姜嘱咐我们："快跑，别开枪，雾大敌人摸不准咱们方向。"

我们爬上了一座更高的大山，敌人终于被我们甩开了，这时天已经蒙蒙亮，雾气也更大了。忽然从云雾里钻出了两只大大的、亮亮的眼睛，"噢——"向我们跑来。我哎呀了一声："龙！龙来了！"老姜赶紧喊："卧倒！不许抬头！啥龙啊，那是火车！"原来这是一列由哈尔滨开往黑河方向的军车。火车轰隆隆地过去了，大家的心还在怦怦地乱跳。

火车过去后，我们继续赶路。天傍黑时，东边的天上涌过来滚滚的乌云,不一会儿,瓢泼般的大雨从天而降,轰隆隆的电闪雷鸣爆响在耳边。老姜大声地招呼着我们:"别在大树底下,离树远点。"

雨下得太大了,浇得气都喘不上来,没地方躲没地方藏的。"关门雨,下一宿。"看来今天晚上我们要在雨中过夜了。

风雨中我们艰难地熬过了一夜。

第二天早上,天晴了,翻遍了所有挎包,就剩下半张饼了。大家烧开了水,把那半张饼掰进盆里,每人喝了碗稀溜溜的饼汤。

我们向逊克县的"四不漏子"要塞走去。这个地方山势险要,炮楼修在山顶,四面的景物都能看到。炮楼里的士兵每隔一会就把脑袋露出来看看。我们四个人分散开,一点一点地往前爬。爬到对面的山顶上,寻找着时机。老辛这时候躲在小树后面,从不同的角度用照相机拍片。我们用手势告诉他,敌兵在炮楼里的方向。太阳越升越高,昨天晚上还是暴雨倾盆,今天火暴的太阳晒得我们汗流不止,不管怎么晒着,我们几个一动都不敢动,害怕炮楼里的敌人看到。

机会终于来了,傍晌午的时候,炮楼里的士兵走出了炮楼,向北走去,他可能是去吃饭。抓住这个时机,老辛像一只敏捷的豹子一样钻进了炮楼,他要到里面拍片。过了一会儿,敌人从北面往回走了,我们都为老辛捏着一把汗,心跳到了嗓子眼。老辛可能是听到了动静,敌人还没来到炮楼时,他窜了出来。但要跑到我们这边是不可能了。这个时候,他又像一只虫子一样紧贴着炮楼根蜷缩在那里,敌人进了炮楼,从窗户里向四外张望,但是,他看不到炮楼根底的地方。看了一会儿,就把头缩了回去。我们赶紧向老辛打手势,老辛顺着山坡赶紧往这边跑,我们一直用眼睛紧盯着炮楼,等敌人再露头,老辛看到手势,赶紧隐蔽卧倒,这样反复了两三次,老辛终于跑到了我们这个山头。看到他完成了任务,我们匍匐着,从山的那头撤了下去。

三上苏联

我们继续往黑河方向走,要赶到黑龙江边一个叫四季屯的地方,从那里过江去苏联。据老辛讲,必须要在指定的时间、指定的地点来到黑龙江边,对岸将有苏军接应。

时间紧迫,只能分秒必争,可沿途到处都是日军的要塞和电网,白天要躲要塞,晚上要躲电网。

这一天晚上又下起了暴雨,为了抢时间,我们顶着暴雨前行。从一个山顶下来后,一条波涛汹涌的大河拦住了去路。大家向河面望去,河上雨雾蒙蒙,对岸一片汪洋。老辛说,从这里过了河就是四季屯,他说趟水过去吧。这时,雨还在不停地下,从山上下来的洪水像瀑布一样流入河中,溅起巨大的浪花,我们站立在河沿,河水已经没过膝盖。

老辛坚持要过江,可我们几个女同志都不会游泳,意见不统一,发生了争执。这时,张景淑说:"咱们开个党小组会,举手表决,同意过江的举手。"只有老辛一个人举起了手,其他四个人都不同意冒险过江。这时,河岸上的水已经没过了大腿根,张景淑坚定地说:"执行决议,赶紧上山!"老辛极不情愿地和我们返身往山上爬。

雨慢慢地停了,老姜发现西北方的山脚下隐隐约约有一缕烟。老姜说:"你们先待在这里,我下去看看,有烟就应该有人家了。"过了几个时辰,老姜回来了,他说山下是一伙捡木耳的,咱们过去吧。我和张景淑架着李淑贞,拖拖拉拉地下了山。

这是一个半地窨子草棚,能住七八个人,有四个捡木耳的老乡住在里面。四个老乡里面有三个老头,一个年轻的小伙子。看见我们来了,忙着给我们做了小米干饭,木耳拌咸盐。又是好久没吃一顿饱饭了,这顿饭太好吃了,真得感谢这几个乡亲,在我们最困难的时候,给予了我们无私的帮助。他们的口粮也不多啊,但还是从自己的口中,把粮食匀给了我们。

天亮了,老乡们把地窨子倒给了我们。地窨子里对面搭了两个铺,三个女的在一面,两个男的在一面,大家倒头就睡。经过几天的颠簸,日晒雨淋,如今躺在用干草铺成的铺上,真舒服啊。不经意间一睁眼,草棚子的顶上怎么有一道黑亮黑亮的道道啊?我又定睛仔细地一看,我的妈呀!无数条蛇盘绕成一条带子,睁着亮亮的眼睛,嘴里吐着信子(舌头),缓缓地在爬行。草棚子挺矮,我一伸手就能够到它们。我忙用手推醒了张景淑和李淑贞:"你们快醒醒,长虫(蛇)!有长虫!"她俩被我推醒了,睁开眼睛一看都"哎呀"了一声,三个人跌跌撞撞地跑出了小草棚。门口的工人看到我们这样都笑着说:"没事儿,它们不咬人。"

老姜和老辛也出来了,他们询问老乡,前面的河是什么河?能过去吗?

老乡们说:"这条河叫逊河,等过个六七天,洪水下去了,就能过去了。"

老辛听得直摇头:"不行,六七天可不行!"

老姜问:"那有没有桥啊?"

老乡们回答:"有桥,可是有日本关东军把着。"

老辛坚定地说:"不行,今天晚上必须得过河!"

老姜又和那几个老乡商量:"我们是抗联部队的,有急事,今天晚上想过河,你们帮我们带个路吧。"

老乡听说是抗联的,点头答应了下来。他们让那个年轻的小伙子为我们带路。小伙子二十多岁,人挺憨厚的。

晚上又下起了小雨,天上没有月亮,四野漆黑一片。那个小老乡带着我们出发了。翻过了一座山,山上有站岗的,听到响动,大声地问:"谁啊?干什么的?"

带路的小伙子回答:"是我,捡木耳的。"哨兵听到了回答再没出声,可能找个地方避雨去了。

下得山来，一座木桥出现在眼前。老姜给我们规定："上了桥就不许回头，不许说话，不许开枪，脚步尽量放轻，以最快的速度通过木桥。"

这座桥不太宽，用原木搭成，并行能走两个人，有二十多米长。"开弓没有回头箭"，上了桥我们就一路小跑，就快跑到桥头时，敌人的哨兵在对岸喊话了："谁啊？谁啊？干什么的？站住！"

老乡回了句话："是我，捡木耳的。"我们开始快跑，枪声突然响了。我们以最快的速度冲过桥去，过了桥，只见草地上一片白色的帐篷。

顾不得那么多了，我们径直从帐篷空里穿了过去，身后是一片枪声。天太黑了，由于我们始终没开枪，敌人既不知道我们是什么人，也摸不准我们有多少人，只是在后面放着空枪。

本来我们应该是奔东面去的，那边是渡江点，但是，怕把敌人引到那里，小队改向西跑，西面有山，我们跑上了一座山顶。天麻麻亮了，雨停了，敌人也被甩开了。站在山顶上，大家长出了一口气。临走的时候，老乡们给我们装了一些刚采的木耳，大家吃了一些湿木耳充饥。

不敢下山，我们顺着山梁返身再往东走。太阳还没落山时，我们来到了一处山崴子。山下有一条公路，过了公路是一片柳条趟子，柳条趟子连着滚滚的黑龙江。老辛说："就是这里，等晚上和对岸的苏军联系。"

我们趴在了山脚下，观察着公路上的动静。不一会儿过来两个扛枪的日本兵，他们嘴里哼着日本小调"西里瓦拉……"拉长的曲调声中，一缕思乡的愁绪飘了过来。

太阳一点一点地落下山去，我们趴在树丛中，大气都不敢出。过了一会儿，又过来了一个中国青年，穿着整齐的柳条布衫，只见他走向了江边的一个铁架子，点燃了里面的航标灯。

天大黑了，月亮升了起来。应该是农历的十五六吧，月亮又大又圆。我们从树丛中走了出来，快步地穿过了公路，藏进柳树趟子里。

这时，老辛掏出了一支手电筒，他一下一下地向江对岸发着信号。夜，静极了，只有江水哗哗的拍岸声。老辛连续地向对岸发了几次信号，可是没有一点回应。他失望地嘟囔着："完了、完了，过期了，他们不会来接我们了，我的手电筒也没电了。"

这可怎么办，大家的脸上都露出了焦急的神色。出发时，我们都向张总指挥做过保证，保证一定完成任务的，难道还能回去吗？

老姜也着急了，他说："你们别动，在这等着，我四下去看看。"

过了一会儿，老姜回来了。他兴奋地说："能过去了，能过去了，那边的沙滩上有个大木排，就是太大了，推不到江里去。咱们把它锯开，坐木排过江。"

接着他就做了安排。他和老辛说："李淑贞身体不好在这边等着，你和向导也在这边休息，顺便观察这里的动静，我带着小李子和张景淑去那边弄木排，让她俩给我站岗。"

听了老姜的安排，我们心里都明白，他是让老辛和李淑贞看着向导，别出什么意外。

我们和老姜来到一片沙滩上，一个硕大的木排躺在那里。木排是用粗大的原木拼在一起，再用大号的铁丝穿连而成。木排大部分都在沙滩上，只有一小部分搭在了水边。老姜想在大木排上靠近水边的地方，用铁锉锯下来一个小木排。

老姜开始锯木排了，他随身带着一把半截的三棱铁锉，寂静的江边只有"哧啦、哧啦"的锉铁声伴着江水的哗哗声。月上中天，黑龙江水波光粼粼，月亮底下我们看到老姜不停地拉动着铁锉，鼻子"忪喽、忪喽"地响，半尺长的大鼻涕随着他的头甩来甩去。我和张景淑憋不住，"咯咯、咯咯"地笑个不停。

"笑什么？"老姜头也不抬地问。

我们还是在笑："你看，你看，你的大鼻涕……"

"有什么好笑的，不知道我外号叫姜大鼻涕吗？"

我俩笑得更欢了,一边笑一边说:"姜队长,你歇会儿,我俩锉一会,你去处理处理鼻涕。"

老姜说:"好,那我就歇一会儿。"我接过了锉,继续干了起来。这个大木排,一共绑了八道粗铁丝,锉太小了,还是个半截的,所以速度并不快。

老姜歇了一小会儿,可能是嫌我们的速度慢,又把锉刀接了过去。

最后一根铁丝终于锯断了,我们在柳树趟子里掰了几根树棍子当桨,加上向导我们五个人都先上了木排。老姜在水里推了几步,木排顺水漂了起来,他也顺势爬了上来。我们每个人手里都拿着根木棍子当桨,老姜坐在后面用个脸盆当舵,木排向江对岸划去。

天蒙蒙亮了,我们奋力划着桨,身后突然传来清脆的枪声。老姜大声地喊:"卧倒,都趴下!"我们赶紧趴在了木排上。回头向江边望去,只见敌人在江边站成了一排,一齐向我们开枪。子弹贴着木排"嗖嗖"地从我们身上飞过,我们连头都不敢抬了。

木排终于到了江心,枪声停止了。忽然,一个巨浪打了过来,我们浑身湿透,木排失去了方向,老姜此时正在后面拿舵,巨浪一下子把他打入江中。就在掉江的一瞬间,他一只手死死地抓住了木排的一角,我们大家七手八脚地把他拽了上来,脸盆子也掉入大江了。浪越来越大了,木排一会被抛上浪尖,一会跌入浪底,完全失去了控制,我们紧紧地趴在木排上,两只手死命地抓住木头缝。

木排终于过了江心,随波逐流地向下游漂去。漂啊,漂啊,一直漂出了十多里地,最后搁浅在一片沙滩上。我们全都筋疲力尽,木排停下了,大家都忘了上岸,在木排上我们往前望去,只见两辆灰绿色的吉普车停在了前方。

我第三次来到了苏联。

第三路军成立纪念歌

1=F 4/4

李兆麟 原词

(1.2 35 21 6 | 15 123 3 - | 2.2 22 35 27 | 1.7 1 -)

3 2 | 1 2 3 5 5 | 6 7 1 2 1 -

绚　烂　神州　地，　白山　黑水　间，
驰　骋　吉游　击沸兮，　扫哈　东南　原，
机　举　动国　鼎，　横突　破民　总抗　战，

3 4 5 6 5 6 1 | 2 1 2 3 2 | 1.2 35 21 6

八载　威远　强松　江驱　动荡，　铁蹄　肆踏　践。　中华　民族　遭蹂　躏吼起斗，
军　貔猊　健，长驱　挺进，　兴安　亦得　援。　天日　雪潮　怒澎　湃起，
烈　焰　炽，战争　烽火，　到　延烧　遍中　原。　冰反　日北　抗联　齐奋，

1 5 1 2 3 - | 2.2 22 35 27 | 1.7 1 -

惨痛　何堪　言，　骨　暴　原野　血染　白山　巅。　
夜雨　转瞬　间，　救　亡　壮志　响　对日　总腾　谖。
爆发　统一　指挥　建。　三路军成　军　矢日民齐　战。

3 5. 3 5. | 3 2 1 2 3 2 - | 3 5. 3 5.

义　愤　填　胸！揭　竿士　齐各　向争　前；　誓　杀！倭　寇！
鼓　角　乍　鸣！将　走狗　与汉　奸赴火　线；　驱　声！诚　敢！
消　灭　日　贼！士　慷慨　赴火　线；　精　果！敢　冲锋！

3 2 1 2 3 2 - | 1.2 35 21 6 | 1 5 1 2 3 -

团结　赴国　难。　民　族　自救，抗日军成，　铁血　壮志　坚，
敌寇　心胆　寒。　六　载　于兹　未稍懈，　孤军　喋血　战，
粉碎　封锁　线。　救　民　族　革命成功日，　势急　不容　缓，
寇氛　一扫　完。　　　　　　　　　　　　红旗　光灿　烂。

2.2 22 35 27. | 1.7 1 -

杀　敌救国复　河　山。
伟　哉豪气长　虹　贯！
国　耻血债血　来　还。
高　歌欢唱奏　凯　旋。

整训

异国重逢

这次渡江可谓惊心动魄，我们险些就葬身在黑龙江汹涌的波涛里。

木排终于搁浅在苏联境内的沙滩上。惊魂未定的我们下了木排，走向了停靠在岸边的吉普车。一个苏联军官站在车旁："达外依！达外依！衣吉素达。"他在用俄语说让我们过去。

姜立新队长会说几句俄语，他打着招呼："达瓦里西，达瓦里西，我们是巴耳基占。"听了他的话，那个苏联军官让我们三个女的上了一辆吉普车，三个男的上了另一辆吉普车。车开走了，从这以后，我就再也没有见到过老辛和那个领我们过桥的向导。

我们来到了一座小楼，换完衣服后吃了顿饭。太阳偏西时，又来了一个军官，这名军官自我介绍说他叫杨林（大尉）。杨林高高的个子，长得挺帅，是乌克兰人。他领着我们坐着吉普车来到了火车站，后来才知道，我们上岸的这座城市是苏联的"布拉戈维申斯克"。

在火车"咣当、咣当"的节奏声中，大家很快就睡着了。第二天早晨天大亮时，火车开到了伯力（哈巴罗夫斯克）。

下了火车，我们被带到了一个俄式的木板房子里，房子四周有一人高的木板栅栏。木房子的女主人叫薇拉，二十岁左右，今后将由她照顾我们的饮食起居。

在薇拉家里住三个多月后，我们三个坐不住了，怎么还不去学无线电啊？张总指挥交给我们的任务还没完成呢。

这个时候吴刚来了。吴刚是俄罗斯人，二十多岁的年纪，长着卷曲的黄头发，黑褐色的眼睛，抿着的嘴总像是在笑。

看见他来了，我们三个都围了过去，问他怎么还不带我们去学习啊？总指挥就给了一个月的时间，我们都急死了。

他说："不要着急，等命令吧。不过，天冷了，咱们得换个地方了。"

吴刚领我们来到了一栋红砖砌成的三层楼，像是职工宿舍。一楼里有一户人家，女主人叫格鲁尼亚，十九岁了。她有丈夫和两个孩子，男孩三岁叫苏拉奇克，女儿五个月大叫妮娜，我们三个人被安排住在她们家。

吴刚还给我们三个人都起了个苏联名字，李淑贞叫丽达，张景淑叫妮娜，我叫苏拉。有了新的名字，我们都挺高兴。据说他们是因为我们的中国名字不好记，另一方面也为了保密。

格鲁尼亚家里有两屋一厨，她们一家四口住一个屋，我们三个住在另一个屋。她的家里也有不少的书，我们在她们家里接着看书学习。

一天晚上，我们在屋子里待得挺寂寞的，我说："咱们出去转转吧。"她俩都说："好啊。""上哪去呢？""咱们去看薇拉吧，看看谁住在她那里呢？"

"行，出发！"

走到离薇拉家不远的地方，在一个坡上，我们看到她家的窗户是黑的，只好转身又回来了。

隔了几天，太阳落山后，我们又向薇拉的家里走去。这次，看到了我们住过的那间屋子里面亮着灯。等到了屋子跟前，由于外面的木栅栏太高，看不到里面，这时，李淑贞捧着我一条腿，张景淑捧着我另一条腿，两个人把我举了起来。

我扒着栅栏看到了屋子里面有个黑头发的青年，他侧着脸在看什么，可能是听到外面有动静，他转过身把头从窗户伸了出来向外张望。看清了，看清了，我"哇"的一声哭了起来。

"怎么了？怎么了？"李淑贞和张景淑在下面仰着脸问我："我哥哥，我哥哥,我看到我哥哥了。"

"说啥疯话呢？什么你哥哥。"她俩在下面问我。

"真的是我哥哥！"

这时,屋里的人听到声音走了出来。"哥哥！"我哭着扑了过去。

"小凤？你怎么在这里呀？"哥哥看到我又惊又喜。看到我们兄妹重逢,李淑贞和张景淑也十分为我高兴。

薇拉的家离江边不远,哥哥领着我们三个人向江边走去。江边有好多的木头垛,我们坐在了上面,晚秋的风顺着江面徐徐地吹来,我沉浸在与哥哥重逢的喜悦之中,千言万语,不知道说什么是好。

我们四个人海阔天空地聊开了。哥哥非常健谈,他给我们讲部队西征,讲惊险的战斗故事,听得我们喜笑颜开。

时间不知不觉已经到了深夜,格鲁尼亚找来了。看见我们,她一个劲地说着:"哎呀,呀呀,哎呀,呀呀……"

她把我们三个人都领了回来。

回来以后,大家都很兴奋,睡不着觉。李淑贞和张景淑都说:"你哥哥真好,这么开朗,这么善谈。"

"是啊,哥哥本事可大了。"我自豪地和她俩说。

没想到,第二天早上,吴刚来了,进了门,就看见他阴沉个脸,一言不发地观察了我们一会说:"你们知不知道,你们犯罪（犯错误）了！"

"犯罪？犯什么罪了？我们什么时候犯罪了？"我们三个都摇头。

"犯罪！犯罪！那是犯罪！"吴刚还在用不通的中国话和我们说。

李淑贞说话了:"哎呀,社会主义国家不自由啊,我们不就是去看看同志吗？"

"不行的,不行的,以后不行的。这是纪律,以后不允许这样,不可以随便地走。"

吴刚走了,我们心里都不痛快,讲了好多的怪话。

过了两天,我们又偷偷地跑出去,想再看看哥哥,可薇拉家里的窗户一直黑着,哥哥搬走了。

我的心里更是难过,和哥哥都说啥了?好多话都没说嘛,就这么一个亲人了!我有多想念他,多惦记他啊!

想着,想着,我就哭开了,一连哭了好几天。格鲁尼亚问我:"巴切母?巴切母?(为什么)"

李淑贞和张景淑回答:"她想哥哥了。"

"哦。"格鲁尼亚点着头。

隔了一天,格鲁尼亚家里来了一个瘦老头,他会说点中国话,声音挺尖。他和我说:"把衣服穿好,我带你出去。"

看到大家都在找衣服,他又说:"就她一个人出去,你们不去。"

我问他:"去做什么?为什么我一个人去?"

他说:"我不能告诉你。"

一边穿衣服一边想,是不是因为我"犯罪"的事要处罚我啊?不管咋地,也得去啊,我穿好了衣服随着那个小老头上了吉普车。

不一会儿,吉普车停在了一座俄式的小圆房子前,一个叫娜嘉的姑娘跑出来迎接我们。娜嘉长得挺漂亮,二十来岁,一头金黄色的头发梳成了辫子盘在头上。

娜嘉把我领进了屋里,屋里有一张桌子,桌子上摆了好多好吃的东西,有果子酱、面包、香肠、罐头……

我正在猜想是怎么一回事,门开了,走进来一个人。哥哥?!进来的人竟然是我的哥哥。

屋子里果然是我的哥哥李云峰,看见他,我又委屈地掉下了眼泪。

这一次,我们兄妹整整说了一夜。

哥哥和我说,那天,他是从国内侦察完敌情刚刚回来。晚上我们一起去江边的事,他的上级也知道了,苏联方面的领导批评了他。作为一名侦察员,不经过上级批准,是不能擅自和外人接触的。

这次苏联方面又准备派他回国内做侦察工作。哥哥说,他已经回国内两次了,这次他不想去,他要求上部队,苏联方面没有同意他的请求。哥哥现在是一名优秀的侦察员,苏联方面在做他的工作,让他再最后回去一次,这也是命令。作为军人,哥哥也只能是执行命令。他向苏联方面提出了唯一的一个条件,想在出发前,见妹妹一面,苏联方面答应了他的这一请求。

这一夜,哥哥给我讲了自从上次在梧桐河分手后,他曲折、惊险的经历。

一九三八年农历七月,哥哥作为第一批西征部队人员在冯治纲总指挥的带领下从梧桐河畔开始西征,当时他任第六军第一师六团政治部主任。

一九三八年十月底,哥哥李云峰随张光迪来到了五大连池,在这里和敌人发生了一场遭遇战。一九三八年十一月中旬,他们到达了德都县的朝阳山,在这里他们接到了通知,这支北征先遣队已编为抗联三路军一支队,张光迪为支队长,陈雷同志为政治部主任。

一九三九年初,经过了多次战斗后,部队北上来到嫩江地区。这里到处都是敌人的要塞和驻军,天上有飞机轰炸,地上有追兵堵截。在别无出路的紧急情况下,在支队长张光迪的带领下,部队来到了黑龙江边的上马场,在这里又遇到了敌人巡逻队的堵击。后退无路,只有坚决抵抗,冲过去才有出路,于是部队冲下了江坝,在江面上边打边撤,等过了江心,敌人停止了射击。原来在国境上敌人是不敢向对岸射击的,怕引起国际纠纷,就这样,哥哥随部队越过了冰封的黑龙江,过界来到了苏联。

到了苏联,哥哥做了一名苏联方面的侦察员,在这里他学习了无线电收发报和侦察技术。苏联方面又给他起了两个名字,中国名字叫李荣德,日本名字叫松谷。

经过训练,哥哥带着发报机被苏方派回国内,他先去长春后到哈尔滨。为了工作的需要,在哈尔滨的地段街开了一家洋服店做掩护,洋服店里还雇了三名伙计。

哥哥每天穿着警察服装、带着假身份证去火车站,他负责侦察关东军从哈尔滨车站开往黑河、牡丹江、满洲里等地的军车及兵力分布。

后来他又负责侦察哈尔滨——黑河、哈尔滨——佳木斯、哈尔滨——牡丹江等铁路沿线的日军运输情况。

日伪时期的东北,敌人的特务遍地。有一次,哥哥获得了一份重要的情报,可在佳木斯市住旅店时被特务跟踪了。他半夜起来跑向了火车站,跳上一列开往牡丹江的火车,下了火车,又雇了一辆马车,说了一个地名,车老板子拉着他往那里去。这时,他发现后面有一辆可疑的马车紧跟着,他让车老板子把车赶到一个胡同口,给了车老板一些钱后,让他在胡同口等着,说自己进去找人。哥哥进了胡同后,三拐两拐从另一个胡同口出来,直奔火车站,甩掉了敌人,又坐来时的那辆火车赶回了哈尔滨。

回到哈尔滨后他直奔洋服店,洋服店的后面有一个小屋,他趴在床上,蒙上一床被子开始发报。不一会儿,前面的伙计过来说,远处有摩托车响。哥哥不假思索地立刻从窗户跳出去奔向了火车站,正巧有一辆黑河方向的火车要发车,他坐上火车就到了黑河。

到了黑河后,他住进了黑龙江边一个白俄人开的旅店。到了晚上,他披着睡衣,穿着裤衩假装上厕所,出了门,他跑步来到江边,跳进了波涛汹涌的黑龙江,凭着他少年时练就的好水性,泅水过江,回到了苏联。

一九四〇年在一次执行侦察任务时,又被敌人跟踪了。跟踪他的特务身穿长袍,脸上戴着墨镜。这名特务甩了几次都没甩掉,哥哥慌不择路地上了一列开往沈阳的列车,哈尔滨暂时是不能回去了,他只好从丹东过境回了朝鲜的老家。

老家在平壤南边的一个小山村,全称是:“黄海北道凤山郡(现银波郡)养洞里初卧面”。回到老家,哥哥看到了七十七岁的奶奶和叔伯哥哥。奶奶看见哥哥以为自己是在做梦,流下了欢喜激动的眼泪。她拉着哥哥的手,不停地打听着爸爸和妈妈的消息。

哥哥告诉奶奶,妈妈已经去世了,爸爸牺牲的消息他没敢告诉奶奶,哥哥还告诉她,自己还有个妹妹叫小凤,已经十七岁了。奶奶听到这些消息又悲又喜,悲的是妈妈去世了,喜的是自己还有个孙女。

接下来的几天里,奶奶不停地把一些姑娘领进家门,她让哥哥自己挑一个喜欢的做媳妇。哥哥笑着和奶奶说:"奶奶,我不急着娶媳妇,我还得赶回东北去,东北那边还有买卖。"

奶奶问:"什么买卖啊?"哥哥说:"挖金子,我和爸爸都在挖金子,等我们挖金子挣了大钱,我再回来娶媳妇。"

奶奶听了有些失望,她说:"那就先挑一个,把婚先定下吧。"哥哥还是婉言拒绝了。

哥哥的故事讲完了,我跟着他的故事紧张,跟着他的故事激动。接着,我又向他讲了我这两年的经历,讲了徐光海、裴成春、吴玉光等人的牺牲。讲了白福厚团长带领我们在七星砬子突围。

哥哥听我讲徐光海等人的牺牲十分难过,他和徐光海是从小的朋友。哥哥说,我们是革命的家庭,一定要跟党走。祖国早晚有一天会光复,要好好学习文化知识和各种技能,要做一名坚强的共产党员。

天就要破晓了,我和哥哥分别在即。又到了千言万语不知道说什么是好的时候。哥哥掏出笔来给我写下了朝鲜老家的地址,嘱咐我革命成功后,回去看看奶奶。他把这支笔也送给了我,还送给我两张照片,遗憾的是,这些物品有的在"文革"中遗失了。

北野营

西伯利亚的寒风席卷着远东。

一九四一年初,天气寒冷,我们衣衫单薄,不敢出屋。一天傍晚,那个小老头又来了,他把我们带到一个大仓库,仓库里堆满了棉衣服,他让我们每个人挑了一套。

这些棉服都是苏联士兵穿过的,但都洗干净了。棉衣和棉裤是用明线扎成一寸宽的竖道道。棉帽子是用灰呢子制成,顶上有个红疙瘩,前面有红五星。很像我们在山里被服厂做的帽子,只是他们的帽子是呢子的,顶上的红疙瘩比我们的高,红五星也比我们的大。棉鞋是毡子做成的靴子,穿上挺暖和,就是太大了,靴筒都盖过了膝盖,走起路来,十分吃力。武装起来以后,我们总算可以抵御西伯利亚的风寒了。

换好衣服后,我们三个人上了一辆帆布篷大卡车。卡车一路颠簸,三四个小时以后把我们拉到了一处山林地带。"咯吱"一声卡车停在了一块空地上,一个苏联士兵喊我们下来。这车挺高,我们得踩着车轱辘下去。张景淑第一个下去了,下面好像有人在接着我们。李淑贞也下了去,我听到一个中国人在说话:"慢点,别着急。"我踩着车轱辘正想往下跳的时候,一双有力的大手在下面把我接住了。这人是谁啊? 借着雪色和车前的大灯我一看,怎么这么面熟呢。啊! 这不是陈雷、陈教官吗?

真的是陈教官,自从梧桐河畔,他随第一批西征部队走了以后,我就再也没看到他了。今天在这遥远的异国他乡能够见到熟人,我们都分外地高兴。

空地上有几顶军绿色的帆布帐篷,陈雷带着我们走进了其中的一个。进了帐篷一看里面已经住了人,他们都是先于我们到达的抗联指战员。

帐篷内有一溜长铺,住着四名女同志和两名男同志,四名女同志都是七军的战士,她们是全顺姬、柳庆熙、金成玉、吴玉清。另外两名男同志,其中一名叫李永镐,他是柳庆熙的丈夫。靠门边还有一张单人铺,住着第七军师政治部主任彭施鲁。加上我们三个女同志,一共是七个女的了。帐篷的中间有一个小火炉子,得不时地往里面添些木头桦子。

听先来的同志们说：这个地方叫雅斯克，离伯力城一百四十里。

第二天早上，一阵急促的哨声把我们唤醒。先来的同志说："快点，快点！该出操了。"我赶紧穿好衣服走出了帐篷，只见外面已经集合了好多人，另一个帐篷里还有两个女同志，她们是庄凤和王玉环。

随着一、二、一的口令我们开始跑步了，白色的哈气很快就在头上和眼睛上凝成了白霜。由于很长时间没有跑步，穿的又笨重，不一会儿就跑得连吁带喘了。跑步中我发现这里还有一栋大木房子，是用木头垒起来的那种苏联房子。听说木头房子里面住着崔石泉、周保中，后来冯仲云来了也住那里。

过了两天，又拉来了一卡车的人，说是从集体农庄那边拉来的。

人多了，男女开始分开住了。女同志都住在一个帐篷里，庄凤同志是我们这个帐篷里的小队长，她睡在了彭施鲁以前住的那个单人铺上。听说后面还有同志要来，冒着零下四五十摄氏度的严寒，我们开始盖营房了。

抗联战士不光是打仗勇敢，干活也个个都是一把好手。我们铲开了积雪，在冻土地上架起了柴草，烤化了冻土层，挖出了大树根，在平地上向下挖了一人多深的土坑后，再用木头垒墙，然后架梁苫房盖，虽说是天气寒冷，可大家都干得满身冒汗。

到了这里，就是吃不饱。每天早餐是一片黑面包就一杯茶水；中午是苏泊汤，一小块黑面包；晚上一片黑面包一杯水。尽管吃不饱，每天的训练和施工还是不能耽误的。

一天晚上收工以后，住在另一个帐篷里的六军留守处处长刘铁石把我喊到他们帐篷。这座帐篷里住的多是六军的人，有陈雷、李景荫和边凤祥等同志。刘铁石说："小李子，你给我们讲一讲，咱们在梧桐河分手后你们的情况，给我们讲讲裴大姐、徐光海、吴玉光都是怎么牺牲的。"

我从来没在这么多人面前讲过话。那一天，不知道是怎么回事，我滔滔不绝地从梧桐河分手讲起，一直讲到部队三上苏联。当讲到裴大姐、徐光海和吴玉光等人牺牲时，我是一边哭一边讲的。大家都在鸦雀无声地听我说，当讲到战友们牺牲时，几乎都流下了眼泪。六军，光荣的六军！有多少指战员都牺牲了……

什么时候能再返回我们的祖国？什么时候能为牺牲的战友报仇雪恨呢？

经过一个月的艰苦施工，一个冬暖夏凉的地窖子房就盖好了，男同志全都搬进了新房。女同志们也都搬进了那所木头房子。木头房子分出了四个房间，女宿舍在紧里面，搭着两层铺。紧挨着有无线电教室、医务室和首长卧室（兼办公）。

紧接着我们又采石铺路，修了训练场，并制造桌凳等各种用具。

木头房子的前面还有一个小地窖子，是部队战士们的修鞋屋，交通员老姜（外号干巴姜）负责给大家修鞋。

部队开始分班了，张景淑、夏立亭、李兴汉等十多名同志学习无线电。我和庄凤、徐云卿、金成玉、柳庆熙、吴玉清、宋玉亭、宋桂珍等女同志在护士排，学习医务护理。学习无线电的学员三个月就能毕业，毕业后都派了出去，有的回国内做侦察，有的留在指挥部。我们学习医务的就不行了，没有派出去的机会，所以非常的羡慕他们。

自一九三八年以来，由于敌我力量对比的极端悬殊和日伪军反复的军事"讨伐"，强行实施"集团部落"政策，东北抗日游击战争进入极其困难时期，部队大量减员，给养、物资的筹集极端困难。东北抗联各军为了在如此困难的环境中求得生存和发展，决定改变游击运动的战略布局和活动方式。而要完成这一转变，首要的是要恢复与中共中央的联系和实现东北党组织的统一领导。

为了恢复与中共中央的联系，得到中共中央的指示，实现东北党组织的统一领导，中共吉东、北满省委重要负责人周保中、赵尚志、冯仲云等都先后过界赴苏，寻找中共驻共产国际远东联络站，或者期望通过苏联方面的渠道,转达东北党组织给中共中央的报告。但由于多种原因,这些都未能达到预期的目的。

一九三九年九月,中共北满省委常委冯仲云过界到达苏联伯力城(哈巴罗夫斯克),和苏联远东有关部门进行磋商。冯仲云要求苏方协助召集北满、吉东党的扩大会议,以便决定吉东、北满党的统一合并,二、三路军的合并和统一。苏方接受了冯仲云的建议,表示将指定专人负责,在政治、组织、军事上对抗联部队给予最大的帮助,并决定派人送信给周保中,请他前来伯力参加会议。这时赵尚志也申请苏方,要求过界赴苏,苏方回电同意。一九三九年十一月和十二月周保中、赵尚志先后到达伯力。

一九四〇年一月二十四日,吉东、北满省委代表联席会议(第一次伯力会议)在苏联伯力召开。三月十九日,会议进入第二阶段,主要解决同苏联远东党和军队建立临时指导关系的问题。中方周保中、冯仲云、赵尚志参加,苏方参加会议的有联共远东边疆委员会主席伊万诺夫、远东军代理总司令那尔马西、远东方面军内务部长王新林以及伯力、双城子(沃罗什诺夫)驻军负责人等。经协商,双方确定在不干涉中国党内部事务的原则下,建立苏联边疆党组织与远东方面军对抗联临时的工作指导与援助关系,苏方指定王新林作为苏联边疆党和远东军的代表,直接同东北党组织和抗联部队实行固定联系。

一九四〇年冬,抗联三个路军的主力部队陆续撤入苏联境内进行野营整训。由于"伯力会议"之后抗联与苏联远东党和军队达成了相互支援、互相合作的协议,因此苏方对于转移到苏境的抗联部队提供了多方面的便利条件。越境部队在双城子和伯力附近的雅斯克建立了南、北两个野营(当时亦称为"东北抗日联军临时驻屯所"或"训练处")。

北野营(A野营)位于伯力城东北一百五十里处。集中在北野营的主要是第二和第三路军部队的人员,共三四百人。南野营(B野营)位于海参崴和双城子之间的一个小火车站附近。集中在南野营的主要是第一路军的人员,另有二路军一部,共三百人左右。

自此以后,部队进入了正常的军事和政治训练。当时,学习、训练是十分紧张的,这从每日起居工作时间表可以看出来:

起	床	6:00
早	操	6:00——6:20
盥	洗	6:20——6:45
早	餐	6:45——7:45
新	闻	7:50——8:40
上	课	8:50——14:50
午	饭	14:50——15:50
休	息	15:50——16:50
劳	动	16:50——18:50
群众政治工作		19:00 ——21:00
晚	饭	21:10——21:50
自	习	22 :00 ——22:30
点	灯	22:30——22:50
熄	灯	23:40
备	考	星期日7时起床

我们训练的内容有实弹射击,班、排的进攻演习、刺刀肉搏、劈剑、刺枪、投掷手榴弹,等等。需要派回国内的部分男同志开始集训练习滑雪了。

政治训练的内容是教官讲政治课,主要按照抗联主要负责人周保中给我们制定的政治文化学习大纲授课,教员有陈雷和二军的几位领导。

壁报事件

没有想到爱情竟然是这样来到的。

北野营的业余生活是活跃的,一天晚上,我们在新盖的大房子里举行联欢会。联欢会异常热闹,大家都争先恐后地表演节目,我和金玉顺坐在一个二层铺上,看着同志们的表演。

晚会正高潮的时候,金玉顺用胳膊肘碰了碰我:"小李子,你看,你看,那个君总在看你。"金玉顺是朝鲜族人,称呼男同志总还是说"君"。

"哪个君,我怎么没看到?"我不相信地问她。

"那个君,坐在一层床铺上的那个君。"金玉顺在用目光向我示意。

顺着她目光的方向,我看了过去。那里坐着的不是陈雷、陈教官吗?陈教官的目光果然在往这边看。我嘴硬地说:"谁说看我呢,八成看你吧。"

金玉顺抿着嘴笑着说:"还不承认,就是看你呢。"

自从到了北野营,我和陈教官接触的机会多了起来,我们都爱听他讲的课,他讲的课简单易懂。我从四块石六军被服厂学文化那时候起,就养成了记笔记的习惯,下了课,同志们也都喜欢借我的笔记本抄阅。陈雷看我记笔记,就总问问我,都记下来了吗?把我讲课的提纲拿去吧。我常常感激地把他的讲课提纲拿回宿舍,抄完了,再还给他。时间久了,他在我的心里留下了极好的印象,觉得这个人有知识、很文明、待人和气,还肯帮助人。

陈雷同志当时有二十三四岁,上中等的个子,身材匀称,端正的脸上,一双大眼睛炯炯有神。

晚会结束了,同志们都返回各自的营房。当时北野营有一台留声机,归我们女同志保管。散会后,金玉顺捧着留声机,我拿着一摞子唱片,说说笑笑地回宿舍。走到门口的时候,只见陈雷笑嘻嘻地拦住了我们,我有些不好意思,不知道他要做什么。

只见他伸出了双手,举在脸的两边,他的手上戴着一副红蓝相间的毛线手套。

啊?这手套不是我的吗?怎么到了他的手里?原来是那次刘铁石同志喊我到他们帐篷里去汇报裴大姐等人的牺牲经过时,我走了以后,他们发现了我落下的手套,就问是谁的,刘铁石说:"是小李子的,陈雷你给她送去吧。"就这样陈雷把手套收了起来。

这时,他把手套摘下来还给了我,他看着我的眼睛说:"我想和你谈谈。"我说:"谈什么?"他没说谈什么,只说等有机会我找你。我点了点头就回去了。

第二天吃过晚饭后,我们在会议室上课,下课后大家都急着往厕所跑。男厕所在西头的一片树林子里,女厕所在东头的树林子里。在回来的一个岔路口,陈雷在等着我。他悄悄地和我说:"我们谈谈吧。"我说:"谈什么?"他说:"我要走了,去执行任务,和你谈谈你哥哥,西征路上我们一直在一起。"一听说是谈我哥哥,我爽快地答应了。

我们站在房头谈了起来。天太冷了,天上又飘起了雪花,西北风卷着飞雪在房头打着旋,冰冷的雪花直往我们的袄领和衣袖里钻,冻得我们直跺脚。苏联的房子,房脊和横梁中间都有好大的空间,横梁上架着原木,原木上铺着锯末子,为了上房维修方便,房头正好有一架梯子。陈雷提议,咱们上房梁上面去谈吧,那里暖和点。我也没多想,就和他爬上房去。我们坐在房梁上,脚下都是锯末子,陈雷滔滔不绝地讲了起来。他说我哥哥枪法如何的好,还说我哥哥马骑得如何好。他给我讲他们西征路上许多有趣的故事,我听得非常开心。当讲到他们在木沟河,我哥哥打着伪军的旗子大摇大摆地通过敌人封锁线时,我们俩都哈哈地大笑了起来。

陈雷还说:"我一直穿着你们被服厂做的军服。那次在黑金河遇敌,一发炮弹打了过来,我的锁骨被打去了一块骨头,红军帽也震飞了。我真舍不得那顶帽子，因为那是我第一次领到的抗联军帽，上面还有一个红疙瘩，再说那帽子又是你们缝制的……"

时间不知不觉地就过了去，我猛然间觉得太晚了。我哎呀了一声和陈雷说："不好了，太晚了，同志们该惦记我了，咱们下去吧。"陈雷说好，我们钻出了房顶。

啊？梯子怎么没有了？我急得要跳下去，陈雷拦住了我，他说太高了，跳下去会摔坏的。正在我们着急的时候，下面好像来了一个人，他给我们送来了梯子，我下了梯子，赶紧钻进宿舍。后来才知道是别佳给我们送的梯子。别佳是一位翻译，他的中国名字叫刘树林，是中国红军的后代，他还有一个弟弟叫刘树森，也在这里。

回到宿舍我赶紧爬上了床。李淑贞挨着我，她还没睡，她问我："你干什么去了，刚才在房顶上和谁在说话啊，笑得那么开心。"我说："和陈雷，他给我讲我哥哥的事情。"李淑贞说："不早了，快睡觉吧。"

第二天，我正要去吃饭，李淑贞慌慌张张地跑过来和我说："小李子，不好了，有人贴你的壁报了。"

"贴壁报？贴啥壁报？"我吃惊地问她。

"说陈雷和你耍流氓"李淑贞说。

听了李淑贞的话，我的头"嗡"的一下，大脑一片空白，怎么会这样呢？

这一天，我不知道是怎么过来的，我感到人们都用异样的目光看着我，也没敢去看壁报上都写了什么。我想去找陈雷，可是听说，他已经出发去执行任务了。

到了下午，姜信泰代表组织在小会议室找我谈话了。他问我："昨天晚上你们在房顶上都做什么了。"

我说："没做什么啊，就是说我哥哥西征路上的事了。"

"不会吧，向组织应该说实话。"姜信泰又严肃地说。

"真的，我们真的没做什么，就是说西征的事了，不信你再问问陈雷。"我回答。

姜信泰又问我:"你不知道陈雷是被开除党籍、历史上有问题的人吗?不知道他是反革命分子吗?"

听了他的话,我更吃惊了,我觉得陈雷是个好同志,他怎么会被开除党籍呢?

我说:"我不知道,没有人告诉我。"

姜信泰看看我没说出什么来,他说:"你回去好好考虑考虑,想明白了我们再谈。"

我满怀委屈地离开了会议室,心里想,组织上怎么能这么不相信我呢?

过了几天庄凤同志通知我,组织上对我的"错误"做出了处理。第一,撤销了我党小组长的职务,由金成玉来接替。第二,把我调出卫生排去看仓库。听到这个处分,我伤心地哭了起来,但还是坚决地服从了组织决定。

党小组会议上还宣布,今后谁都不许谈恋爱,好好学习,准备将来大反攻。

经过这次"壁报"事件,我的情绪变得有些消沉了。看到男同志一律都不说话,看到领导也是绕着弯走,心里总好像压着一块沉甸甸的东西。

当春天到来的时候,我们开始开荒种地。成片的树木被伐倒,树根被一个个地刨了出来,荒草和枯树枝被点燃,远东的上空飘散着烧荒的浓烟。

我们种了土豆、大头菜、西红柿、胡萝卜、茄子、大葱等蔬菜,望着一天天长大的秧苗,我们盼望着到了秋天能填饱我们的肚子。

一九四一年北野营开垦荒地一百余亩,到一九四二年增至二百余亩。一九四二年春周保中指示北野营在一九四一年种地的基础上,"尽量多多进行耕种工作,保证 B 野营多有粮食菜蔬的收获",并希望他们像苏维埃集体农庄那样,响应斯大林的号召,为反法西斯战争的最后胜利,以"自上午到下午九时"的工作精神去掀起春耕高潮。

开荒种地改善了野营的供应条件和生活。一九四一年北野营收获马铃薯三百袋,白菜、萝卜、黄瓜等腌成咸菜十九桶。同时还饲养了十多头猪,捕鱼一千四百多斤。在野营开荒种地当中有三十三名战士因工作积极而受到奖励。

"壁报"事件过去不久,我腰间挂了一大串钥匙,开始做仓库保管员了。有一天野营党委支部书记金京石把我喊到了俱乐部的一间屋子,他问我:"对组织的安排有什么想法吗?"我说没什么想法,他说:"那好,五一节快到了,你抽空搞个列宁棚吧。"

"列宁棚?"列宁棚怎么搞啊?其实呢就是一间阅览室。可我两手空空,怎么建立这个列宁棚呢?我想起来了,女兵排赵淑珍的丈夫陈春树同志是木匠,他一定有办法。我去找了赵淑珍求她和陈春树同志说说,会木匠手艺的陈春树同志一口答应了。正赶上当时开荒种地,有很多树木被砍伐下来,他带着几个人很快就把"列宁棚"搭建起来了。

"列宁棚"是用木板钉起来的,上面起脊铺上草,里面有长条的木凳和长条的木桌。东西方向两边都开门。

"列宁棚"是建好了,可是一座空房子也不行啊。我又去找苏联方面的"里金南特"(上尉),这位俄罗斯的上尉负责我们的日常生活。

我和"里金南特"(沙包斯尼克)说:"列宁棚是建好了,可是没有列宁像和书刊啊,你给想想办法吧。"

他听我说话时,一直在说:"达克,达克(哦,是这样)"。我讲完了以后,他和我说:"巴达斯基,巴达斯基(等一等的意思)。"

过了几天,一辆大卡车送来了几个大麻袋。麻袋里装着满满的书刊和报纸。我把书刊和报纸都整理好,摆放在了列宁棚。

送来的图书有中文版的马克思、列宁和斯大林的著作,还有联共党史等政治书刊。报纸是用绳子捆着的延安出版的《新中华报》。看到这么多的报纸,我好像鱼儿游进了大海,有空就趴在列宁棚里,如饥似渴地翻看着这些报刊。

当时延安出版的报纸,纸张非常粗糙,有灰绿和土黄两种颜色,草梗浮在纸面上,用指甲一挑就能挑下来。尽管这样,一点也不耽误我学习。通过读书和看报,我看到了外面的世界,也懂得了很多道理,在政治思想方面也有了显著的提高。

有一天金京石又来到了"列宁棚"。他和我说:"小李子,你看五一节快到了,你在列宁棚里出几期壁报吧。"既然是领导交代的任务,我答应了下来,可这壁报怎么写,我不会呀,也没人教啊,我想到了冯省委。

冯省委此时正在江边大声地学习俄语。找到他后,我向他请教怎样办壁报。冯省委告诉我:"你不是总看报吗,你把你认为有用的文章摘抄下来,再找一些有关'五一'节的文章都写下来,写好后挂起来就行了。"

听了冯省委的话,我找出纸张。当时的纸张也很缺乏,是那种在印刷机上切下来报废的长条纸。我把自己认为有用的文章都抄录了下来。

"五一"劳动节的那天,部队在广场上召开了庆祝大会。会议由金京石同志主持,周保中总指挥等主要领导都在会上做了重要的发言。会议结束后,金京石说:"小李子在列宁棚里办了壁报,大家都去看看,学习学习。"

同志们都好奇地涌进了列宁棚,他们看到我写的壁报都挺惊讶:"哎呀,小李子,了不起呀,都会写壁报了,是谁教给你的呀?"

我说是延安,延安的报纸教会我的。其实我哪会啊,我就是抄录的延安报纸,有些话我也不太懂。

夏天到了,我们都来到了黑龙江边的一个河汉子学习游泳。河汉子上有好大的一片沙滩。教官是吴刚,他教得非常认真。我们先趴在沙滩上,跟着吴刚的口令,反复练习划水的动作,等动作熟练后就开始下水,先是穿着背心、裤衩游,等学会了,就开始武装泅渡了。到了武装泅渡这一关,女同志很难及格,我憋着一股劲,拼命地练习,终于第一批毕了业。

苏德战争爆发

起来,巨大的国家

作决死斗争!

要消灭法西斯恶势力,消灭万恶匪群!

让最高贵的愤怒,像波浪翻滚!

进行人民的战争!

神圣的战争!

这是一九四一年下半年抗联指战员在每天行军的路上必唱的一支歌,名字叫《神圣的战争》。严正略带悲壮的歌声像是一只号角,沸腾着我们的热血,激发着我们的斗志。

一九四一年六月二十二日,苏德战争爆发。战争的阴云笼罩着整个苏联,从巴伦支海到黑海的整个边界上都展开了激烈的流血斗争,英雄的苏联人民以巨大的牺牲和满腔的激愤投入到这场保家卫国的战争中。

苏德战争的初期,苏联军队是失利的,他们遭受到了严重的挫折,但仍在进行着战斗,并给敌人以沉重打击,敌人亦付出了代价。战争进入第一个秋季的时候,苏军的战略形势仍然很吃紧。十月下旬希特勒部队大举向莫斯科进犯,大兵压境,兵临城下,一场莫斯科保卫战拉开了序幕。

苏德战争的爆发和发展,使中国东北的抗日斗争形势更为严酷。随着战争形势的急剧变化,北野营的训练也更加紧迫。周保中指挥亲自带领我们抓紧各项军事技能训练,时刻准备着同日本关东军做最后的决战。

当时的北野营虽然闻不到战火硝烟,但是战争的气氛弥漫在兵营。我们无法预测这场战争的胜负,只能是按部队的要求去做,时刻准备着奔赴战场，为正义战胜非正义而献身！

　　教官吴刚报名要去前线了，同志们都舍不得他走。我们对他说："你别去了，我们这里需要你。"吴刚回答说："我的祖国更需要我。"他走的时候，大家都哭了。这个俄罗斯小伙子像对待自己的兄弟姐妹一样对待我们，严格地带领我们进行各项军事训练，热情地帮助我们解决生活中的困难，使我们在异国他乡感受到了亲人般的温暖。他让我们明白了正义和善良是没有国界的。

　　一九四二年的秋天，前线传来了消息，吴刚在战斗中牺牲了，他把青春和生命都献给了自己的祖国。

将军之死

　　一九四二年的春天即将过去，在盛夏来临之前，我们意外地见到了姜立新，大家都听说他与赵尚志一起活动。便问他赵尚志将军的情况，开始他支支吾吾地不说话，后来他说赵尚志牺牲了。

　　原来一九四〇年末至一九四一年初，抗联领导干部汇集在远东伯力召开会议的时候，由于许多复杂的原因，赵尚志被取消参加会议的资格，并被撤销了抗联第二路军副总指挥职务。此后赵尚志一直留在苏联远东方面军，但他忍耐不住这种寂寞，十分渴望返回东北抗日战场，他决心重新组织队伍抗日，创出个新的局面来。

　　一九四一年十月，苏联西线战局吃紧，远东局势也日趋紧张。为了应付日本帝国主义在远东燃起战火，苏军也积极进行备战，他们在这一时期派遣大批以抗联人员为主要力量的小部队返回东北执行各种军事任务。在此形势下，赵尚志提出了率小部队回东北执行任务的请求，并很快得到远东军的同意。

据参加该小队执行任务的张凤歧回忆,当时远东军交给该小队的任务是:一旦苏日战争爆发,小部队便立即炸毁兴山(鹤岗)的发电厂和佳木斯至汤原间的铁路,配合苏方在小兴安岭深处老白山附近修建飞机场。苏方要求,小部队过界三个月后,不管情形如何,必须返回苏联。

十月中旬,赵尚志率姜立新、张凤歧、赵海涛、韩有组成小部队,携武器和几十斤烈性炸药,从伯力先乘火车到达黑龙江沿岸。在苏边防军协助下,秘密渡江在萝北县境登岸。

赵尚志这次回东北,已下了决心"宁肯死在东北抗日战场,也不回苏联"。他们一行五人在大马河口向南经四天艰苦跋涉,到达梧桐河上游老白山地区,并选定老白山东南坡姜把头趟子房作为活动据点,隐蔽起来等待执行预定任务。他们一直等了两个月,也无苏日战争消息。赵尚志曾要编成马队,奔关内到延安去,在战友们的反对下,未能成行。但他决定不再继续等下去,率小部队走出隐蔽地点,到周围趟子房开展活动,以发展扩大抗日武装。时值隆冬,小部队冒零下三四十摄氏度严寒,趟过没膝深积雪,在小兴安岭密林深处梧桐河和汤旺河上游间接串联了董家大营、四海店、板子房等四五个趟子房,了解敌情,宣传抗日。

十二月二十三日,小部队到达汤原县北部乌德库(现伊春市境内),在距伪警防所北方六十四里处,吸收了采集皮货的青年王永孝入队。一九四二年一月中旬,赵尚志与小部队六人在鹤立、汤原北部活动时,因已到规定返回日期,赵尚志决定派赵海涛、张凤歧、韩有三名队员去苏联汇报情况,自率姜立新、王永孝返回姜把头趟子房。赵尚志在鹤立、汤原一带活动的消息,在一九四一年十二月下旬已被日伪所侦知。据鹤立县警务科伪装成特务的冯界德报告称"赵尚志等五名突然来到鹤立县梧桐河西北一百华里的青山沟打猎人王永江、冯界德居住的山里小房"。伪汤原县报告称"十二月二十三日,身着日本军服的赵尚志直属部下姜立新、张凤歧等五名,于汤原乌德库警务所北方六十四里的地点（东梧桐河上流）绑去打猎人王永孝并抢去二百张毛皮"。

　　赵尚志的突然出现，引起敌人注意和恐慌。伪鹤立县警佐、兴山警察署署长田井久二郎与该署特务主任东城正雄将这一情报作为甲种情报报告上级，并制定了诱捕赵尚志的计划，即派遣伪装的密探潜入赵尚志的部队，把赵尚志引诱到警察势力范围内，伺机使他负重伤，并加以逮捕"。于是，他们选择特务刘德山等人于一月下旬伪装成收山货的老客进入鹤立县北部山区，寻找赵尚志并设法打入队内。二月初，刘德山找到了赵尚志一行并向其提供了日伪假情报以骗取赵尚志的信任，取得了"盖有赵尚志印章的副官兼游击队长的任职令，同时发给步枪一支和子弹二百发，手榴弹两个"。但刘德山无法按规定时间将情报送出。田井久二郎再派二号特务张锡蔚进山执行同样任务。二月八日，张锡蔚在梧桐河北八十里处姜把头趟子房找到赵尚志小部队。刘德山诡称张是其亲友，是来找他的。赵尚志解除了怀疑，未进行必要的审查，便允许其加入小部队。此后，刘、张二人极力怂恿赵尚志袭击梧桐河伪警察分驻所。赵轻信其言，将人员分成两组，一组袭击伪警察分驻所，一组袭击伪警备队，以便夺取武器、弹药和粮食。十一日夜，赵率队向预定目标移动。十二日凌晨六时，小部队到达距梧桐河伪警察所四里的吕家菜园子。这时，刘对赵尚志说，袭击前应先了解一下情况，遂派张去了解情况。张按事先的约定，奔往伪警察分驻所急报。

　　在梧桐河担任警戒任务的伪县警备队队长穴泽武夫带十二名伪警察、十四名伪警备队员组成"讨伐队"，在特务张锡蔚的带领下于下午二时四十分出发急赴赵尚志暂时停留现场。

　　张走后，走在前面的刘德山谎说要解手绕到赵尚志背后即开枪向赵射击，子弹从他腰间后下部打进，斜从小腹与胯间穿出，伤势极为严重。赵尚志知被暗算，反过身来用手枪将刘德山击毙。枪声响过不久，赵尚志立命姜立新携带装有秘密文件及活动经费的文件包转移。姜立新突出包围后径去苏联。这时王永孝腹部被机枪子弹打穿负重伤。

敌人将重伤的赵尚志和王永孝拉到梧桐河伪警察分驻所附近一工棚内进行突击审讯。赵尚志受伤后仅活了八个小时，于二月十二日九时停止了心跳。

我们听到姜立新的讲述，知道赵尚志受伤牺牲很是悲痛。直到以后我们从敌伪文件中看到，当时赵尚志苏醒过来，忍着剧烈伤痛，切齿痛骂。据日伪当事人口供："赵尚志受伤后约活了八个小时左右。当审讯时，赵尚志对审讯他的伪警察说：'你们不也是中国人吗？现在你们出卖了祖国，我一个人死了没有关系。我就要死了，还有什么可问的！'说完闭口不语，狠狠瞪着审讯他的人，对重伤留下的苦痛不出一声，其最后表现，真不愧'大匪首'的尊严"。

约会

尽管战争的阴云笼罩着整个苏联，一九四二年的春天还是悄然地来到了远东。河汊子里的柳条毛子打苞了，丘陵和原野上展现着若有若无的绿色，这时我已经回到了医务室工作。

一天，我在医务室里紧张地忙碌，从东北前线工作回来好几个负伤的战士，其中有一名战士叫金国祥，我正在给他包扎，忽然他小声地对我说："你知道吗？陈雷负重伤了。"听了他的话，我的脑袋"嗡"的一下，手里的工作停了下来，眼泪也不由自主地流了出来。金国祥看到我哭了，忙安慰我说："没事，没事，他还活着，送到伯力军医院去了。"

就在这一天，冯仲云也来到了我的身边，他和我说："陈雷同志负重伤了，具体情况还不清楚。"听了他的话，我更是哭得说不出话来。

这一刻，我明白了，我一直是深深爱着陈雷的。接下来的日子里，因为挂念着他的安危，我吃不下饭，睡不好觉。

四月中旬的一天，医务室又来了好几名伤员，忽然一个熟悉的身影出现在面前。陈雷，是陈雷。庄凤同志也看见了他，赶忙喊我给他包扎。他一声不语地坐在了我的面前，泪水，止不住的泪水划过了我的脸颊。陈雷伤在了右手的动脉处，我小心翼翼解开了他的绷带，怎么伤得这么重啊，整个的右手腕都是黑紫色的，他人也瘦得皮包骨头。

据陈雷过后自己回忆，他在三支队被派往大兴安岭开辟新游击区。他们在大兴安岭的伊勒呼间峰遭敌人伏击，在敌人猛烈、密集的火力下，他负伤了，子弹打中他的右手腕，动脉被打断，鲜血喷出一米多高。他立即用左手拇指掐住伤口。他身后的战士李长德见他负伤，爬过来帮他包扎。但是，只要左手拇指稍一挪动，血就不住地往外喷。这时，支队长王明贵也过来了，他让李长德把纱布卷成一团往伤口处塞，几次纱布都被鲜血浸透仍塞不住。后来，支队长叫李长德用一根树枝把纱布硬顶到伤口处，才算止住了血喷，然后又用纱布缠上，血，总算止住了。这次战斗，陈雷真是捡了一条命啊。

在给陈雷包扎的整个过程中，我们两个人谁都没有说话。陈雷看到我哭了，也不禁流出了眼泪。我想，他死里逃生，一定有好多话想和我说吧。这个时候他一定需要我的安慰和鼓励吧，我决定一定要找个机会表明我的态度。

一天晚上，部队要在男同志住的大营房里开会。知道要开会，我事先给陈雷写好了一个纸条放在了兜里。纸条上说："我相信你是好人，我永远等着你。"我想，一定要把这个纸条交给他。

到了晚上开会的时候，我尽量走在了前边，早就知道陈雷的床铺靠里面。终于坐到了他的床铺上，我看见在他的床头上叠着一件灰色的军大衣，就悄悄地掏出了那张纸条装进了他的衣兜里。

纸条是送出去了，但是我的心里还是七上八下的，他会看到那张纸条吗？要是让别人发现了可怎么办？

第二天，我去厕所，就在返回宿舍的路上，修鞋的老姜（干巴姜）拦住了我，他说："小李子，你的鞋我给你修好了，你跟我去取。"一边说他一边进入地窖子小房。

没让干巴姜给我修鞋啊，我稀里糊涂地跟他来到了那个修鞋的小地窖子。到了门口，他把我推了进去，自己在外面把风。

小地窖子挺黑，半截墙上有一扇不大的小窗户。进去后还没等我看清里面，忽然一只手把我拥进了怀里。我知道是陈雷，心开始狂跳着，做梦一样，幸福和恐惧使得我一句话都说不出来，我哭了。陈雷紧紧地拥着我说："我快要走了，执行任务去，我谢谢你，等着我回来。"

我含泪点着头，赶紧挣脱他的怀抱跑了出去。我太害怕了，害怕有人闯进来看到我们，害怕再有人给我们写"壁报"。

听说陈雷又要去执行任务去了。晚上说啥也睡不着，翻来覆去的我在想，他又要走了，做什么去呢？还像上次那么危险吗？他还能回来吗？不行，我得送他样东西，留个念想。翻了半天，背兜里只有一个我亲手用线勾的牙具袋，对，就把牙具袋送给他吧。

第二天早上我找到了李桂香，李桂香的丈夫叫金勇贤（金大宏），他和陈雷这次一起派了出去。李桂香和金永贤已经结婚，她可以公开去送自己的丈夫。我把牙具袋交给了李桂香，红着脸请她帮忙交给陈雷，李桂香笑着答应了。

这时，我已经调到无线电连开始学习无线电了。这天上午正巧考试，考官是苏联人叫奥斯特列阔夫，他平常对我印象挺好。

我手按着电键，可心却不在考场，我听到外面的操场上卡车的发动声，有人在上车，有人在道别。我再也考不下去，手里的电码全都乱了。奥斯特列阔夫奇怪地看着我："苏拉，你怎么了？"

"我，我头疼得厉害。"我的头真的在疼，泪水模糊了双眼。

"那，你回去休息吧。"奥斯特列阔夫说。

我哭着跑出了电报室回到了宿舍，宿舍里没有人，我一个人哭了个够，这下子心里舒服多了。

中午吃饭的时候，李桂香悄悄地和我说牙具袋交给陈雷了，陈雷还托她给我捎件东西。李桂香说着从衣兜里掏出了一个手绢包，我打开一看，是一把口琴，我把口琴紧紧地攥在了手里。

我想，我们这就算订婚了吧，都互相交换信物了，我在心里盼望着战争能早一天结束，陈雷能早一天回到我的身边。

思念如春草在春天里蓬勃生长。

东北抗联教导旅

随着世界反法西斯战争的发展，抗联部队领导人认为非常需要把目前"硕果仅存"而又分散在南北两个野营的以及在苏联集体农庄劳动或做侦察工作的抗联人员全部集中起来，组成"一个学校机构或者是教导团的机构"进行统一管理，并就此与苏联红军方面协商。

一九四二年七月十六日，王新林（苏方代表）通知周保中、张寿篯，苏方同意把东北抗日联军南北野营及在东北活动的抗联人员统一编为一个旅。关于这个旅的建立，王新林提出：第一，编队的目的是要培养东北抗日救国游击运动的军事政治干部；第二，旅的任务是在东北转入直接的战争环境时，发展积极有力的游击运动；第三，中共党组织的关系和中共政治路线不变更，今后的工作、活动，苏方不但不限制其独立活动性，而且旅的部队还要加强自己的独立活动性；第四，旅长及其以下主要军事政治干部由现有的东北抗日联军游击队干部充任。

七月二十二日,苏联远东方面红军司令阿巴纳申科大将接见了周保中、张寿篯,并以司令部名义委任周保中为教导旅旅长,张寿篯为政治委员(后改为政治副旅长),金日成、王效明、许亨植、柴世荣分任各教导营营长,安吉、金策、季青任各教导营政治委员(后改为政治副营长),阿巴纳申科还就教导营的建设提出如下提议:

(一)中国旅(东北抗日联军教导旅)之成立,在于培养东北各省的民族革命战争中的军事干部,"一旦满洲……处于新的战争环境时,中国特别旅应起重大作用,成为远东红军与中国红军之连锁",使东北人民从日寇压迫下解放出来。因此,教导旅必须加速训练,做好战争准备。

(二)对于教导旅培养的政治军事干部,不但要他们领会战略战术和游击运动的原则、原理与经验,同时必须精通各种现代兵器技术技能。

(三)特别注意构成战斗系统的通信联络,培养众多的无线电通信技术干部。

一九四二年八月一日,东北抗日联军教导旅正式宣告成立。教导旅旅长周保中,政治副旅长张寿篯、副参谋长崔石泉。旅以下编四个教导营,两个直属教导连(无线电连后改为通讯营,又增设中文翻译连,一九四四年又增设自动枪教导连)。每营两个连,每连三个排。第一教导营,以第一路军人员为基干组成,营长金日成,政治副营长安吉;第二教导营,以抗联第二路军第二支队为基干组成,营长王效明,政治副营长姜信泰;第三营,以抗联第三路军人员为基干组成,营长许亨植(许亨植牺牲,由王明贵任),政治副营长金策;第四营,以抗联第二路军第五支队以及第一路军一部为基干组成,营长柴世荣(后为姜信泰),政治副营长季青。全旅共有官兵一千五百余人。

教导旅按苏军步兵装备,服装等均按苏军陆军官兵供应标准供应;抗联人员正排以上干部授予军官衔,薪金待遇与苏籍同级军官相同。

抗联教导旅在名义上暂由苏联远东方面军总部代管,接受了"苏联工农红军独立第八十八步兵旅"的正式番号（对外番号是"8461步兵特别旅"，又因其由中、朝、苏三国人员组成，故又称"国际旅"），但是在内部仍然保持抗联的独立性，保持抗联单独的组织系统，执行抗联独立的政治军事任务，派遣小部队返回东北进行抗日游击活动等。同时，教导旅又是一所培养军事政治干部的学校，为将来抗联队伍的扩大准备骨干力量。东北抗联教导旅在完成上述使命中，得到了苏联远东方面军的指导和帮助。

一九四二年九月十三日，教导旅召开全体党员大会，正式取消中共满洲省委撤销后东北党组织三个省委的建制，统一建立了"独立步兵旅中共东北党组织特别支部局"（亦称中共东北党委员会），书记崔石泉，副书记金日成。东北党委会执行中共中央的政治路线，它同教导旅内的联共组织，既保持工作上的互相联系，又在政治上、组织上保持各自的独立性。

抗联指战员常年在东北战场上与日伪军苦斗，难得有学习和训练的时间，因此都十分珍惜在野营和教导旅的整训。抗联部队的整训，开始是营建劳动。我们开荒种地，建造营房，采石铺路，并制造桌凳等各种用具。在不到半年的时间里开荒百余亩，建起了五座营房以及其他设施，基本满足了官兵们学习、生活和训练的需要。

营建后，主要的任务是进行军事训练和政治文化学习。军事训练包括降落伞训练，各种军事武器的使用，冬季滑雪战斗，夏季游泳训练，通信技术，前线救护等训练科目。政治学习按文化程度高低分为两组。政治学习的主要内容有：联共（布）党史、社会发展史及斯大林的讲话、报告、文章。旅部设有有线广播台，每天播放西线的战争和中国的抗战消息。

部队训练方法和野营时差不多，苏联教官先负责培训班长，然后通过班长给部队上课。战术课则由排长、连长亲自任教。连里每周公布战士的学习成绩，以推动学习。尽管每天训练时间比较长，但人人始终精神饱满。

教导旅军事训练的主要项目和要求是：

队列练习：主要训练原地和行进间变换队形。

刺杀:要求动作准确有力、勇猛、灵活、顽强。

为了提高政治、思想水平,我们还着重学习中国共产党中央路线、方针、政策。指战员们千方百计通过各种方法和渠道,搜集中共中央有关文件和中央领导人的讲话。延安来的刘亚楼、卢冬升等领导也经常来指导我们的学习和送来学习资料。我们学习的材料主要有:毛泽东在党的六届六中全会上的报告《论新阶段》以及《论持久战》的有关章节,《反对自由主义》《整顿党的作风》《改造我们的学习》,中共中央重要文件《关于增强党性的决定》、周恩来《论苏德战争及反法西斯斗争》、朱德《建立东方民族反法西斯统一战线》,等等。这些文件和著作的学习,使教导旅指战员不仅了解了整个抗日战争的形势,增强了抗战胜利的信心,而且也提高了思想理论水平,改进了作风,增强了团结。

抗联将士虽然身居异国他乡,但他们的心却始终向往着延安,怀念着祖国,怀念着党中央和党的领袖。每个连队的俱乐部里都挂有毛泽东、朱德的画像,表达着抗联指战员对祖国、对党的深切怀念。

为了肩负起未来的光荣使命,教导旅对于军事训练十分重视。教导旅的军事课程由苏军军官担任教官。教导旅要求全体战士刻苦训练,练成超等的射击技术,达到百发百中;还练习跳伞空降技术,等等。此外,教导旅对于侦察勤务、步哨勤务、传达勤务,游击队的战术、战略和战法问题以及对于正规军作战的关系问题,军队的一般管理问题等方面的学习和训练,都提出了严格的要求。还抽调了三十余人组成无线电报务训练连(后改为营),专门学习无线电收发报技术,培养了一批水平较高的收发报人员。这些同志还直接参加了对上千公里日军要塞设施的侦察任务,为苏联红军击溃日本关东军做了很重要的贡献。

在野营整训的同时,教导旅还先后派遣十几支一百多人次的小部队回东北进行小规模的游击活动和军事侦察,打击日本侵略者,有力地鼓舞了东北人民抗日士气,也为将来的反攻作战,做好了充分的准备。

教导旅成立以后,我们都授了军衔,发了新军装,战士的服装是军绿色套头呢子上衣,前面开半截扣。下身是藏青色呢子裙,脚上是皮靴子,还有一件灰色的呢子大衣。

在这一时期,不断有伪军反正过来参加抗联教导旅。

一九四二年七月七日,饶河东安镇伪军起义,有七十多人杀死日本指挥官后,过乌苏里江来到苏联投奔抗联教导旅。

同年七月八日,我们在野营驻地召开了"欢迎反正抗日新战士"大会,会上周保中旅长、张寿篯政治委员做了演讲,沈泰山代表游击队,我代表女战士致了词,我们全体还唱了《吉东军歌》等抗日歌曲,对他们起义参加抗联表示欢迎。

降伞训练

七月的太阳,火辣辣地高悬在远东的上空。就在这个季节里我们听说周保中带领北野营的部分男同志,去伯力木格店机场学习空降。

他们学习了十多天,听说都学会了。这时女同志们就有些沉不住气了,我们也急着想去学习跳伞啊。于是选派王玉环同志为代表,向领导请战,要求也去学习,当时领导并没有表态。

八月下旬,突然通知我们全体女同志集合,准备去学习空降。听到这一消息,大家都很兴奋。十二名女同志坐了两个小时的帆布篷大卡车来到伯力城东北方向的木格店训练场。

紧张的训练开始后,按照教练的要求,我们先从一米高的跳台上往下蹦,蹦下来以后要站稳,姿势还要正确。就这样练习了三天,我们开始上跳台了。

这家机场比较简陋,跳台有二十五米高,是用木头制成的。西伯利亚的秋风十分强劲,木头的跳台在风里直摇晃,我们战战兢兢地爬了上去,腿都打战,尽管害怕,但是没有退却的,反复地练习了五天,大家都基本及格。到了第八天,我们开始登机跳伞了。

我们登上了一架不很大的运输机,飞机在一千米上空盘旋,巨大的引擎轰鸣着。当机舱门被打开时,我们按着顺序一个一个地往下跳,跳下后,得自己拉开引线。

轮到我了,虽然也害怕,但还是鼓足勇气,心一横,闭着眼睛就跳了下去。人下去以后,头是朝下的,每个跳伞员身后面背着主伞,前面带着后备伞,以防后面的主伞打不开,好启用备补伞。从机舱出来后头重脚轻,在急速的下落过程中,我迅速地拉开了主伞。主伞"砰"的一声像一朵蘑菇云似的在头上打开,人也在瞬间变成头上脚下了。这时我的四周都是降落伞绳子,我紧张地抓着绳子,按着教练的要求,观察着地面,掌控着风向和落脚点。

当我稳稳当当地按照要求降落在了指定地点后,心里真是太兴奋了,我竟然学会了跳伞,如果战争需要,可以飞着回自己的祖国了。

通过十来天的训练,全体女兵圆满地完成了训练任务,返回了北野营,这是我们第一次学习跳伞。

一九四二年的九月份,部队安排我们进行第二次空降训练。

第二次去练习跳伞和上次不同,临出发前,苏联医生要给每个人都做体检。当检查到我的时候,医生意外地宣布,我患有心脏病,不适合跳伞训练。听到这一结果,我立刻哭了起来,我怎么能不去参加空降训练呢?如果学不会跳伞,将来怎么参加大反攻?又怎么回到我的祖国?越想越伤心,就哭着去找张寿篯政委的夫人金伯文同志了。

金伯文看到我这样,忙安慰我说:"别哭,别哭,让张政委想想办法。"

张政委果真给我想了个办法,他安排我作为后勤人员随队一起去,具体的任务是每天给领导送饭。

一九四二年九月二十一日，我们由副旅长石林斯基指挥，全副武装，晚上八时从雅斯克登船。第二天上午七时到达了南哈巴罗夫斯克，在乌苏里江岸泊船。部队下船后转往乌苏里江铁道线乘军用列车，下午三时半军车向南开去。晚上九点左右列车到达斯卡斯克西南的木切那车站，距这里四里远有飞机场和降伞员训练处，我们借住在当地驻军某团营舍的一个三层楼里。

到了这里的第二天，紧张的训练就开始了，我们先从五十米高的训练塔上往下跳，跳到地上能站稳，不摔跟头就能得个五分（满分）。然后学习折叠降落伞，这个环节也十分重要，如果在高空降落伞不能有效的打开，那是十分危险的，曾经有一个学员，就因为降落伞没有打开，掉到地上牺牲了。经过几天的跳塔训练后，我们像上次一样开始登机从高空往下跳了。

飞机盘旋在三千米的高空，引擎发出巨大的轰鸣声，我们彼此都听不到说话声，只能看教官的手势。机舱门被打开了，巨大的气浪吹得我们站立不稳，教官打着手势，学员们一个挨着一个像下饺子似的跳了下去。轮到七军的战士吉新林跳了，到了机舱门口他往下一看，说啥都不敢往下跳，他嘴里喊着："哎呀妈呀！我不行了！我不行了！"看到他这样，旁边的领导立刻把他拽到了一边。

也许真的是心脏有毛病，就在跳出机舱的时候，我的鼻子开始流血了，流出的鲜血染红了胸前的衣服。

我稳稳地落地后，偷偷地擦去了流出来的鼻血。这天的晚上营里召开了大会，在连队会议上对吉新林同志进行批评教育。在会上，周保中同志对我们女同志提出了表扬，他说："八十八旅的女同志都是好样的，作战勇敢，训练认真，没有掉队的。"周保中的表扬极大地鼓励了我们。

到了空军训练基地，我不只是参加训练，还有一个任务需要完成。周保中、冯仲云、张寿篯三位将军的午饭由我用一个挎篮从食堂里打出来，给他们送到宿舍。等他们吃完了把食具拿回来,我再回食堂吃饭。当初体检不合格,我就是以后勤人员的身份来到训练基地的。

十月十一日下午两点,我们又回到了北野营。回来后,组织上安排我做播音员兼政治教员。播音工作是晚上进行的,我每天傍晚先到冯仲云那里拿来翻译稿,然后再到张政委那里去签字,张政委签了字以后,我才能播出。

十月革命节快到了,一营营长金日成同志领着我们排练节目。有一个节目叫《团结舞》,场地的中间竖起了一根木头柱子,柱子上拴着八条长长的红布,我们八个女战士,各扯着红布的一头,一边唱歌一边编队形,红布条纵横交错,形成了各种图案,十分新奇、好看。金日成对我们要求非常严格,他手里拿着一根木棍,谁把步子走错了,他就敲谁一下,就是他的夫人金正淑也不能幸免,所以大家都很怕他。

十月革命节的这一天,远东上空艳阳高照,北野营全体指战员在操场上举行大会,庆祝十月革命胜利纪念日。领导们讲话以后,各个连、班都出了节目。有个苏联士兵表演独唱,那个小伙子,嗓子非常好,一连唱了好几支苏联歌曲。

赫哲族的战士表演了单人舞,通讯营的战士表演了男声小合唱《共青团员从军歌》(苏联歌曲),接下来是大合唱《救亡进行曲》,金日成等领导也都参加了进来。周保中将军、张寿篯政委和苏联军官合唱了《国际歌》。

庆祝会在张寿篯政委和张中孚秘书长创作的歌曲《团结抗战吧》的歌声中结束。

哥哥失踪了

一九四二年的冬天异常寒冷,一场大雪接着一场大雪,整个远东覆盖在冰雪之中。

这年的冬天,教导旅的指战员全部开始学习滑雪了。大雪虽然令我们行动困难,但是同时也为我们带来了机会。

战士们穿的滑雪板是陈春树同志用木头做的,比较笨重。我们每天穿着滑雪板,从旅部门前广场集合出发(冬季野营地),过了训练的大操场,从一个高坡上滑到黑龙江的一个江岔子上,顺着大江再向上走,然后上岸来到了夏季野营训练点,爬上一个山头最高处。山高坡陡我们穿着滑雪板,只能横着走,到了山顶从高处再向下滑。下滑的途中设置两三个障碍物,障碍物是半米至一米高的雪堆,难度大的就是连续越过障碍物,往往在这里摔跤,大家的腿都摔得青一块,紫一块的。女战士里,成绩比较突出的是金玉顺、全顺姬、张景淑和我。我们四个人较着劲儿练,排名一直在第一、第二、第三和第四的位置。不管多苦多累,都咬牙坚持了下来。慢慢地我们掌握了要领,通过高强度的学习和训练,大家不久都能够飞速地穿行于林海雪原之中了。

紧张的训练之余,我还要担任广播员一职,每天晚饭后,是我们的广播时间,同我一起做广播员的还有一个苏联青年叫达宁。

一九四二年的冬天,苏德战争正是艰苦的年份,斯大林格勒的争夺战打得异常激烈,每天都有新的消息传来。全体指战员都非常关心这场战争,因为战争的成败也关系到我们的祖国何时光复。

一天晚上清冷的月光照在皑皑的白雪上,我踏着积雪到冯仲云处拿到广播稿后,去找张寿篯政委签字。张政委签完字后和我说:"小李子,广播完了,回来一趟。"

张政委让我回来一趟,什么事呢?

广播完当天的稿件后,我急匆匆地返回到张政委的住处。张政委并没有急着和我谈话,他先让我坐下。不知道为什么,我的心里有一种不安的感觉,张政委究竟要说什么呢?

过了一会儿张政委终于说话了："小李子，我们刚刚得到苏军送来的消息，你哥哥李云峰同志失踪了，现在到底整到哪里去了还不清楚。"

听了张政委的话，我的脑袋"嗡"的一下，以后张政委又说什么我已经听不清了。哥哥？我哥哥？是说我哥哥吗？我抬头呆呆地看着张政委。

终于，我醒过腔来，"哇"的一下哭出声来。

哥哥失踪了，哥哥怎么会失踪呢？他是我唯一的亲人啊！我怎么能没有哥哥了呢？上次分别他还好好的呢，哥哥说，他是最后一次去执行侦察任务，等回来就要求回大部队了。哥哥你怎么说话不算话了，你快回来啊……

我是怎么走出张政委的房间已经不记得了，张政委说了多少劝慰我的话我也没有听进去。只记得在这远离祖国的远东大地上，在这狂风怒吼寒冷的夜晚，我站在雪地里放声的大哭，一边哭一边喊："哥哥，你在哪里？你快回来，你回来……"呼啸的狂风淹没了一切声音，冰雪冻僵了我的眼泪。

好多天我都无精打采，一想起哥哥就是一阵撕心裂肺般的疼痛，泪水不时地流过脸颊。同志们劝慰我的话，一句都听不进去。我不相信哥哥牺牲了，我总是幻想着，在某一天，某一个地方，有一个木头房子，我一推开门，哥哥还站在屋里，他还会给我讲好多好多惊险的战斗故事。

哥哥没有失踪，住在朝鲜黄海北道凤山郡的奶奶还在日夜盼望着我们一家人回去呢，她老人家做梦都在想着给孙子娶媳妇呢。

哥哥你快回来吧，爸爸没有了，你怎么可以也失踪呢？你是那么的机智勇敢，敌人是捉不到你的。

慢慢地我终于接受了这个事实。这个时候，我更加想念陈雷了，陈雷是哥哥的好朋友，今后他就是我的哥哥了。

由于北野营有严密的组织纪律，我一直不敢问什么，也不敢打听什么，只能把我的思念埋在心底。直到一九四五年张政委再次找我，他说："据苏联情报部门透露，你哥哥已经被日本人给'处理'了。一种说法是，在哈尔滨太平区有一家水泥厂，日本人把他们抓到的苏联谍报人员扔到巨大的搅拌机里给搅碎了；另一种说法是送到日军'七三一'部队做日本人的细菌试验品了",日本人把这一行动称之为"特别移送"。

当时苏联和日本签订了《苏日条约》,所以日本人抓到苏方派遣人员从来不公开处理,而是秘密处死,不留审讯记录。中共北满省委秘书长张中孚、我哥哥李云峰等同志,都是这样牺牲在了隐蔽战线。还有好多的无名英雄,他们甚至都没留下真实的名姓,默默地为祖国和人民流尽了最后一滴血。

我的父亲和哥哥都走了,他们都是被日本人残酷杀害的,尸骨无存。他们没能给我留下一个让我凭吊的地方,是我今生今世永远的伤痛。从此以后,李家人就剩下我自己了⋯⋯

幸福的小屋

一九四三年的春天,陈雷同志在执行一次武装侦察任务归来之后,旅司令部决定,任命陈雷同志为三营六连政治副连长,授予中士衔(战士待遇)。

虽然我们俩人已经确立了恋爱关系,但还是不敢公开来往。那时,我们吃饭、开会都是列队集体行动的,几乎没有个人活动的空间。只能在路上偶尔碰到时,在队列里互望一眼,这一眼里注满了深情和祝愿。

远东的夏季很短,整个夏天我们都在紧张的训练之中度过,训练的项目主要是游泳,因为这一项目受气候的约束。我除了和大家进行集体训练外,每天晚上还要去播音室广播当天的稿件。

当冬天来临时,旅领导竟然意外地分给了我们一间小屋。

一天晚上,我从播音室回来刚进营房,李英淑悄悄地和我说:"陈雷在外面等着你呢,你快去。"听了她的话,我赶忙跑了出去,陈雷果然在外面等着我。我问他:"你怎么来了？有事吗？"

陈雷说:"王明贵支队长告诉我,给我们一个房间,让我去收拾呢。"

"给我们房间做什么？"我问他。

他说:"批准了呗。"

"批准什么？"我又问他。

他乐着说:"批准我们结婚呗。"

啊！结婚？我想都没敢想,这能是真的吗？我不知道说什么好了,我小声地说:"我,我明天还得滑雪训练,还得考试……"

陈雷说:"好,我就想听听你的态度,房子我来收拾。"

陈雷走了,我心里恍恍惚惚的,结婚？我要结婚了吗？不是说等祖国光复以后再结婚吗？领导怎么批准了呢？怎么想,我也没想明白。后来听说是金日成、王明贵将军做了一些工作,周保中、李兆麟将军批准,为此我们非常感谢组织。

第二天,上午上课,下午去滑雪,滑完雪我们列队回到仓库把滑雪板都摆放整齐,再去吃晚饭,等回到营房时天已经黑了。我回到了自己的铺位,哎呀！我的行李呢？谁动了我的行李？所谓行李,其实就是一条毛毯和一床用干草装的草褥子。草褥子、小床还在,毛毯不知道哪去了。

李英淑告诉我说:"三营的梁成玉给拿走了。"

这时,金玉顺和朴京玉两个人,一人挎着我一只胳膊,笑嘻嘻地说:"走吧,我们两个去送亲。"

我忽忽悠悠地被她俩架到了大地窨子家属宿舍的一间小房,推开板皮房门一看,只有陈雷一个人在里面,他弄了一盆炭火,正在烤房间呢。只见他脸上乌漆麻黑,手上满是糨糊。看到我们来了,他十分高兴。他对金玉顺和朴京玉两个人说:"感谢你们俩把小李子给我送过来,谢谢了。"

金玉顺和朴京玉笑着祝福我们,"愿你们永远幸福,白头偕老！"说完了,她俩就跑了回去。

房间里只剩我们两个人了,我们紧紧地拥抱在一起,好久好久,这不是做梦吧?

原来,这天的上午陈雷同志就来到了分给我们的那个小地窖子里,他清除垃圾,打扫灰尘,在墙上糊上旧报纸,找人抬来了个单人铁床,在床上铺上草褥子,然后又让梁成玉把我的毛毯也搬了过来。刚刚糊完的墙纸,如果不用火烤就要上冻,他又弄个脸盆装上木炭,正在忙着烤墙的时候,我们就进来了。

看见他像灶王爷一样的脸我扑哧地笑了,我挣开了他的怀抱,赶紧找了个脸盆去外面舀了一下子的雪。我们的隔壁是少尉赵喜林、金玉坤夫妇,我们两家烧一个火墙,灶坑在他们家,我把脸盆端到赵喜林家的炉子上把雪化开,让陈雷好好洗了把脸。

我们的新房非常小,放上一张小铁床后,也没多少活动空间了。墙的下半截是在地下,上半截用板皮钉成,有一堵墙是火墙,两家共用。我们的行李是两床毛毯、一个草褥子,两个用草装的枕头。

正像陈雷同志后来所回忆的那样:"没有仪式,没有嫁妆,一切是那么简单,我们就这样结婚了。"

这一天,是一九四三年十一月三十日,一个我终生难忘的日子。

幸福的时光总是过得太快,转眼就到了一九四四年的春天。各营都要到东山去进行野营住宿训练,我又回到了通讯营,当时野营有规定,冬天夫妻可以住在小屋里,夏季都搬出去集体住帐篷,便于学习和训练。就这样我和陈雷同志暂时分开了,告别了我们幸福的小屋。

一九四四年的春天,欧洲战场的战局发生了变化。斯大林格勒保卫战的胜利扭转了整个战局,苏军开始全线反攻。英、美准备开辟第二战场。德国法西斯不断溃败,第二次世界大战胜利的曙光已经出现。

形势大好,鼓舞人心。我们抗联战士更加积极地学习和训练,准备返回自己的祖国,与日本侵略者决一死战,把他们彻底地赶出中国。

自从和陈雷同志分开后,他忙我也忙,我们难得有见面的机会。有时想他了,我就托无线电营的战士小梁传纸条,小梁一直是我和陈雷传递情书的交通员。陈雷接到纸条后,再忙也都给我回个信,当然还是通过小梁交给我。

准备回国的日子

一九四四年十月九日,为纪念"辛亥革命"三十三周年,周保中旅长在抗联教导旅召开的大会上做了报告。报告讲述了中华民族在辛亥革命后为独立解放和自由进步而斗争的三十三年,讲了辛亥革命的历史意义。

周保中旅长的报告大家都爱听,都知道他讲话的内容十分重要。他的报告从辛亥革命联系到现实,使大家感到了责任的重大。

在教导旅,每到重要的事件纪念日,建党、建军日都要召开会议作报告,使我们大家都能认清形势,明确方向,提高觉悟,教导旅其实就是一所军政学校。

又到了一九四四年的十月革命节,十月革命节一般是苏军军官晋级的日子,陈雷同志由中士晋到司务长,按苏联军衔制是"准尉"了。"准尉"是战士里的最高级别。我晋升为中士,三道杠了。我们俩双双晋级,很是兴奋,这是上级领导对我们的肯定、信任和鼓励。

当时军官和士兵在服装上有很大的差异,军官配有武装带和图囊,士兵没有;军官的腰带是用牛皮制作的,前面的带扣是黄铜的,而士兵的腰带是用帆布刷漆的,前面的带扣是白铁制成。军官可以留头发,士兵则要剃光头。军官吃饭可以单人去,而士兵则要列队集体去吃再集体列队返回。

当西伯利亚的寒流再次席卷远东大地的时候,正式批准结婚的夫妻可以分房了,我和陈雷虽然不是军官,但还是有幸分到一间宿舍,为此我们非常感谢周保中旅长和张寿篯政委对我们的特殊关照。房子在北野营大道的西侧。这间宿舍十分窄小,房子里放上一张床也就剩一米宽的过道了,尽管如此,能从地窖子搬进木板房我们还是异常高兴的。我和陈雷说:"咱们住洋房啦!"陈雷也说:"是啊,这房子真漂亮啊。"

为了庆祝搬新家和结婚一周年,陈雷同志拿出了自己酿的葡萄酒。说起这瓶葡萄酒还是去年的事情。有一次我们在附近的林子里发现一片熟透了的野葡萄,就把葡萄采了回来,装到了玻璃瓶子里,一年以后葡萄自动发酵成了葡萄酒。我们两个也没有酒杯,就对着瓶子你一口、我一口地喝了起来,酒香中我们互相凝视着,陶醉在幸福之中……

搬进新居,我们和陈春树、赵淑珍夫妇做了邻居,他们也和我们是一样的士官级,有家属的军官和士官都在这个大房子里居住。陈春树是木匠,他们夫妇在生活上给了我们不少的帮助,他常把做木匠活剩下的碎料带回来,以解决燃料不足,我们沾了他们的光。

一天夜里我睡得正香,外面忽然吹起了紧急集合号,我根本就没听到,陈雷同志因为臭虫干扰没睡实,他使劲地摇醒了我,黑暗中迷迷糊糊地爬了起来,衣服都穿反了,等背着背兜带着武器和滑雪板跑到训练场时,那里已经集合好多人,我匆忙地站到了队列里,以后再也不敢睡实了。

为了迎接即将到来的大反攻,这段时间常常夜间紧急集合进行野战演习。不久,为了集训方便,我们都搬到了野外帐篷里去住了。当夜间听到紧急集合号时,战士们脚踩滑雪板全副武装,通讯营的战士背着苏联新出的无线电发报机,还有两块高压电池,每块电池都像红砖那么大,十分沉重。我们穿山越岭地练习对攻、奇袭和强攻,像真正的作战一样,我主要负责发报和译电,两三个人为一组,每天都累得筋疲力尽。

这年冬天一共进行了两次大规模的野战演习,每次一周左右,演习结束后还要进行战后总结。总结会上,迟到的,电报发错的都要扣分,我们也常常为一个电码争论不止,直到弄清楚究竟是谁的责任。

神圣的战争

列别杰夫－库马奇 词
阿历山大罗夫曲
钱 仁康 译配

1＝♭D $\frac{3}{4}$

不很快 严正地

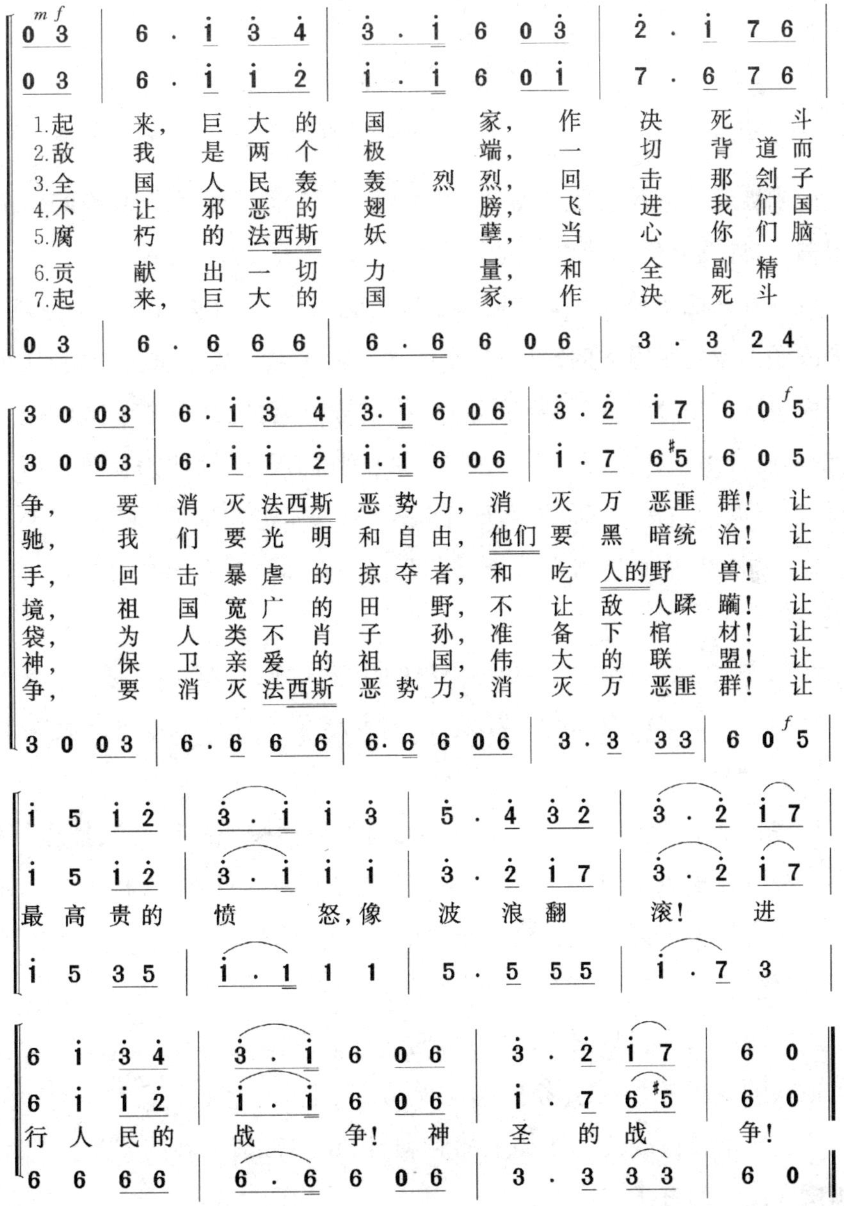

整训

反攻

一九四五年的春天来了

向阳坡地上的积雪正在融化,黑龙江上开始跑冰排了。寒冷的冬天终于过去,一九四五年的春天来到了远东。

继一九四四年苏联军队取得决定性胜利以后,一九四五年一月至四月,欧洲战场上发生了重大的转折,苏军歼灭了柏林方向德军重兵集团,从东面和南面包围了柏林。在苏联红军强大的攻势下,德国法西斯节节败退。同时,盟军已合围了鲁尔德军集团,进抵易北河,向汉堡、莱比锡和布拉格方向发展,步步逼近柏林。四月十六日,苏联红军开始进攻柏林。四月三十日希特勒在德国总理府地下室自杀身死。五月二日苏军攻克柏林。五月八日德国无条件投降。

在东方战线,随着硫黄岛和冲绳岛的相继失守,日本帝国主义已处于日暮途穷困境。日本的海陆空军兵败如山倒,战争迫近日本本土,"大东亚共荣圈"陷于崩溃之中。

这些日子里,我们在驻地天天收听广播,广播喇叭每天数次播送战事,战士们都围在喇叭周围,关注着形势的变化。五月八日这天,和我在一起的苏联男播音员达宁第一个听到了德国无条件投降的消息,他立刻转告了冯仲云,冯仲云告诉我,赶紧用中文转播出去。

当我用激动得有些颤抖的声音,把这一消息多次、反复广播出去后,整个营地欢腾了起来,大家互相拥抱,欢呼跳跃,把帽子扔向了天空。

第二次世界大战欧洲战场上的胜利,给我们带来了新的希望。我们返回祖国大反攻的日子不远了。

一九四五年五月一日,陈雷同志被晋升为少尉,他换上了崭新的军官服,发给了一支手枪并获得了一枚银质奖章。同一天,我也被晋升为准尉司务长。

这次我和陈雷同志又都双双晋级,而且陈雷同志终于成为一名军官了,望着他新换上的军官服,我们俩人都万分高兴。

其实,从一九四五年上半年开始,抗联教导旅为了准备反攻东北,军事训练科目、训练强度明显加强,这一点我们都能明显地感觉到。在训练内容上,着重进行了侦察训练、工兵训练、无线电通信和航空陆战队的训练。每一项军事训练都是从实战需要出发的。

到了六月初,不断听到从哈巴罗夫斯克来的人员讲,苏联向远东调集大批兵力、武器和军用物资。我们预感到这一定是战争的前兆。同时,我们的生活也发生了很大变化,部队伙食由第三等提高到第二等标准(前线作战为第一等标准)。黑面包变成了白面包,午餐肉食的量也增加了。原来需要交钱吃饭的军官们现在也不用交钱了,伙食费全免了。就连一直限量供应的香烟、黄油和糖的供应量也比以前多起来了。

女兵们聚在一起常常嘀咕,什么时候打回东北去啊?快点反攻吧,大家返回祖国的心情都很迫切。

就在整个抗联教导旅加强军事训练的同时政治学习也开始加强,并且发展了一大批党团员。

一九四五年的春天充满了希望。

大反攻的前奏

一场大战即将发生,虽然没有战火硝烟,但是每个人都笼罩在战争来临前的气氛之中。

此时,在远东的哈巴罗夫斯克(伯力),苏联红军远东对日作战指挥部召开战前会议,周保中旅长应苏联远东军第一方面军司令员马利诺夫斯基特约来列席这次会议。因为,周保中旅长所指挥的国际八十八旅,将成为苏联远东军参加对日作战的一百五十八万大军中的组成部分,而且将担负从向导、翻译、情报等方面配合苏军进攻日本关东军的主要任务。

七月,远东的天空湛蓝。战前会议在苏联哈巴罗夫斯克(伯力)列宁广场北边的一座高大的欧式楼房里举行。这次会议将决定全歼日本关东军的战略、战术、进攻路线及全部部署。远东军总司令华西列夫斯基元帅主持会议并做了战前报告。

华西列夫斯基元帅在战前报告中指出:苏联进兵中国东北,对日宣战,其"战争的主要目的是肃清法西斯帝国主义侵略势力的第二个策源地(第一策源地是朝鲜半岛),全面结束第二次世界大战"。"不消灭日本军国主义者,就不可能有世界的持久和平。"

"伯力会议"结束后,一九四五年七月末,以周保中为首的中共东北委员会召开会议,根据新的形势和任务,决定对东北党委会进行改组:将东北党委会原有人员分为两部分,一部分准备同苏联红军反攻中国东北,另一部分准备返回朝鲜作战。反攻东北的部分组成新的东北党委会(辽、吉、黑临时党委会),由旅长周保中兼任书记,委员有冯仲云、张寿篯、卢冬生(中国红军长征时期师长,受伤后送苏联养伤,后到抗联教导旅政治部工作,没带军衔)、姜信泰、金光侠、王效明、彭施鲁、王明贵、王一知、刘雁来等十三人。

一九四五年八月八日,苏联外交人民委员会莫洛托夫接见了日本驻苏大使佐藤,发表了苏联政府对日宣战宣言。

八月九日,延安新华通讯社广播了毛泽东主席关于苏联对日宣战的声明《对日寇的最后一战》。

毛泽东在这篇文章中指出:"八月八日苏联政府宣布对日作战,中国人民表示热烈的欢迎",他号召"中国人民的一切抗日力量应举行全国规模的反攻,密切而有效地配合苏联及其他同盟国作战。八路军、新四军及其人民军队,应在一切可能条件下,对一切不愿投降的侵略者及其走狗实行广泛的进攻,歼灭这些敌人的力量,夺取其武器和财产,猛烈的扩大解放区,缩小沦陷区"。他强调"必须放手组织武装工作队,成百队成千队地深入之敌后","必须放手发动沦陷区的千百万群众,立即组织地下军,准备武装起义",配合正规军作战,消灭敌人。朱德总司令从八月十日起一连发了七道大反攻命令。他在八月十一日发布的第二号命令中特别要求原东北军的吕正操、张学思、万毅所部和李运昌率领的冀热辽部队就近迅速向东北挺进。

苏联的对日宣战和毛泽东主席的声明,预示着日本帝国主义被彻底打垮的日子已经到来了。抗联指战员欢欣鼓舞,并以临战姿态纷纷要求立刻开赴前线参加对日最后一战。八月十日,抗联教导旅在驻地召开了全体指战员反攻东北、配合苏联红军消灭日本关东军的誓师大会。旅长周保中、政治副旅长张寿篯以及金日成、全昌哲、张祥五人在大会上先后发言。

周保中在大会上作了题为《配合苏军作战,消灭日本关东军,争取抗日战争最后胜利》的报告。他在报告中首先向大家指出了世界反法西斯胜利在望的大好形势,感谢斯大林元帅和苏联人民、苏联红军帮助抗联训练和整顿,使全体指战员掌握了参加大规模现代化战争的军事技术和技能,感谢和欢迎苏联政府对日宣战,表示随时准备出发,反攻东北,同苏联红军并肩战斗,解放东北,光复家乡,完成抗日战争的历史使命。在谈到反攻后的任务时,他特别强调要迅速恢复与中共中央的联系,要与我党领导的八路军、新四军在东北会师。要贯彻党的七大路线,放手发动群众,恢复和发展党的组织,恢复和发展人民的军队,恢复和发展人民民主政权,准备与抢夺抗日战争胜利果实的国民党反动派作长期的斗争。在谈到与中央派来的干部和八路军、新四军等兄弟部队之间关系时,周保中指出:"要注意服从党中央的领导,尊重党中央的干部,听从八路军、新四军领导同志的指挥,不要居功骄傲,不要争权,叫干什么就干什么。即使是分配当马夫,也是革命工作。对于朝鲜工作团的同志,他也提出了希望与鼓励。"

副旅长张寿篯在讲话中着重谈了反攻东北后同国民党的斗争问题,阐述了我党关于成立联合政府,建立统一战线的主张。

朝鲜工作团团长金日成在讲话中,感谢斯大林的国际主义支持,感谢周保中的嘱咐。

张祥代表中国抗联战士发言。他在回忆了抗联十四年艰苦斗争的历史后说,有多少战友、多少中华民族的好儿女英勇牺牲,我们活着的同志要继续前进,坚决响应党中央毛主席的号召,反攻东北,光复河山,并且准备同国民党作长期斗争,重新上山打游击,直到最后解放全中国。

参加抗联的朝鲜战士全昌哲代表朝鲜战友发言。他感谢苏联的帮助,感谢周保中的领导。

在这一期间,抗联领导、东北党组织委员会拟定了政治、组织和行为三份《备忘录》,以规范抗联指战员的行为,切实做到在解放中国东北的作战中,使每一个抗联指战员听指挥、守纪律,达到军令、政令的统一。

一切具备,全体抗联教导旅的将士们整装待发。一场正义战胜邪恶的战争即将打响。

大反攻开始

期待已久的大反攻开始了。

八月九日零点钟声过后,由苏联远东军总司令华西列夫斯基元帅领导下的一百五十余万远东红军以强大优势向日本关东军展开全面进攻,与之进行最后决战。

在法西斯德国溃败之时,斯大林就在一九四五年二月雅尔塔会议上做出了在欧洲结束军事行动两三个月后就对日开战的保证。随后就准备对日进攻。苏联最高统帅部秘密地将兵力由西部向东北调动,重新进行部署。从东普鲁士抽调第五集团军和第三十九集团军,从捷克斯洛伐克调动了近卫坦克第六集团军和第三十五集团军。此外,还调集了装甲坦克兵、航空兵、炮兵、工程兵、通讯兵部队以及后勤部队和机关。大量增加了远东地区作战的数量,建立了物资和战斗技术装备的必要储备。

八月九日午夜一时,苏联远东第一方面军以强有力的先遣营和边防部队各支队,悄悄越过国境线,向日军国境筑垒阵地发起进攻。九日八时三十分全线转入进攻。在方面军右翼,进攻方向上行动的第三十五集团军,从古别罗沃和列索扎沃斯科地域向虎头方向发起总攻,对虎头筑垒地域实施了远程火力打击和航空火力轰炸。在对虎头筑垒地域以南的日军防御阵地实施了十五分钟的炮袭后,该集团军主力于午夜一时三十分,强渡了乌苏里江和阿松察河。

八月九日,远东第二方面军部队于深夜一时,在黑河、松花江和饶河方向上发起进攻。天亮前,第十五集团军其他先遣支队按计划攻占了黑龙江所有岛屿,为第二方面军主力登陆,向松花江沿岸挺进,铺平了道路,保障了红旗阿穆尔区舰艇的机动自由。

在苏军进军东北的日子里,抗联教导旅对远东三个方面军的军事行动,展开积极地配合行动。

八月十日抗联教导旅在驻地召开了反攻东北、配合苏军消灭日本关东军动员大会。周保中总指挥在会上作了动员报告,号召全体指战员为消灭日本侵略者,争取中国人民抗日战争的最后胜利而英勇战斗。

抗联教导旅的指战员们,经过五年的政治学习和军事训练,已经成为一支懂政治、讲战术能征善战的部队,许多抗联干部、士兵直接参加了苏联红军出兵东北的战斗。其中一百六十多人到苏联第一方面军,八十多人到苏联第二方面军,还有一百多人到后贝加尔方面军作为先遣部队,执行特殊任务。另外,七月末,有一部分人(伞兵部队)空降到东北,其中东满五十五人,松牡(松花江、牡丹江)六十五人,北满九十人,南满八十人,潜入敌后进行战前侦察。这些由抗联指战员组成的先遣部队,有长期对日作战的经验,地理环境熟悉,出色地完成了各种特殊任务,为苏联红军在短期内迅速消灭东北的侵华日军,发挥了重大的作用。

空降的先遣小分队,为光复东北做出了重大的贡献和牺牲。

空降小分队一般由四人组成,其中一名为小组长,一名为亲自背电台的电报员,两名战士。他们都配有手枪、转盘冲锋枪、弹药和足够一周所用的食品,还有反攻东北的宣传单等必须物品。其主要任务一是进行火力侦察,发现日军火力点后,用电报向总部汇报;一是将关东军的十七个战略地堡及中苏边境上的三道边防情况,无一遗漏地标注成空袭目标。

二十世纪三四十年代,侵华日军在中国东北耗费巨资,强征百万中国劳工在中苏数千公里的国境地带,修筑了十七处"筑城要塞",各要塞有永久性地下仓库、地下电站、地下通信枢纽部、地下给水站等附属军事设施。要塞附近有机密部署的军用飞机场、纵横交错的军用铁路和公路。

要塞的施工是在极其保密的情况下进行的,经常修筑要塞的是日本在中国战场上抓获的战俘。为掩人耳目,这些劳工被冠以"特种劳工"之类的称号。日军屠杀劳工的手段极其残忍,注射毒药、秘密枪杀、诱骗活埋,甚至用于细菌实验。在日军的屠刀下,百万余名劳工无辜丧生。

一九四五年八月五日夜,东北抗联空降特遣部队的傅玺忱、孙长祥、吴竹顺小组,空降到牡丹江地区的林口县西北二十里的马趟子沟一带。他们潜伏在鸡西到牡丹江的公路一侧,八月七日发现大批日军有秩序地调动,几天后又发现大批日军散兵和许多日本妇女、儿童四处逃散。傅玺忱小组把这些情况及时向苏军指挥部报告,使苏军指挥部能够及时全面地掌握日军动向和战术效果。

八月九日晚九点,李铭顺带领着小分队同志坐上了回国的飞机。半小时后在上级指定的地点——海林的拉古南甸子上空跳伞。

跳伞后,战士孙吉有伞出故障,摔落在沙虎的东山根,不幸牺牲。孙吉友牺牲后被当地农民林国仁发现并报告了屯长。屯长林国龙赶到现场,回想起昨夜有飞机的响动情景,又看到转盘冲锋枪,他判断死者是抗联的人,就急忙把孙吉有带来的枪支弹药收藏起来。

李铭顺等人跳伞降落之后，发现孙吉有同志不见了，正在四处寻找他的时候，发现沙虎东山根聚了一大群人，就急忙赶到那里，看到孙吉有同志牺牲了，同志们怀着十分悲痛的心情，埋葬了他的尸体。随即，李铭顺向当地群众公开了身份，当场对群众进行了抗日宣传，讲了抗日的大好形势，号召群众拿起刀枪，和苏联红军一起，把敌寇赶出去，解放家乡。群众一听抗联又打回来了，日本鬼子末日就要到了，都高兴得不得了，有的跳起来，有的激动得热泪盈眶，把队员们围得里三层外三层，水泄不通。一位年过七旬的老大爷高兴地喊了起来："神兵天降，小日本和满洲国的气数到了！我们的好日子来了！"

八月十日从苏联起飞的空降小队徐雁辉、郭喜云共四人，在东宁县大肚川空降时，有二人被日军炮火击中而牺牲。

这些年轻的战士，在黎明前的战斗中献出了宝贵的生命。

东北战事结束后，华西列夫斯基元帅向抗联教导旅发来热情洋溢的贺电。他说："第八十八旅英勇的中国战士们，感谢你们用生命和鲜血换来的情报，为我们远东军进攻中国东北起了重大的作用，特别是对日本关东军戒备森严的要塞、堡垒进行的侦察和营救活动，高度体现了中国战士的优秀品格和顽强的战斗精神。我代表苏联人民感谢你们并向你们致以崇高的敬意。"

何日熄烽何日还乡

1=♭E 4/4

黄成植 词（1939年）
张智深 配合声

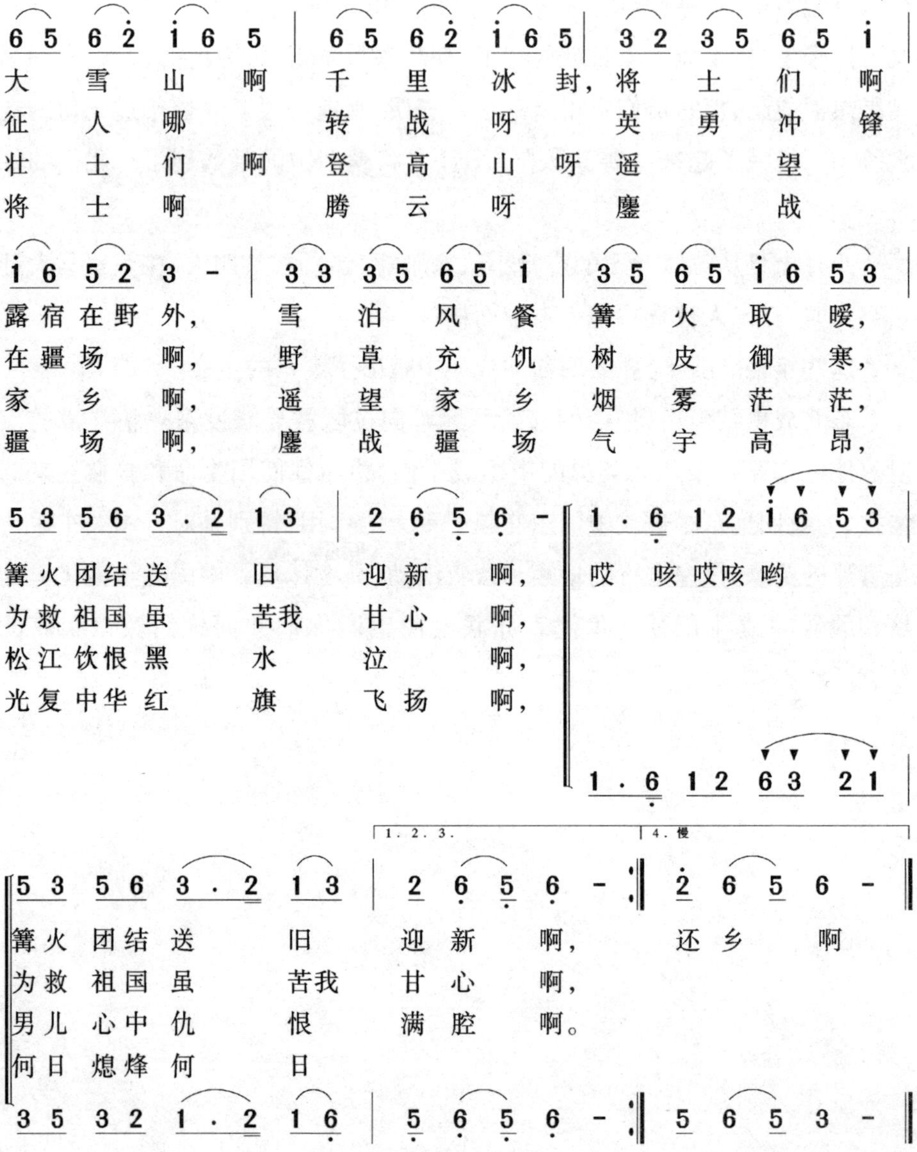

胜利

坚持在东北抗战的同志们

　　东北抗联教导旅虽然因战略的需要前往苏联的远东进行整训,但仍有一批战友们留在东北坚持抗战,他们历经苦难,不怕牺牲,艰苦卓绝。

　　这些默默坚守的战友们,战斗在白色恐怖的敌占区,用热血和生命迎来了祖国的黎明。

　　这其中的王永昌曾经从恶狗的嘴下将我救下来并带我去治伤,如果没有他,我活不到今天。

　　王永昌是一名坚定的革命者,他朴实、能干,任劳任怨。我们去往苏联后,他一直留在东北坚持到抗战的胜利。

　　一九四一年初,中共北安中心县委遭到破坏,王永昌在北安城内四道街王鑫贵饺子馆以伙计身份为掩护,坚持地下斗争,他积极组织营救被捕入狱的群众,寻找联系抗联失散人员,安排地下党、抗联战士,进行秘密活动。一九四五年八月,王永昌带领抗联战士周文喜和李殿芳屯的革命群众一起,把叛徒尚连生逮捕,并经组织决定将其处决。

　　在东北坚持抗日斗争的还有一位传奇人物,他就是著名抗日将领于天放。

　　于天放于一九二八年秋以黑龙江考生第一名的成绩进入北平清华大学第四级经济系。一九三一年五月经中共北平市委代理书记张甲洲介绍加入中国共产党并任清华支部书记。九一八事变后,他于一九三二年春和张甲洲、张文藻、张清林、郑炳文、夏尚志等五名东北籍大学生踏上了"打回老家去"的悲壮路程。在中共满洲省委指示下,五月十六日在巴彦县七马架子成立了打响中共武装抗日第一枪的"东北民众抗日义勇军江北独立师(即巴彦抗日游击队)。"张甲洲任总指挥,于天放任特派员及交通情报站负责人。十一月该部队按满洲省委指示改编为"中国红军第三十六军"。一九三八年十一月,于天放随李兆麟将军指挥的由东北抗联第六军教导队与第十一军第一师组成的第三批西征部队,从绥滨蒲鸭河远征至海伦八道林子。西征部队历尽险阻,转战千里,减员几近三分之二,终于达到预期目的,保存了北满抗联的主力部队和骨干力量,为后来在广阔的黑嫩平原依托小兴安岭开展平原游击战奠定了基础。

一九四四年一月,金策率张瑞麟小部队经二个月的长途跋涉到达 A 野营后,教导旅命张瑞麟立即组织六个人的小分队于三月底回东北寻找于天放的留守部队,但因联络中断未果,于八月折返苏联。此时整个东北战场上除教导旅派遣的小分队在中苏边境执行侦察任务外,只有于天放领导的东北抗联三路军留守部队孤悬敌后,在同日伪军进行着殊死战斗。于天放在《牢门脱险记》一书中写道:"东北是我的家乡故土,我爱祖国、我爱东北、我爱家乡,我也爱树海无边的兴安岭,不管敌人怎样凶恶残暴,抗日斗争的怒火是不能被压下去的,我决心埋尸故土,也绝不离开东北一步!"

一九四四年十二月十九日因坏人告密,于天放及部下孙国栋、杜希刚、于兰阁(龙光涛)、刘祥、王明德在绥棱县上集镇宋万金屯(今天放村)、绥化九井子、长山小五部被日寇逮捕。于天放先后被关押在伪庆安警务科"留置场"和伪北安省警务厅特务分室秘密监狱。面对日寇凶残的"威迫利诱逼降策",于天放以其丰富的对敌斗争经验,大智大勇、坚贞不屈与日寇进行了殊死的较量,终于在一九四五年七月十二日同另一名抗联战士赵忠良打死日本看守特务石丸兼政成功越狱,并在人民群众的掩护下脱险。

一九四五年八月十五日,于天放在讷河老莱村得知日本无条件投降的消息,立即在讷河县城组织了东北抗联三路军宣传部自卫队,迎来了抗日战争的最后胜利。

就在于天放在东北大地与日寇坚持斗争的同时,远在苏联的抗联领导也在派人千方百计地与他们联系,领导们派出了由张瑞麟带队的五人小分队回国寻找于天放。

当时第三路军留在北满一带活动的抗联小部队只剩下于天放同志带领的小分队了。张瑞麟的任务,就是回国找到于天放同志和他领导的小分队,把他们接到苏联,一起到"野营"学习。

这是一个异常艰苦而又危险的任务,共由六个人来执行,领队是张瑞麟,队员有王秉章、王德新、陈殿有、老史头和赵喜双同志。

小队组建时,冬雪刚开始融化。为了避免过境时在雪地上留下足迹暴露目标,等了将近两个月,到三月底,冰雪基本化净了,才决定启程。为了回国后与在苏联的抗联领导联系方便,动身前,上级决定给他们配备一部电台,并派来一位电报员小刘。小刘来时,领导向张瑞麟交代,回国找到于天放同志以后,就让于天放同志尽力设法负责把小刘和电台妥善地安排好,留在国内侦察日寇情报;如找不到于天放同志就一同回苏联。

启程那天,苏联边防军把他们六个人先送到戈萨什克边防哨所,在北菜园子的一所小房子里隐蔽了一天,晚上九十点钟秘密过境。回到祖国境内,迅速越过了日本鬼子的封锁线,直奔于天放小分队活动的地方——绥棱县山边大鸡爪子河上游一带。

小队从苏联出发时,马克正同志告诉他们,他与于天放同志分手时,曾约定了将来联系的办法,即由于天放同志把他们活动地点在纸上写好装在玻璃瓶内,埋到一棵大松树下。小队按照马克正指点的地点,找到了那棵松树,把树下都挖遍了,也没找到瓶子。和于天放联系的线索断了。

由于没有联系上于天放,小分队只好返回苏联,就在回来的途中电报员小刘同志不幸牺牲,陈殿有被鬼子抓去,直到解放后才获得自由。

黎明前的黑暗是最黑暗的时刻,还有多少同志,在敌人的监狱里与敌人展开了最后的斗争。英勇不屈的孙国栋烈士用他年青的生命向敌人进行了最后的宣战。

在我的记忆中，孙国栋中等身高，长得十分结实，由于风餐露宿，脸色黑红，他立场坚定，爱憎分明，在同陈绍宾的斗争中能辨识方向，不为其所利用。就是这样一位优秀的好同志竟然牺牲在"八一五"日本投降的前一天。

一九四五年八月十四日下午三时，也就是在日本裕仁天皇向全世界广播"终战诏书"、宣布无条件投降前的十几个小时，伪满洲国哈尔滨高等检察厅日本检察官沟口嘉夫急匆匆地驱车赶到道里哈尔滨刑务支属监狱，他像一头垂死挣扎的野兽，拔出手枪逼着监狱长奥园（日本人），要他马上从狱中提出不久前被判处死刑的孙国栋，立即执行绞刑。

看守陶涤尘打开十三号牢房，朝双手叉腰、对墙傲立的孙国栋喊道："孙国栋，出来！你的官司打喜庆了。"孙国栋慢慢转过身来，鄙视地看了一眼看守，平静地说道："不忙。"然后从容不迫地用手梳理了一下长长的头发，理了理身上破旧的衣裳，环视了一下坐了三个多月的牢房，向前走了一步，伸手敲了敲身边的墙，向隔壁十二号监房的难友阎继哲高声告别："老阎哪，我走了！你多多保重，我们就要胜利了。"然后，坚定地迈开步伐，来到院中，又缓缓回过头来，深情地望着这个押着一千多"犯人"的牢房，高声说道："亲爱的难友们、同志们，我叫孙国栋，是东北抗联第三路军九支队大队长，现在就要与你们永别了。小鬼子今天虽然把我杀了，可我的爱国精神是永存的。"说着他举起戴着镣铐的双手向难友大声地告别道："各位多多保重，我们来世再见啦！"沟口嘉夫、陶涤尘上前推他，沟口嘉夫用刀背砍他，阻止他继续说下去。孙国栋轻蔑地看了看这些色厉内荏的敌人，厉声喝道："你们这些强盗，还能蹦跶几时？中国人民饶不了你们！"接着，又朝目送他的难友们大声说："难友们！同志们！苏联红军打过来一个星期了，小鬼子马上就要完蛋了！光明的中国就在我们大家面前，为了这一天的到来，为了结束这亡国的苦难，我孙国栋，一介匹夫，为国而死，死有何憾！"说罢仰天大笑，转过身来，拖着沉重的脚镣,高昂着不屈的头颅,迈着坚定的步伐一步一步地朝监狱院中的刑场走去,悲壮的《红旗歌》又一次响起。

绞刑架旁,一向杀人不眨眼的刽子手郭天宝摄于孙国栋的凛然正气,面色苍白,神情紧张,迟迟不敢动刑,冲在旁监刑的沟口嘉夫嗫嗫嚅嚅地说:"这五块钱我不要了,不要了……"(郭天宝每绞死一个"犯人",鬼子给他五块钱)。沟口嘉夫暴跳如雷,大骂"八嘎,八嘎!快动刑!快快地……"一面号叫着,一面抽出战刀架在郭天宝的脖子上,威逼他马上动刑。郭天宝这才哆哆嗦嗦地把沾满无数抗日志士鲜血的绞索套在了孙国栋的脖子上。

"中国万岁!中华民族解放万岁!"……绞绳慢慢地收紧,就在黎明即将到来之时孙国栋同志英勇就义,年仅三十一岁。

在狱中坚持斗争的还有当年带领我们搞宣传和募捐的刘忠民同志。刘忠民同志曾任下江特委特派员兼富锦县委书记及联军办事处主任,帮助抗联独立师创建七星砬子兵工厂,一九三七年任下江特委特派员兼绥滨县委组织部部长。

刘忠民在长期的革命斗争中,忠诚党的事业,艰苦抗战,历尽磨难。一九三八年八月被捕后,在狱中遭受严刑拷打,不屈不挠。他组织难友成立反帝牢狱会,策划暴动,同敌人进行顽强的斗争。

刘忠民于一九四五年东北光复后出狱,在当时哈尔滨市已无党组织的情况下,他和难友们建立起中共北满临时省委,任临时省委军事委员,为夺取政权和巩固政权做出了突出的贡献。

当年送我上山的刘志敏大姐和同我一同上部队的李桂兰在日伪监狱中亦受尽酷刑和磨难,但她们始终都没有屈服。

孙国栋、于天放、杜希刚、赵文有、刘忠民、王永昌、刘志敏、李桂兰等无数的同志们英勇不屈,在东北这块黑土地上把抗战的大旗打到了最后,为十四年的艰苦抗战书写了最后一笔。

祖国，我们回来了

　　离开祖国，抗联战士们的心是痛的。大家时刻都在挂念着北方的那片土地，那里有我们的父老乡亲，他们生活在日寇的铁蹄之下，暗无天日。

　　我们忘不了"归屯并户"后住在地窖子中衣不蔽体的乡亲们，我们忘不了被日寇杀害后，那一堆堆用铁丝穿起来的白骨。什么时候才能打回老家去，去迎接东北的光复？

　　这一天终于来到了！

　　在苏联红军势如破竹的强大攻势下，日本关东军迅速土崩瓦解，尽管部分地区的日军还在负隅顽抗，但大势已去。一九四五年八月十五日，日本终于宣布无条件投降。

　　当这一巨大的喜讯传来之时，整个教导旅沸腾了。我们热泪盈眶，多少先烈，多少志士，抛头颅，洒热血，经过十四年的艰苦奋战，终于打败了日本侵略者，三千万东北人民终于结束了亡国奴的生活。就像歌里唱的那样，我们就要建设一个新社会了。

　　苏联出兵以后，经与苏联远东方面军协商，双方根据日本帝国主义投降后可能出现的情况，共同商定抗联部队的任务如下：随同苏军返回东北后，迅速抢占战略要点，接收东北；抗联干部在各战略要点的负责人分别担任该地苏联红军卫戍司令部副司令，协助苏军占领和管理新解放的城市，肃清敌伪残余分子和其他反革命分子，维持革命秩序；利用既是抗联人员，又是苏军人员这一有利地位，建立各地党组织，发动群众，建立人民武装。

　　一九四五年九月二日，参加对日作战的同盟国代表接受日本投降签字仪式在停泊于日本东京湾的美军军舰"密苏里"号上举行。日本代表在无条件投降书上签字，中、美、英、苏等九国代表相继签字。至此，中国抗日战争胜利结束,世界反法西斯战争也落下帷幕。中国以三千五百万军民伤亡为代价,彻底击败侵略者,为世界反法西斯战争胜利、捍卫人类和平正义做出巨大贡献。

苏联红军全面出兵东北以后,抗联指战员分三批回国。第一批是七月份的向导和侦察部队;第二批是八月八日的空降部队;第三批回国分为四个队,是为了迅速接收东北,进行建军、建政的人员。其中,第一队由张寿篯、王效明、姜信泰等共一百七十余人分赴哈尔滨、吉林、延边等地;第二队由彭施鲁带队,飞赴佳木斯地区;第三队由周保中、冯仲云率领,分赴长春、沈阳各地;第四队是王明贵、王钧、陈雷、范德林、董崇彬各组,分赴齐齐哈尔、绥化、大连等地。四批共分布在五十七个战略要点和城市。

为了应付国内复杂的斗争环境,回国时,要求东北抗日联军指战员都要更名换姓,如周保中改为黄绍元,张寿篯改为李兆麟,崔石泉改为崔庸健,冯仲云改为张大川等。我改名为李敏,这个名字我一直用到现在。

教导旅还规定,回国时,嫁给朝鲜族同志的汉族女战士都要随丈夫去朝鲜,相反朝鲜族的女战士嫁给了汉族同志就要随丈夫去中国。

当时,在北野营结婚的汉族女战士王玉环嫁给了朝鲜族崔庸健;汉族女战士李淑珍嫁给了朝鲜族金京石;鄂伦春族女战士李桂香嫁给了朝鲜族金勇贤(金大宏)。她们三位都要随丈夫去朝鲜。我们这些朝夕相处,生死与共的战友眼看就要天各一方,大家的心情都十分的难过。分别前夕,战友们泪流满面,不知何年何月再能相见,分别的歌声在帐篷中被反复地唱响……

同志们已经陆续走了两批了,我们待命的人员个个心急如焚,都想一下子就回到祖国的怀抱。

这一天终于来到了。一九四五年九月十一日,我们乘车从北野营去伯力。当要走的那一刻来临时,大家什么都不要了,生病的战士把自己泡的珍贵的药酒都扔了,同志们只有一个心愿:回国! 回国! 快点回到祖国!

当汽车开到伯力时,天色已晚,我们在这住了一夜,第二天中午登上了一架小型军用飞机向着祖国飞去。

一同回国的人员有:陈雷、张光迪、王钧、李敏、李占春、马贵兴、朱学成、金国祥、张子荣、马云峰、陈明等人。

王钧、朱学成、金国祥等人到北安方面开展工作。

张光迪、马云峰、张子荣、陈明等人到海伦方面工作。

陈雷、李占春、马贵兴和李敏去绥化工作。

飞机上坐有二十来人,除了抗联回国人员外,还有五名苏联军官一同前往。飞机上引擎轰鸣,虽然我们听不到彼此的说话声,但是巨大的喜悦都闪现在脸上。飞机飞过黑龙江了,我们趴在机舱的窗户上向下观望,黑龙江好似一条银色的玉带,在秋日的阳光下闪闪发光。过了黑龙江,那就是我的祖国啊,我们回来了!

忘不了第一次过黑龙江时,我们被敌人追击,在白福厚团长、杜指导员的带领下,在江中准备就义的情景;忘不了第三次过江,我们趴在窄小的木排上,险些被黑龙江的滔天巨浪掀入大江。第一次过江的战友好多都已经牺牲了,他们永远地长眠在了黑土地上,长眠在深山老林里,他们没能看到祖国山河光复的这一天。

飞机飞越了小兴安岭,漫山遍野的枫叶像火焰,似朝霞,我们的祖国,我们的东北,尽管你饱受了侵略者的蹂躏,但是你依然那么的美丽,那么的富饶,那么的辽阔,为了你,我们抗联战士愿献出自己的一切。

下午两点钟左右,飞机落在了北安机场,我们踏上了东北的土地。

祖国,我们回来了!

后记

二十世纪三四十年代日本军国主义发动的侵华战争给中国人民造成了巨大的伤害。当硝烟不在，当战争远去，我们拿什么去还原那段历史中的细节？鉴于此，在那场战争中幸存的老兵口述史更显弥足珍贵。

老兵的口述将我们带入那个年代，无数的流血、无数的牺牲，展现在我们的眼前；无数的烈士、无数的英雄，在老兵的叙述中将跨越时空向我们走来。历史因为老兵的叙述而变得鲜活。

东北十四年的抗战史需要记录、需要传承、更需要铭记。

在中共黑龙江省委党史研究室钱锋、陈玫等领导同志的大力支持、指导和帮助下，东北抗日联军健在老兵李敏同志口述史——《亲历东北抗战》一书的整理出版被列为"黑龙江省东北抗日联军历史文化研究会"二〇一七年度首要工作之一，现经相关工作人员的辛勤努力，全书定稿待印。在此我们诚挚地感谢中共黑龙江省委党史研究室相关部门各位领导的大力支持，感谢陈玫副主任对本书稿的精心审定和修改，感谢黑龙江人民出版社对本书的精心打造和社会各界人士对本书的热切关注。

因年代久远，老兵的记忆难免有模糊之处，错漏之处在所难免，敬请读者、专家批评指正，不胜感激！

李江　刘颖

二〇一七年七月一日